बिल गेट्स
के
मैनेजमेंट सूत्र

बिल गेट्स के मैनेजमेंट सूत्र

प्रदीप ठाकुर

प्रकाशक

प्रभात प्रकाशन प्रा. लि.

4/19 आसफ अली रोड, नई दिल्ली–110002

फोन : 011–23289777 • हेल्पलाइन नं. : 7827007777

इ–मेल : prabhatbooks@gmail.com ❖ वेब ठिकाना : www.prabhatbooks.com

संस्करण

2026

पेपरबैक मूल्य

तीन सौ रुपए

मुद्रक

नरुला प्रिंटर्स, दिल्ली

★

BILL GATES KE MANAGEMENT SOOTRA
by Shri Pradeep Thakur

Published by **PRABHAT PRAKASHAN PVT. LTD.**
4/19 Asaf Ali Road, New Delhi-110002

ISBN 978-93-90378-45-6

₹ 300.00 (PB)

भूमिका

बिल गेट्स, स्व-निर्मित अरबपति हैं। जब वे केवल 20 वर्ष के थे, उन्होंने माइक्रोसॉफ्ट की स्थापना कर ली थी। 30 पार होते-होते वे सबसे कम उम्र के अरबपति बन गए और 39 साल की उम्र में उनकी संपत्ति तब के सबसे अमीर व्यक्ति वॉरेन बफे को पीछे छोड़ते हुए वे दुनिया के सबसे अमीर व्यक्ति बन गए। बिल गेट्स कभी आपके और मेरे जैसे एक साधारण व्यक्ति थे, लेकिन उन्होंने अपनी प्रतिभा और कड़ी मेहनत के बल पर माइक्रोसॉफ्ट की स्थापना की और तब उन्हें वह सबकुछ मिल गया है, जिसके वे हकदार थे—धन, शक्ति, विश्वसनीयता।

उन्होंने भी कठिन समय से सीखा और उसका सामना करने में सक्षम बने। बिल गेट्स ने सफल होने के लिए कुछ सरल नियम बनाए और उनका पालन किया। प्रस्तुत पुस्तक में यही बताया गया है कि हम किस प्रकार अपने जीवन का मनचाहा निर्माण कर सकते हैं।

सबसे पहले अपने जीवन को अपने अनुकूल बनाएँ। आपको स्वीकार करना चाहिए कि जीवन संघर्षपूर्ण होता है। आपको अपना जीवन स्वयं प्रबंधित और संचालित करना आना चाहिए।

सफलता पाने के लिए उसका पीछा करना पड़ता है। यह दुनिया परवाह नहीं करेगी कि आप कौन हैं, आपको सफलता का पीछा करना चाहिए, तभी आप अपने जीवन में एक मुकाम हासिल कर सकते हैं। सफलता जीवन की सर्वोच्च स्थिति है, यह आपके व्यवहार और दृष्टिकोण को बदल सकती है, और यहाँ तक कि आपके आत्म-सम्मान को भी।

बिना जोखिम, कोई लाभ नहीं मिलता। सफलता कभी भी अपने आप चलकर नहीं आएगी। अगर आप सफलता चाहते हैं तो आपको इसके लिए भुगतान करने

के लिए तैयार रहना होगा। अपना रवैया बदलें। अगर आपको लगता है कि स्कूल में आपके शिक्षक सख्त हैं तो नौकरी पर जाने के बाद अपने बॉस के बारे में सोचें, वह भी सख्त हो सकता है।

व्यवसाय छोटा हो या बड़ा, इससे कोई फर्क नहीं पड़ता, आप कहीं भी पैसा कमा सकते हैं। छोटा व्यवसाय बड़े व्यवसायों में विकसित हो सकता है। इस प्रकार, धीरे-धीरे हर दिन छोटे कदम उठाकर आप एक दिन एक बड़ी सफलता प्राप्त कर सकते हैं।

गलतियों से सीखें। हमें अपनी गलतियों से सीखने की जरूरत है। हर कोई गलती करता है, इस दुनिया में कोई भी सही नहीं है। यदि आपने कभी गलती की है तो उससे सीखें और फिर उसे कभी न दोहराएँ। ऐसा करके आप उच्च स्तरीय सफलता की ओर बढ़ सकते हैं।

इस दुनिया में आपको ज्यादातर चीजें खुद करनी होंगी। दूसरों पर निर्भर रहना बंद करें। आपको केवल एक मौका मिला है। हमारे जीवन में बहुत सी चीजें केवल एक बार होती हैं। जीवन बहुत छोटा है। आपको अपने समय को महत्त्व देना सीखना चाहिए।

आप अपने आस-पास के सभी लोगों के साथ अच्छा व्यवहार करें। यह जीवन का स्वर्णिम नियम है—सभी के साथ अच्छा व्यवहार करें और हर कोई आपके साथ अच्छा व्यवहार करेगा।

एक पठनीय, अनुकरणीय और संग्रहणीय पुस्तक, जो सरलतम क्रम में हमें साधारण से असाधारण की ओर ले जाती है। अगर हम केवल इन नियमों को ही सच्चाई के साथ अपने जीवन में उतार लें तो हम भी निश्चित ही मनचाही सफलता के हकदार हो सकते हैं।

अनुक्रम

भूमिका 5

बिल गेट्स : संक्षिप्त जीवन परिचय 9

1. सही 'समय' पर सही 'जगह' में होना 47
2. अपने कार्य से अटूट प्रेम करना 71
3. निर्दयी प्रतिस्पर्धी एवं जीत का आदी होना 87
4. कुशल लोगों की भरती कर अस्तित्व बचाना 130
5. कभी भी लक्ष्य को ओझल नहीं होने देना 148

घटनाक्रम 156

बिल गेट्स : संक्षिप्त जीवन परिचय

वर्ष 1987 में 32 वर्ष का होने से बस, कुछ ही दिनों पहले माइक्रोसॉफ्ट के सह-संस्थापक विलियम हेनरी 'बिल' गेट्स-III की परिसंपत्तियों का निवल मूल्य (नेटवर्थ) 1.20 अरब डॉलर आँका गया था और वह विश्व के सबसे धनी 'स्व-निर्मित अरबपति' बन गए थे, जब 'फोर्ब्स' पत्रिका ने उन्हें पहली बार विश्व के अरबपतियों की सूची में शामिल किया था। मई 1993 में 38 वर्ष की उम्र में गेट्स की परिसंपत्तियों का निवल मूल्य 9.35 अरब हो गया था और वह पहली बार अमेरिका के सबसे धनी व्यक्ति बन गए थे। अगले दो वर्षों बाद ही सन् 1995 में 'फोर्ब्स' पत्रिका की विश्व के सबसे धनी व्यक्तियों की सूची में बिल गेट्स पहले स्थान पर आ गए थे और 2017 तक के अगले 23 वर्षों में 18 बार (वर्ष 1997, 2008, 2010, 2011, 2012 व 2013 को छोड़कर) पहले स्थान पर रहे थे।

बिल गेट्स मार्च 2014 से जुलाई 2017 तक विश्व के सबसे धनी व्यक्ति के स्थान पर लगातार बना रहे थे, जब उनका पर्सनल निवल मूल्य 89.9 अरब डॉलर आँका गया था। 27 जुलाई, 2017 को पहली बार अमेजन.कॉम के संस्थापक व मुख्य कार्यकारी अधिकारी (सी.ई.ओ.) जेफ बेजोस आगे निकल गए थे। वैसे तो कुछ समय बाद बिल गेट्स अपने पहले स्थान पर फिर से आ गए थे, लेकिन 27 अक्तूबर, 2017 को बेजोस ने पहले स्थान पर लगभग स्थायी कब्जा कर लिया था, जब उनका पर्सनल निवल मूल्य 90.6 अरब डॉलर आँका गया। 8 जून, 2018 को 'फोर्ब्स' पत्रिका के गतिशील मूल्यांकन सूचकांक पर बिल गेट्स 93.2 अरब डॉलर निवल मूल्य के साथ जेफ बेजोस (139.2 अरब डॉलर) से बहुत पीछे दूसरे स्थान पर थे।

माइक्रोसॉफ्ट की अपार सफलता के रथ पर सवार बिल गेट्स अचानक तब

विवादों में आ गए थे, जब वर्ष 1992 में अमेरिकी सरकार के संघीय व्यापार आयोग (फेडरल ट्रेड कमीशन) ने इस आशय से जाँच शुरू की थी कि माइक्रोसॉफ्ट पर्सनल कंप्यूटर ऑपरेटिंग सिस्टम (पी.सी. ऑपरेटिंग सिस्टम) बाजार पर अपने एकाधिकार का दुरुपयोग कर रही थी या नहीं। वैसे तो आयोग ने दो-दो के मत-विभाजन के साथ वर्ष भर के भीतर ही रहस्यपूर्ण ढंग से इस जाँच को बंद कर दिया था, लेकिन अमेरिकी न्याय विभाग ने माइक्रोसॉफ्ट पर 'अविश्वास (एंटी ट्रस्ट) कानून. के तहत मुकदमा कायम कर फिर से जाँच शुरू कर दी थी।

वास्तव में, बीसवीं शताब्दी के अंतिम दशक में माइक्रोसॉफ्ट ने जिस तरह अपने कारोबार का व्यापक विस्तार किया था, उससे अमेरिकी बुद्धिजीवी समुदाय, खासतौर पर बौद्धिक संपदा को सार्वजनिक क्षेत्र में लाने के पैरोकार, नाराज हो उठे थे। उनके बीच यह धारणा मजबूत होने लगी थी कि माइक्रोसॉफ्ट का असल लक्ष्य सूचना वितरण की हरेक प्रणाली/माध्यम को नियंत्रित करना था। ऐसे मुखर विरोधियों में प्रतिस्पर्धी कंपनियों का वह समूह तो था ही, जिसको माइक्रोसॉफ्ट ने सीधे तौर पर नुकसान पहुँचाया था, इसके अतिरिक्त, अमेरिकी बहुराष्ट्रीय कंपनियों के प्रमुखों के बीच भी माइक्रोसॉफ्ट व बिल गेट्स घबराहट का कारण बन चुके थे। इस बीच 'फॉर्च्यून' पत्रिका (27 अप्रैल, 1998) ने 'माइक्रोसॉफ्ट : क्या आपकी कंपनी इसका अगला भोजन है?' शीर्षक से कॉरपोरेट अमेरिका की घबराहट उजागर की थी। अपने इस आलेख में डेविड किर्कपैट्रिक ने साफ किया था कि 'फॉर्च्यून 500' सूची के अधिकांश महारथी नेतृत्वकर्ता इस बात से बुरी तरह चिंतित थे कि माइक्रोसॉफ्ट अपनी ऐतिहासिक बढ़त को बनाए रखने के लिए पता नहीं कब किसका अधिग्रहण करेगी! ऐसे में, माइक्रोसॉफ्ट व बिल गेट्स की लगातार खतरनाक रूप धारण करती एकाधिकारवादी व्यापार रणनीति के विरुद्ध अमेरिकी संचार माध्यमों—अखबार, पत्रिका, टेलीविजन, इंटरनेट मंच ने मोरचा खोल दिया था और देश में जन-आंदोलन का माहौल बन रहा था।

लेकिन बिल गेट्स उन्मत्त योद्धा की तरह बन रहे थे। उन्होंने लंबी चलनेवाली कानूनी जाँच-प्रक्रिया के समय को अवसर के रूप में उपयोग किया था और बाजार पर एकाधिकार बनाने के अपने साम्राज्यवादी तरीके को और अधिक तीखा करते चले गए थे। अंतिम कानूनी काररवाई तो होनी ही थी, जो वर्ष 1998 के मध्य में जाकर शुरू हुई थी। इस कानूनी प्रक्रिया में अमेरिका सहित समूचे विश्व

में माइक्रोसॉफ्ट व बिल गेट्स की एकाधिकारवादी छवि ठोस रूप ले चुकी थी और आम लोग कंपनी व नेतृत्वकर्ता दोनों से लगभग घृणा करने लेगे थे। ऐसे में, माइक्रोसॉफ्ट और अपनी छवि को सुधारने के लिए बिल गेट्स ने पत्नी के साथ मिलकर 'बिल ऐंड मिलिंडा गेट्स फाउंडेशन' की स्थापना की थी और जनवरी 2000 में मुख्य कार्यकारी अधिकारी (सी.ई.ओ.) का पद स्टीव बामर को सौंप दिया था; लेकिन उन्होंने माइक्रोसॉफ्ट के निदेशक मंडल के सभापति (चेयरमैन) बने रहने के साथ कंपनी की प्रौद्योगिकी गतिविधियों पर नियंत्रण बनाए रखने के लिए स्वयं को 'मुख्य प्रक्रिया सामग्री वास्तुकार' (चीफ सॉफ्टवेयर आर्किटेक्ट) के पद पर भी स्थापित कर लिया था।

वैसे तो वर्ष 2006 से बिल गेट्स का अधिकांश समय फाउंडेशन के कार्यों में खर्च होने लगा था, लेकिन स्टीव बामर ने उनके साथ-साथ माइक्रोसॉफ्ट की एकाधिकारवादी छवि और अधिक ठोस बनाने की कोशिशें जारी रखी थीं, लेकिन इस क्रम में माइक्रोसॉफ्ट इंटरनेट-युद्ध हार गया था और इस क्षेत्र में गूगल ने अपनी बादशाहत कायम कर ली थी। अंततः जब माइक्रोसॉफ्ट की एकाधिकारवादी बाजार रणनीति का भविष्य खतरे में पड़ने लगा था तो उसने कंपनी को लोकतांत्रिक रूप में प्रस्तुत करने का फैसला किया था। इसी रणनीति के तहत बिल गेट्स ने फरवरी 2014 में चेयरमैन का पद त्याग दिया था और स्टीव बामर के स्थान पर सी.ई.ओ. के रूप में कंपनी की कमान सत्या नडेला को सौंपकर स्वयं उसके सलाहकार बन गए थे।

वैसे तो 'बिल ऐंड मिलिंडा गेट्स फाउंडेशन' के माध्यम से बिल गेट्स वैश्विक रूप से स्वास्थ्य देखभाल के स्तर को बढ़ाने, भयानक गरीबी को कम करने, विशेष रूप से अमेरिका में शैक्षिक अवसरों एवं सूचना प्रौद्योगिकी की पहुँच बढ़ाने के लिए समाज-सेवी अभियानों में संलग्न हैं, लेकिन फाउंडेशन की 38 अरब डॉलर की परिसंपत्ति पर उनके साथ-साथ उनकी पत्नी मिलिंडा और मित्र वॉरेन बफेट का ही संपूर्ण नियंत्रण है। रोचक तथ्य यह भी है कि माइक्रोसॉफ्ट में अब उनकी हिस्सेदारी मात्र 1 प्रतिशत से कुछ अधिक रह गई है, लेकिन वह अभी भी कंपनी के निदेशक मंडल के सदस्य हैं। उन्होंने योजनाबद्ध तरीके से अपनी माइक्रोसॉफ्ट की अधिकांश स्वामित्व हिस्सेदारियों को अन्य कंपनियों व परिसंपत्तियों में निवेशित कर लिया और अभी भी अपनी पर्सनल संपत्ति के विश्व के

दूसरे सबसे अधिक धनी बने हुए हैं।

कुल मिलाकर, भले ही आप बिल गेट्स की व्यवसाय रणनीति को एकाधिकारवादी मानकर घृणा करें, लेकिन उन्होंने स्वयं को विश्व के सार्वकालिक सबसे धनाढ्य व्यक्तियों की सूची में जॉन डी. रॉकफेलर, एंड्रू कार्नेगी, हेनरी फोर्ड से ऊपर स्थापित कर लिया है। वह निश्चित रूप से आधुनिक समय के सबसे प्रभावशाली व सफल उद्यमी माने जाते हैं और उनके प्रबंधन-सूत्र आज भी सफलता की आकांक्षा रखनेवालों के लिए कारगर साबित हो रहे हैं।

लेकिन इस दिशा में आगे बढ़ने से पहले बिल गेट्स के जीवन के बारे में संक्षिप्त जानकारी प्राप्त करना आवश्यक है।

बचपन—हालाँकि बिल गेट्स का जन्म 28 अक्तूबर, 1955 को सिएटल के एक ऐसे संभ्रांत परिवार में हुआ था, जिसका व्यापार, राजनीति व सामुदायिक सेवा में अच्छा इतिहास रहा है। उनके पुरखे अंग्रेजी, जर्मन व स्कॉटिश-आयरिश मूल के थे। उनके परदादा विधायक व महापौर थे, जबकि दादा व नाना बैंक व्यवसाय में थे। उनके पिता विलियम एच. गेट्स सीनियर वकील रहे हैं, लेकिन बिल गेट्स ने 'रंक से राजा' की यात्रा स्वयं की है और वह भी महाविद्यालय की पढ़ाई बीच में ही छोड़कर। इसलिए बिल गेट्स को 'कॉलेज ड्रॉपआउट अरबपतियों' की सूची में सबसे ऊपर रखा जाता है।

बचपन में बिल हमेशा अपनी माँ के खिलाफ 'विद्रोह' करते थे और वह हमेशा सबकुछ अपने तरीके से ही किया करते थे। जब तक कुछ-न-कुछ उनके नियंत्रण में न दिया जाता, उन्हें साथ रख पाना लगभग मुश्किल-सा होता था। बिल के विद्रोही स्वभाव को उनकी माँ बरदाश्त नहीं कर पा रही थीं, इसलिए वह उन्हें कुछ वर्षों तक मनोचिकित्सक के पास भी भेजती रही थीं। अंत में मनोवैज्ञानिक ने उनकी माँ को जोर देकर समझाया था कि वे बिल को माफ कर दें। मनोवैज्ञानिक का मानना था कि "बिल जैसा है, वैसा ही रहेगा और स्वयं को छोड़ उसे और कोई नहीं बदल सकता।"

बिल के प्रारंभिक जीवन में ही यह स्पष्ट हो चुका था कि महत्त्वाकांक्षा, बुद्धि व प्रतिस्पर्धा की भावना उन्हें विरासत में मिली थी। प्राइमरी स्कूल में बिल शीघ्र ही लगभग सभी विषयों में, विशेष रूप से गणित व विज्ञान में, अपने सहपाठियों से बहुत आगे निकल चुके थे। ऐसे में जब वहाँ पर उनके सामने कोई चुनौती ही

नहीं रही थी तो स्वाभाविक रूप से वहाँ उनका मन ऊबने लगा था। अब बिल के माता-पिता ने उनकी उन्नत बौद्धिक क्षमता को पहचाना था और उन्हें तीव्र शैक्षिक वातावरण के लिए प्रसिद्ध स्थानीय स्कूल 'लेकसाइड स्कूल' में भरती करने का निर्णय लिया था। उस समय बिल की उम्र करीब 12 वर्ष थी और उन्हें आठवीं कक्षा में नामांकित किया गया था।

एक साक्षात्कार में बिल गेट्स ने 'लेकसाइड स्कूल' में अपने नामांकन के बारे में कहा था—

"मेरे माता-पिता की यह धारणा थी कि मुझमें किसी-न-किसी तरह की उच्च क्षमता थी और मैं इसका लाभ नहीं ले पा रहा था। मैं जिस वातावरण में रहता आ रहा था, गंभीर होने से भी अधिक कामचोर होना सामाजिक रूप से अधिक पुरस्कार योग्य था। यह सरकारी स्कूल था, इसलिए वे लोगों को उतने परिश्रम से आगे नहीं बढ़ाते थे। आप पहले सप्ताह में पाठ्य-पुस्तक पढ़ सकते हैं और शेष स्कूल वर्ष में वहाँ कुछ भी रोचक होने वाला नहीं था। तो वे मुझे एक प्राइवेट स्कूल में जाने के लिए एक परीक्षा दिलाने ले आए थे और मैंने सोचा, 'अच्छा, मुझे यह परीक्षा उत्तीर्ण करनी चाहिए कि नहीं? आप इसे असफल भी कर सकते हैं और आपको जाने की आवश्यकता नहीं होगी।' लेकिन उस तरह के कार्य से मेरी निष्ठा की भावना को ठेस पहुँचती थी। 'अरे, मैं परीक्षा देने में अच्छा हूँ। मैं उसके बारे में उलझन में नहीं पड़ना चाहता हूँ।' इसलिए मैंने नामांकन लिया और उन्होंने मुझे (स्कूल) जाने के लिए प्रोत्साहित किया था।

'वह लड़कों का स्कूल था, सही अर्थों में कठोर। वह वास्तव में बदल गया था मेरे वहाँ रहते हुए; उसका लड़कियों के स्कूल के साथ विलय हुआ था और स्कूल की पोशाक पहनना बंद हो गया था, शिक्षकों को 'मास्टर' पुकारना बंद कर दिया गया था। इसलिए यह बहुत सामान्य हो गया था, लेकिन यह एक बदलाव था, जो पहली बार हुआ था और जैसा कि सरकारी स्कूल में होता रहा था, वहाँ कामचोर की तरह रहना उच्च पुरस्कार की स्थिति नहीं थी, तो मेरे माता-पिता सही थे। इसमें अधिक चुनौतीपूर्ण वातावरण बनाने का अभिप्रेत प्रभाव था और कुछ अध्यापक, जो अच्छे थे, कहा करते थे कि मुझे कठिन परिश्रम करना चाहिए और वे मेरे सामने गणित व विज्ञान का

बहुत कुछ उजागर करते थे और अंततः वही स्थान था, जहाँ मुझे कंप्यूटर का उपयोग करने को मिला था।" (स्रोत : अचीवमेंट.ऑर्ग)

वास्तव में, लेकसाइड स्कूल में स्थानांतरित किए जाने के बारे में बिल आरंभ में खुश नहीं थे। क्यों ? बिल गेट्स ने बाद में इसके बारे में बताया था—

लेकसाइड स्कूल में 'स्कूल डे' अधिक लंबा था और यह परिवर्तन था। मैं सरकारी स्कूल में उच्च श्रेणी का आराम पसंद हो चुका था, कामचोर होने जैसा। वहाँ लोग अध्ययनशील थे और पहले चूँकि मुझे बहुत अच्छे अंक नहीं मिले, उन्होंने मुझे अध्ययन-कक्ष में डाल दिया था और कुछ लोग, जिन्हें वास्तव में अच्छे अंक मिले थे, उन्हें अध्ययन-कक्ष में नहीं जाना पड़ता था। किसी को पता नहीं था कि मैं वास्तव में चतुर था, इसलिए वे वास्तव में कुछ औसत छात्रों की तरह मुझसे व्यवहार करते थे। वैसे भी, यह एक समायोजन था। वहाँ बहुत से और भी बच्चे थे। वे सभी उसी तरह समायोजन कर रहे थे। तो, मुझे अपना स्थान बनाने में कुछ वर्ष लग गए थे। मैं बहुत अधिक खुश हूँ कि मैं उस स्कूल में गया था। यह एक भव्य स्कूल है।" (स्रोत : अचीवमेंट.ऑर्ग)

वहाँ पर दसवीं के छात्र पॉल एलन के साथ बिल की घनिष्ठता हो गई थी। पॉल के पिता वाशिंगटन स्टेट यूनिवर्सिटी में संदर्भ पुस्तकालय के अध्यक्ष (रेफरेंस लाइब्रेरियन) के रूप में शामिल हुए थे और बाद में संयुक्त निदेशक पदोन्नत हो गए थे। पॉल की माँ पढ़ने में बहुत रुचि लेती थीं। वह स्थानीय स्कूल में चौथी कक्षा के छात्रों को पढ़ाती थीं और उसी ने पुस्तकें दे-देकर पॉल में प्रौद्योगिकी व विज्ञान में रुचि जाग्रत् की थी, जो लेकसाइड स्कूल में आने के बाद उभरकर सामने आई थी।

लेकसाइड स्कूल में कंप्यूटर : वास्तव में, माइक्रोसॉफ्ट की कहानी सिएटल के उत्तरी छोर पर स्थित हालर-लेक क्षेत्र स्थित निजी स्कूल लेकसाइड स्कूल से ही आरंभ हो गई थी, जहाँ बिल गेट्स व पॉल एलन ने 'लेकसाइड मदर्स एसोसिएशन' एवं लेकसाइड गणित विभाग द्वारा उपलब्ध कराए गए 'समय साझा कंप्यूटर' पर कागज-पेंसिल खेल 'टिक-टैक-टोए' खेलने के लिए 'प्रक्रिया-सामग्री कार्यक्रम' (सॉफ्टवेयर प्रोग्राम) का विकास कर लिया था।

वर्ष 1968 की वसंत ऋतु में लेकसाइड स्कूल ने छात्रों को कंप्यूटर से परिचय कराने का निर्णय लिया था। उस समय कंप्यूटर आकार में बहुत बड़ा और महँगा

होता था। स्पष्ट है कि स्कूल के लिए अपने संसाधनों से इसे खरीद पाना संभव नहीं था। ऐसे में अपेक्षित धनराशि एकत्रित करने के लिए स्कूल के विद्यार्थियों की माताओं की मंडली 'मदर्स क्लब' ने पुरानी चीजों की 'सेल' का आयोजन किया। कुछ हजार डॉलर एकत्र हुए थे, जिससे स्कूल ने अपने बच्चों के उपयोग के लिए एक टेलिटाइप मॉडल 33 ए.एस.आर. टर्मिनल और जनरल इलेक्ट्रिक (जी.ई.) के मेनफ्रेम कंप्यूटर पर कंप्यूटर-समय का एक हिस्सा खरीदा था। स्कूल ने अनुमान लगाया था कि यह कंप्यूटर-समय अगले एक वर्ष के लिए पर्याप्त था, लेकिन ऐसा हुआ नहीं था। इस अद्भुत मशीन के प्रति कुछ युवाओं में कितना अधिक उत्साह था, इसका अनुमान स्कूल प्रबंधन ने ठीक से नहीं लगाया था। शीघ्र ही बिल गेट्स, पॉल एलेन और कुछ अन्य लेकसाइड के छात्र (जिनमें से कई माइक्रोसॉफ्ट में काम पर रखे गए, पहले प्रक्रिया-सामग्री कार्यक्रम निर्माता थे) कंप्यूटर से अलग न किए जा सकनेवाले छात्र बन गए थे। वे कार्यक्रम को लिखते, कंप्यूटर साहित्य को पढ़ते या फिर कंप्यूटिंग से संबंधित कुछ और करते हुए पूरे दिन व रात कंप्यूटर कक्ष में रहने लगे थे।

बिल गेट्स ने जनरल इलेक्ट्रिक (जी.ई.) के कंप्यूटर पर 'बेसिक' (बिगिनर्स ऑल-पर्पज सिंबॉलिक इंस्ट्रक्शन कोड) कार्यक्रम निर्माण (प्रोग्रामिंग) में रुचि दिखाई थी और उस कंप्यूटर पर पहला प्रक्रिया-सामग्री कार्यक्रम (सॉफ्टवेयर प्रोग्राम) लिखा था—'टिक-टैक-टोए' का कार्यान्वयन, जो उपयोगकर्ताओं को कंप्यूटर पर 'गेम' खेलने की अनुमति देता था। वास्तव में, बिल मशीन द्वारा हर बार उसके द्वारा लिखे गए कार्यक्रम की संकेत लिपि (कोड) को लागू कर लेने की प्रक्रिया पर मोहित हो गए थे और वह ऐसे अन्य कार्यक्रमों के विकास के बारे में सोचने लगे थे। ऐसे में इन कंप्यूटर-प्रेमियों को अपने वर्ग शिक्षक से कठिनाई आने लगी थी, क्योंकि उन लोगों के होमवर्क पूरे नहीं हो रहे थे। कंप्यूटर कक्ष में रहने के लिए वे अपनी नियमित कक्षाओं को छोड़ने लगे थे और सबसे गंभीर घटना यह हुई थी कि उन्होंने कुछ सप्ताहों में ही स्कूल द्वारा साझा कंप्यूटर पर खरीदा गया समय खर्च कर लिया था।

लेकिन, वर्ष 1968 में 'कंप्यूटर कंट्रोल कॉरपोरेशन' (सी.सी.सी.) ने सिएटल में अपनी सेवाएँ आरंभ की थीं और अपेक्षाकृत सस्ती दरों पर साझा कंप्यूटर समय का प्रस्ताव किया था। सी.सी.सी. के मुख्य कार्यक्रम निर्माता (प्रोग्रामर) का एक

बच्चा लेकसाइड स्कूल में पढ़ता था। सी.सी.सी. व स्कूल के बीच कंप्यूटर-समय के लिए एक समझौता हुआ था और उसके अंतर्गत छात्रों को वहाँ जाने की अनुमति मिल गई थी। गेट्स व उनके साथियों ने शीघ्र ही इस नई मशीन के अंदर की सामग्रियों की खोज आरंभ कर दी थी। वह समय दूर नहीं था, जब इन युवाओं ने नित नई-नई खोजों व सॉफ्टवेयर प्रयोगों से सी.सी.सी. की कंप्यूटर-प्रणाली को बाधित करना भी आरंभ कर दिया था। उनके प्रयोगों के कारण प्रणाली बार-बार बंद होने लगी थी, क्योंकि बिल और उनकी मंडली ने कंप्यूटर प्रणाली की सुरक्षा-व्यवस्था को तोड़ दिया था। इतना ही नहीं, उन लोगों ने उस फाइल को भी बदल दिया था, जिसमें उन लोगों द्वारा उपयोग होने वाला कंप्यूटर-समय अभिलेखित होता था; लेकिन वे लोग ऐसा करते हुए पकड़ लिये गए थे और सी.सी.सी. ने लेकसाइड स्कूल के उन चार छात्रों—बिल गेट्स, पॉल एलन, रिक वेईलैंड व केंट इवांस को कंप्यूटर के उपयोग पर गरमियों में कई सप्ताहों के लिए प्रतिबंध भी लगा दिया था।

लेकसाइड प्रोग्रामर्स ग्रुप—लेकसाइड स्कूल के ये कंप्यूटर दीवाने यहीं नहीं रुकने वाले थे। 1968 के अंत में उन चारों ने 'लेकसाइड प्रोग्रामर्स ग्रुप' का गठन किया था। वे अपनी कंप्यूटिंग क्षमता का वास्तविक संसार में उपयोग करने का हरसंभव प्रयास कर रहे थे। उनके सपने को सच करने का अवसर उसी सी.सी.सी. से ही मिला था, जिसने उन्हें उनकी शरारतों के लिए प्रतिबंधित किया था। वास्तव में, कंप्यूटर सुरक्षा प्रणाली के कमजोर होने और कंप्यूटर के बार-बार बंद होने के चलते सी.सी.सी. के व्यवसाय को क्षति हो रही थी। सी.सी.सी. का संचालक गेट्स और उनके कंप्यूटर-दीवाने साथियों के पिछले क्रियाकलापों से दुःखी होने के साथ-स्थान उनकी प्रतिभा से प्रभावित भी था। ऐसे में, उसने अपनी समस्या को दूर करने के लिए 'लेकसाइड प्रोग्रामिंग ग्रुप' से मौखिक समझौता किया था। यह समूह सी.सी.सी. की कंप्यूटर प्रणाली की सुरक्षा की देखभाल करेगा और उसके बदले में कंपनी समूह के चारों सदस्यों को असीमित कंप्यूटर-समय प्रदान करेगा। स्पष्ट है, इन कंप्यूटर-दीवानों के समूह ने इस समझौता-प्रस्ताव को तत्काल स्वीकार कर लिया था, क्योंकि उन्हें मनचाहा कंप्यूटर-समय मिल रहा था और वह भी निःशुल्क!

वैसे तो इस समूह को केवल 'सॉफ्टवेयर बग्स' (सॉफ्टवेयर की गलतियाँ,

खामियाँ या वायरस) खोजने के काम पर रखा गया था, लेकिन वे दिन की पाली के बाद पीछे छोड़ दी गई कंप्यूटर से संबंधित अन्य सामग्री को पढ़ते थे। ये युवा कंप्यूटर-प्रेमी नई जानकारियों के लिए सी.सी.सी. के कार्यालय में प्रक्रिया सामग्री कार्यक्रम निर्माताओं (सॉफ्टवेयर प्रोग्रामर) के पास भी चले जाते थे और उनकी सहायता से कंप्यूटर कार्यक्रम भाषा—फोरट्रान, लिस्प व मशीन लैंग्वेज में उपयोग होनेवाली स्रोत संकेत लिपियों (सोर्स कोड) को भी सीखने लगे थे। यह क्रम मार्च 1970 तक चला था। वर्ष 1969 के अंत में सी.सी.सी. को वित्तीय समस्याएँ आनी शुरू हो गई थीं और उसे अपना संचालन बंद करना पड़ा था।

वेतन-पत्रक कार्यक्रम का विकास—'कंप्यूटर कॉरपोरेशन सेंटर. (सी.सी.सी.) के बंद हो जाने के बाद 'लेकसाइड प्रोग्रामर्स ग्रुप. को कंप्यूटर-समय के लिए नया रास्ता ढूँढ़ना था। अंतत: उन्हें पॉल एलन के पिता की सहायता से वाशिंगटन स्टेट यूनिवर्सिटी के परिसर में कुछ कंप्यूटर मिल सके थे। अब उन्होंने अपने कंप्यूटर-कौशल लागू करने के लिए नए अवसरों की खोज शुरू कर दी। नवंबर 1970 में 'इनफॉर्मेशन साइंसेज इन्कॉरपोरेशन' (आई.एस.आई.) ने 'वेतन-पत्रक' (पे-रोल) के लिए प्रक्रिया-सामग्री कार्यक्रम विकसित करने का काम दिया था। एक बार फिर से इस समूह को नि:शुल्क कंप्यूटर-समय के साथ-साथ आय भी प्राप्त करने का पहला अवसर मिला था। आई.एस.आई. ने इस समूह को उसके द्वारा विकसित कार्यक्रम की बिक्री पर 'स्वत्वाधिकार शुल्क. (रॉयल्टी) प्रदान करने का भी अनुबंध किया था और इस तरह से 'लेकसाइड प्रोग्रामर्स' ग्रुप् विधिवत् व्यवसाय बन गया था।

> इस घटना को याद करते हुए बिल गेट्स ने एक साक्षात्कार में बताया था—"पोर्टलैंड (ओरेगन) की इस कंपनी ने कहा था, 'अरे, हम बस, आप लोगों को यूँ ही कंप्यूटर-समय नहीं देने जा रहे, आपको कुछ करना होगा।' इसलिए हम इस 'वेतन-पत्रक कार्यक्रम' (पे-रोल प्रोग्राम) लिखने के लिए सहमत हो गए थे। 'पे-रोल प्रोग्राम' आश्चर्यजनक रूप से जटिल होता है। राज्य स्तर और संघीय स्तर पर करों, प्रतिवेदनों एवं अन्य बातों का ध्यान रखना पड़ता है। मैंने उस सौदे पर बातचीत की थी और दो बड़े सदस्य—पॉल एलन व रिक वेईलैंड ने कहा था, 'चारों को जाने के लिए वहाँ पर्याप्त काम नहीं है। इसलिए हम इस मामले का प्रभार लेने जा रहे हैं।' और मैंने कहा, 'ठीक है,

मुझे इसमें उतनी रुचि नहीं है,' क्योंकि मेरे मस्तिष्क में था कि मैं इस 'पे-रोल प्रोग्राम' को कैसे करना चाहता हूँ!

"तो वे तीन महीने तक चारों ओर उलझे रहे। अधिक कुछ नहीं हो पाया था और फिर उन्होंने कहा था, 'क्या तुम वापस शामिल होगे?' और मैंने कहा, 'यदि ऐसा है तो ठीक है, मैं इसका प्रभारी हूँ,' और यह भविष्य की गतिविधियों के लिए उदाहरण स्थापित होने जा रहा था, लेकिन उन्होंने कहा, 'नहीं, नहीं। यह ठीक है।' और इसलिए हमने काम किया था। हमने इस पेरोल प्रोग्राम को वास्तव में संपूर्ण किया था। यह एक बहुत बड़ा काम था। केंट इवांस, जो मेरी उम्र का था और मैंने काम का बड़ा हिस्सा पूरा किया था। अब दुर्भाग्य से बिलकुल जैसे ही उसने और मैंने उसे खत्म किया था कि वह पहाड़ पर चढ़ाई की दुर्घटना (28 मई, 1972) में मारा गया था। अत: फिर हम में से केवल तीन ही थे, जो शेष थे, पॉल एलेन सहित, जो मेरे से भी अधिक पत्रिकाएँ पढ़ा करता था। वही एक था, जिसने वास्तव में बहुत छोटे से अस्पष्ट लेख में चिप—तथाकथित 'माइक्रो-प्रोसेसर' पर कंप्यूटर को देखा और सन् 1971 में जिसे मेरे लिए लाया था। तो हम लोग 15 वर्ष के आसपास ही थे। मेरी उम्र 15 वर्ष थी और वे उस समय 17 वर्ष के थे। *(स्रोत : अचीवमेंट.ऑर्ग)*

जब बिल गेट्स दसवीं में था, विद्यालय प्रशासकों को उनकी 'कंप्यूटर प्रक्रिया सामग्री कार्यक्रम निर्माण' (सॉफ्टवेयर प्रोग्रामिंग) क्षमताओं के बारे में पता चला और उन्हें कक्षाओं में छात्रों को सूचीबद्ध करने के लिए कार्यक्रम 'वर्ग अनुसूची कार्यक्रम' (क्लास शिड्यूलिंग प्रोग्राम) लिखने को कहा गया था। पहले तो गेट्स ने यह कहकर मना कर दिया था कि यह काम कठिन था, जिसे वरिष्ठ साथी ही कर सकते थे, लेकिन जब ऐसा नहीं हुआ तो लगभग एक वर्ष बाद गेट्स ने इसके लिए एलन से सहयोग लिया था और उस कार्यक्रम को सफलतापूर्वक तैयार किया। इस बीच, सन् 1971 की दूसरी छमाही में लेकसाइड में बारहवीं की पढ़ाई पूरी करने के बाद एलन यूनिवर्सिटी ऑफ वाशिंगटन में स्नातक कला-समाज विज्ञान (बी.ए.-सोशल साइंस) में प्रवेश कर चुका था। इस कार्य के लिए स्कूल ने उन दोनों को भुगतान भी किया था।

'टर्फ-ओ-डेटा' की स्थापना—वर्ष 1972 की गरमियों में जब बिल गेट्स बारहवीं में प्रवेश कर रहे थे और पॉल एलन भी छुट्टियाँ बिताने के लिए

महाविद्यालय से घर आ गया था तो दोनों ने एक साझेदारी कंपनी 'टर्फ-ओ-डेटा' की स्थापना की थी। इसका उद्देश्य सड़क यातायात गिनती करनेवाली मशीनों से प्राप्त कच्चे आँकड़ों को पढ़ना और यातायात अभियंताओं (ट्रैफिक इंजीनियर्स) के लिए प्रतिवेदन तैयार करना था। वैसे तो इस कंपनी ने लगभग 20 हजार डॉलर की आय अर्जित की थी, लेकिन यह अनुभव कुछ वर्षों बाद माइक्रोसॉफ्ट की स्थापना की दिशा में महत्त्वपूर्ण भूमिका निभाने वाला था।

वास्तव में, उस समय अमेरिका में राज्य व स्थानीय प्रशासन 'वायवीय सड़क नली' (न्यूमेटिक रोड ट्यूब) तकनीक पर आधारित 'ट्रैफिक काउंटर' (यातायात की गिनती करनेवाली मशीन) के माध्यम से यातायात सर्वेक्षण करता था। रबड़ की नलियों को सड़क पर फैला दिया जाता है और गुजर रहे वाहन नलियों की हवा में धड़कन पैदा करते हैं, जो सड़क के किनारे पर लगी मशीन पर अभिलेखित होती रहती है। वर्ष 1970 में उन गिनतियों को पेपर टेप पर यांत्रिक तरीके से टंकित किया जाता था। शहर का स्थानीय प्रशासन इन यातायात आँकड़ों को प्रतिवेदन में बदलने के लिए निजी कंपनियों को नियुक्त करता है और यातायात अभियंता ट्रैफिक लाइट को समायोजित करने या सड़कों को अधिक अच्छा बनाने के लिए इन प्रतिवेदनों का उपयोग करते हैं।

गेट्स व एलन ने सोचा कि वे अन्य स्थानीय कंपनियों की तुलना में इन यातायात आँकड़ों से अधिक सस्ते में और शीघ्रता से प्रतिवेदन तैयार कर सकते थे। उन्होंने पेपर-टेप में छेद-नमूनों को पढ़ने और कंप्यूटर कार्ड पर टंकित कर प्रतिलिपि तैयार करने के लिए सहपाठियों को नियुक्त किया था और फिर वाशिंगटन स्टेट यूनिवर्सिटी के कंप्यूटर का उपयोग कर 'ट्रैफिक फ्लो चार्ट' तैयार किया था।

यह टर्फ-ओ-डेटा का आरंभ था। फिर कंपनी ने ऐसे उपकरण का निर्माण करने की योजना बनाई थी, जो यातायात पेपर-टेप को सीधे पढ़ सके और हाथ से किए जानेवाले कार्य की थकाऊ प्रक्रिया को समाप्त कर सके। इसके लिए माइक्रो-प्रोसेसर (सूक्ष्म प्रक्रमक) की आवश्यकता थी। इस बीच अप्रैल 1972 में 'इंटेल कॉरपोरेशन' ने 'इंटेल 8008 माइक्रो-प्रोसेसर' प्रस्तुत किया था, जो 16 के.बी. (किलो बाइट) मेमोरी का उत्तर दे पाने में सक्षम था, लेकिन गेट्स व एलन दोनों में से किसी को भी धातु सामग्री (हार्डवेयर) का अनुभव नहीं था और वे उस उपकरण को विकसित करने में सक्षम नहीं थे। लिहाजा वे लाचार हो रहे थे। उस

समय सिएटल में कंप्यूटर समुदाय अपेक्षाकृत छोटा था। अब वे ऐसे व्यक्ति की खोज करने लगे थे, जो एक कंप्यूटर पत्रिका में छपे रेखाचित्र के आधार पर पुरज़ों को जोड़कर उनके लिए निःशुल्क कंप्यूटर बना दे। उन्होंने इसके लिए वाशिंगटन स्टेट यूनिवर्सिटी में ही विद्युत् अभियांत्रिकी (इलेक्ट्रिकल इंजीनियरिंग) के छात्र पॉल गिल्बर्ट से संपर्क किया और उसके समक्ष 'टर्फ-ओ-डाटा' में हिस्सेदार बनने का प्रस्ताव रखा। फिर गिल्बर्ट ने विद्युत् घटकों (इलेक्ट्रिकल कंपोनेंट्स) के टुकड़ों को जोड़कर कंप्यूटर बनाना आरंभ किया था और गेट्स व एलन ने उसके लिए 'प्रक्रिया सामग्री. (सॉफ्टवेयर) लिखना। इसके लिए भी पॉल एलन के पिता ने उनकी सहायता की थी और उन लोगों ने विश्वविद्यालय के कंप्यूटर 'आई. बी.एम.-360' पर 'इंटेल-8008 माइक्रो-प्रोसेसर' का अनुकरण करनेवाली प्रक्रिया सामग्री लिखना और फिर अपने निर्माणाधीन कंप्यूटर पर उसका परीक्षण करना आरंभ किया था।

इस बीच, गेट्स व एलन को 'विद्युत् संजाल नियंत्रण प्रणाली' (इलेक्ट्रिसिटी ग्रिड कंट्रोल सिस्टम) की सामग्री प्रक्रिया को दोष-मुक्त रखने का काम मिला था। यह उत्तर-पश्चिमी प्रशांत क्षेत्र में विद्युत् संजाल को नियंत्रित करने के लिए कंप्यूटर का उपयोग करने की परियोजना थी। सरकारी अभिकरण 'बोनविले पॉवर एडमिनिस्ट्रेशन' ने इसके लिए रक्षा ठेकेदार कंपनी 'टी.आर.डब्ल्यू. इनकॉरपोरेशन' के साथ अनुबंध किया था। यह उच्च विश्वसनीयता का विशाल प्रक्रिया-सामग्री विकास कार्यक्रम था, लेकिन टी.आर.डब्ल्यू. को इसमें कठिनाइयाँ आ रही थीं और वह ऐसे कार्यक्रम निर्माता की खोज में था, जो इसे ठीक करने के साथ-साथ इसका रख-रखाव भी कर सके। सिएटल से करीब 180 किलोमीटर दूर पोर्टलैंड (ऑरेगोन प्रांत) में 'बोनविले पावर एडमिनिस्ट्रेशन' का मुख्यालय था, जहाँ टी.आर.डब्ल्यू. के लोग कार्यक्रम निर्माताओं की खोज कर रहे थे। तब किसी कार्यक्रम निर्माता से उन्हें गेट्स व एलन के बारे में पता चला था। इस काम के लिए गेट्स को स्कूल से और एलन को विश्वविद्यालय से विशेष अनुमति लेनी पड़ी थी। इस काम के लिए वर्ष 1973 की गरमियों में दोनों करीब चार महीने तक पोर्टलैंड से सटे वाशिंगटन प्रांत के शहर वैंकूवर (कोलंबिया नदी के उत्तरी छोर पर) में किराए के अपार्टमेंट में रहे थे। वास्तव में, इस कार्य ने गेट्स व एलन के मन में अपनी सॉफ्टवेयर कंपनी बनाने के विचार का बीजारोपण किया था।

इस काम के पूरा होने के साथ बिल गेट्स अपनी बारहवीं कक्षा और कॉलेज में नामांकन की तैयारियों में जुट गया था। 'लेकसाइड प्रोग्रामर्स ग्रुप' का एक साथी केंट इवांस पिछले वर्ष ही दुर्घटना का शिकार हो गया था और एक अन्य साथी रिक वेईलैंड स्टैनफोर्ड यूनिवर्सिटी चला गया था। इस तरह सिएटल में गेट्स व एलन ही बचे थे। एलन यूनिवर्सिटी ऑफ वाशिंगटन में दूसरा वर्ष पूरा कर तीसरे में जाने वाला था। सन् 1973 की शरद् ऋतु में बिल गेट्स भी हॉर्वर्ड विश्वविद्यालय चला गया था। इस तरह व्यावहारिक तौर पर टर्फ-ओ-डेटा का काम पॉल एलन व पॉल गिल्बर्ट के ऊपर आ गया था। लगभग दो वर्षों के परिश्रम और 1,500 डॉलर की लागत पर गिल्बर्ट ने मशीन का जो प्रारंभिक प्रारूप (प्रोटोटाइप) तैयार किया था, उसका ग्राहक मिला था। वॉशिंगटन राज्य सरकार ने शहरों को नि:शुल्क 'यातायात प्रसंस्करण सेवा' (ट्रैफिक प्रोसेसिंग सर्विस) उपलब्ध करवा दी थी और निजी ठेकेदारों की आवश्यकता समाप्त हो गई थी। बाद में इस मशीन को दक्षिण अमेरिकी राज्यों में भी बेचने की कोशिशें की गई थीं, लेकिन सफलता नहीं मिली थी।

इस बीच बिल गेट्स हॉर्वर्ड विश्वविद्यालय में रहकर पॉल एलन व पॉल गिल्बर्ट की मदद कर रहे थे, लेकिन हॉर्वर्ड में रहते हुए गेट्स को एलन की दूरी खटक रही थी। सिएटल और हॉर्वर्ड की दूरी करीब 5 हजार किलोमीटर की है। ऐसे में दोनों की भेंट तभी हो पाती थी, जब गेट्स छुट्टियों में घर आता था, लेकिन उन्हें अधिक दिनों तक दूर नहीं रहना पड़ा था, क्योंकि एलन ने वर्ष 1974 की गरमियों में अपनी पढ़ाई बीच में ही छोड़ दी थी और बिल के समीप रहने के लिए बोस्टन के पास 'हनीबेल इंटरनेशनल' के कंप्यूटर विभाग में कार्यक्रम निर्माता (प्रोग्रामर) की नौकरी शुरू कर ली थी। इसमें अधिक समय नहीं लगा था कि जब सन् 1975 के आरंभ में उन दोनों को हमेशा के लिए अपना जीवन बदल लेने का अवसर आ गया था और 4 अप्रैल को 'माइक्रोसॉफ्ट' की स्थापना हो गई थी। (वर्ष 1974 से 1980 के बीच 'टर्फ-ओ-डेटा' को लगभग 4,000 डॉलर का शुद्ध घाटा हुआ था और इस बीच माइक्रोसॉफ्ट की स्थापना होने के बाद उसका काम लगभग बंद ही हो गया था।)

हॉर्वर्ड विश्वविद्यालय—बिल गेट्स ने महाविद्यालय में नामांकन के लिए अमेरिका में आयोजित होनेवाली प्रवेश-परीक्षा 'शैक्षिक मूल्यांकन परीक्षा'

(स्कॉलैस्टिक असेसमेंट टेस्ट/SAT) में 1,600 में 1,590 अंक हासिल किए थे। उसके आवेदन को हॉर्वर्ड, येल व प्रिंस्टन—तीनों विश्वविद्यालयों ने स्वीकार कर लिया था, लेकिन अपने गणित-प्रेम के कारण उन्होंने हॉर्वर्ड में कानून (लॉ) के पाठ्यक्रम को चुना था।

हॉर्वर्ड में बिल गेट्स अकसर विज्ञान केंद्र में 'द ऐकेन लैब' में ही जमा रहता था। यह प्रयोगशाला इलेक्ट्रो-मेकैनिकल कंप्यूटर 'मार्क-1' के आविष्कारक हॉर्वर्ड ऐकेन के नाम पर है और जहाँ गेट्स की सबसे प्रिय मशीन 'डिजिटल इक्विपमेंट कॉरपोरेशन' (डी.ई.सी.) की पीडीपी-10 थी। वहाँ पीडीपी-1 कंप्यूटर भी था, जिस पर 'स्पेस वार' गेम भी खेला जाता था। प्रथम वर्ष की कंप्यूटर परियोजना के अंतर्गत 'वीडियो बेसबॉल गेम' के लिए गेट्स ने पीडीपी-10 एवं पीडीपी-1 को आपस में जोड़ा था। ऐसा करने के पीछे एक कारण यह भी था कि वह पीडीपी-1 पर 'स्पेस वार गेम. के लिए भी उसी प्रदर्शन पटल को उपयोग में लाया करते थे।

रोचक तथ्य है कि बिल गेट्स अपने किसी भी पाठ्यक्रम के वर्ग में व्याख्यान (लेक्चर) सुनने के लिए नहीं जाते थे और इसके स्थान पर उन वर्गों में निरीक्षण करते, जिनसे उनका कोई संबंध न था। पहले वर्ष में तो उन्होंने अपने वर्ग को लगभग अस्वीकार ही कर दिया था। वह ठीक उसी समय दूसरे वर्ग में जाया करते थे, जब उनका अपने विषय का वर्ग होता था। अपनी खीझ उतारने के लिए वह जमकर 'पोकर' (ताश का विशेष खेल, जो जुआ, रणनीति व कौशल को सम्मिलित करता) खेलते थे। 'कुरीअर हाउस' के कॉमन-रूम में यह खेल रात-रात भर चलता था, जो 'पोकर रूम' के रूप में जाना जाने लगा था। हर रात 1,000 डॉलर या उससे ज्यादा राशि की हार-जीत होती थी। 'पोकर. में भी बिल गेट्स का प्रिय था 'सेवेन कार्ड स्टड'। वास्तव में, गेट्स एकोन्मादी थे। यदि वह किसी चीज पर ध्यान केंद्रित करते तो बस, उससे चिपक ही जाते थे।

अर्थशास्त्र की कक्षा में गेट्स की मुलाकात स्टीव बाल्मर से हुई थी, जो सन् 1980 में माइक्रोसॉफ्ट के 30वें कर्मचारी और पहले व्यवसाय प्रबंधक (बिजनेस मैनेजर) के रूप में नियुक्त हुए थे, 1998 में अध्यक्ष (प्रेसिडेंट) और 2001 में मुख्य कार्यकारी अधिकारी (सी.ई.ओ.) बने थे। बाल्मर 'कुरीअर हाउस' में ही गेट्स से नीचेवाली मंजिल पर रहता था। वैसे तो बाल्मर ऊपरी तौर पर गेट्स से बहुत अलग थे, लेकिन वह ऊधम मचानेवाले व झुंड में रहनेवाले थे। वह

विश्वविद्यालय के सर्वाधिक सक्रिय छात्रों में था, जो हर संगठन में शामिल होने या नेतृत्व करने के लिए उतावला रहा करते थे। वह अंतर स्नातकों (अंडर ग्रेजुएट्स) के बीच मित्रता, बातचीत व सौहार्द लाने के लिए प्रसिद्ध 'हेस्टी पुडिंग क्लब' में सक्रिय थे। (हेस्टी पुडिंग अमेरिका का पारंपरिक पकवान है, जो हलवे की तरह का होता है और मक्की के आटे व दूध से बनाया जाता है।) वह फुटबॉल टीम में भी शामिल थे। वह समलैंगिक अधिकारों की आवाज उठानेवाली पत्रिका 'द एडवोकेट' का प्रकाशक और हॉर्वर्ड कॉलेज के अंतर-स्नातकों द्वारा निकाले जाने वाला कैंब्रिज (मैसाचुसेट्स) का एकमात्र दैनिक अखबार 'द हॉर्वर्ड क्रिमसन' का विज्ञापन प्रबंधक भी था। गेट्स और बाल्मर के बीच मित्रता का सबसे बड़ा कारण था, उन दोनों की असाधारण तीव्रता। वे एक साथ ऊँची आवाज में बातें करते थे, तर्क-वितर्क करते थे, अध्ययन करते थे, धमाल करते रहते थे और दोनों एक साथ फिल्में देखने भी जाते थे।

विश्व के पहले पर्सनल कंप्यूटर के दुभाषिया की रचना—पॉपुलर इलेक्ट्रॉनिक्स ने जनवरी 1975 के अंक में एम.आई.टी.एस. के 'अल्टेयर 8800' को विश्व के पहले पर्सनल कंप्यूटर के रूप में आवरण-कथा में प्रकाशित किया था, जिसे पढ़ते ही पॉल एलन ने तत्काल अनुमान लगा लिया था कि आगे क्या होने वाला था और शीघ्र ही हॉर्वर्ड छात्रावास 'कुरिअर हाउस' में बिल गेट्स को वह लेख दिखाया था। दोनों को यह समझते देर नहीं लगी कि यदि उन्होंने इस काम को नहीं पकड़ा तो कोई-न-कोई इस अवसर का लाभ उठा लेगा। ऐसे में, उन्होंने 'अल्टेयर 8800' के लिए पहले से ही प्रचलित कंप्यूटर कार्यक्रम भाषा 'बेसिक' का दुभाषिया (इंटरप्रेटर) विकसित करने का फैसला किया था, जो जल्दी ही 'अल्टेयर बेसिक' के रूप में प्रसिद्ध होने वाला था। कोई उत्तर नहीं मिलने पर जब जनवरी 1975 की शुरुआत में गेट्स के सुझाव पर पॉल एलन ने एम.आई.टी.एस. में एड रॉबर्ट को फोन किया था तो उसने कहा था, जो सबसे पहले सॉफ्टवेयर लेकर आएगा, काम उसी को मिलेगा। अब समय नहीं था और जल्दी-से-जल्दी सॉफ्टवेयर तैयार करना था। चूँकि उनके पास 'अल्टेयर' नहीं था, इसलिए पॉल एलन ने हॉर्वर्ड की ऐलेन लैबोरेटरी में उपलब्ध मेनफ्रेम कंप्यूटर 'डीईसी पीडीपी-10' का उपयोग कर 'अल्टेयर' का प्रतिरूप तैयार किया था और 'इंटेल-8080' माइक्रो-प्रोसेसर का मैन्युअल खरीदकर एक सप्ताह के भीतर 'सिम्युलेटर' (नकल करनेवाला) सहित

अन्य उपकरणों के सॉफ्टवेयर लिखना शुरू कर दिया था। दूसरी ओर, बिल गेट्स पीले कागजवाली कानूनी पुस्तिका पर पागलों की तरह 'बेसिक' के दुभाषिया की संकेत लिपि (कोड) लिखे जा रहे थे। ज्यों ही एलन का सिम्युलेटर सफल हुआ था, गेट्स ने डीईसी पीडीपी-10 टर्मिनल पर उन संकेत लिपियों को टंकित करना शुरू कर दिया था। उन्होंने हॉर्वर्ड के छात्र की मदद से सॉफ्टवेयर की फ्लोटिंग पॉइंट संबंधी विशेष समस्या को भी दूर कर लिया था और दिन-रात एक कर बेसिक इंटरप्रेटर तैयार कर पाने सफल हो गए थे।

एड रॉबर्ट्स ने एलन को एम.आई.टी.एस. में 'निदेशक, सामग्री प्रक्रिया विकास' (डायरेक्टर-सॉफ्टवेयर डेवलपमेंट) के रूप में पूर्णकालिक नौकरी का प्रस्ताव किया था। मार्च 1975 की शुरुआत में पॉल एलन अल्बुक्वेर्क चले गए थे, जबकि गेट्स ने हॉर्वर्ड में ही रहने का फैसला किया था, लेकिन हॉर्वर्ड के पाठ्यक्रम में ध्यान देने की बजाय गेट्स का पूरा ध्यान एलन के साथ सॉफ्टवेयर विकसित करने और कारोबार को ऊँचाइयों पर पहुँचाने की ओर लगा हुआ था। किसी तरह दूसरे वर्ष की पढ़ाई पूरी करने के बाद वर्ष 1975 की गरमियों में गेट्स ने हॉर्वर्ड की पढ़ाई बीच में छोड़कर एलन के पास अल्बुक्वेर्क जाने का फैसला कर लिया था।

माइक्रोसॉफ्ट की स्थापना—वैसे तो माइक्रोसॉफ्ट की अनौपचारिक स्थापना 4 अप्रैल, 1975 को अल्बुक्वेर्क (न्यू मेक्सिको, संयुक्त राज्य अमेरिका) में हुई थी, लेकिन पंजीकरण की प्रक्रिया पूरी होने में करीब डेढ़ साल का वक्त लग गया था। इस बीच 7 अप्रैल, 1975 को एक नए इतिहास की शुरुआत हुई थी, जब एम.आई.टी.एस. ने अपने पहले आधिकारिक मासिक समाचार-पत्रक 'कंप्यूटर नोट्स' में घोषणा की थी कि 'अल्टेयर' के लिए माइक्रोसॉफ्ट द्वारा तैयार मूलभूत सामग्री प्रक्रिया दुभाषिया 'अल्टेयर बेसिक' सक्रिय रूप से काम रहा था, जिसकी कीमत 500 डॉलर थी। फिर 22 जुलाई, 1975 को एम.आई.टी.एस. ने 'अल्टेयर-बेसिक' के लिए बिल गेट्स व पॉल एलन के साथ अनुबंध पर हस्ताक्षर किए थे।

वर्ष 1976 के अंत में जब एम.आई.टी.एस. के कर्मचारियों की संख्या बढ़कर 230 और कुल बिक्री 60 लाख डॉलर पर पहुँच गई थी, तब एड रॉबर्ट्स ने एम.आई.टी.एस. को 60 लाख डॉलर में 'परटेक कंप्यूटर कॉरपोरेशन' को बेचने का फैसला कर लिया था और माइक्रोसॉफ्ट को अपने स्वत्वाधिकार शुल्क (कॉपीराइट फी) के लिए नए प्रबंधन की कानूनी लड़ाई शुरू करनी पड़ी थी। इस

बीच माइक्रोसॉफ्ट ने 'बेसिक इंटरप्रेटर' से आगे बढ़कर अन्य कार्यक्रम भाषाओं—कोबोल, फोरट्रान व पास्कल में भी सामग्री-प्रक्रिया कार्यक्रमों का विकास करना तेज कर दिया था। अंततः जब दिसंबर 1978 में माइक्रोसॉफ्ट को गेट्स व एलन के गृह नगर सिएटल से केवल 17 किलोमीटर दूर बेलेवुए (वाशिंगटन) में स्थानांतरित किया गया था, तब तक उसका बिक्री राजस्व 10 लाख डॉलर को पार कर चुका था और कर्मचारियों की संख्या 12 हो चुकी थी। बाद में माइक्रोसॉफ्ट का मुख्यालय बेलेवुए के उत्तर-पूर्व में 16 किलोमीटर दूर रेडमोंड में बनाया गया था।

अब कंपनी ने अपना डीईसी सिस्टम-2020 खरीद लिया था। मार्च तक कंपनी के पास बेसिक, फोरट्रान-80 एवं कोबोल-80 के सौ से अधिक ओ.ई.एम. (ओरिजिनल इक्विपमेंट मैन्युफैक्चरर) ग्राहक हो गए थे। जापान स्थित पूर्वी एशियाई देशों का एजेंट 'कजुहिको (के) निशि' अच्छा कारोबार ला रहा था। रंगीन कंप्यूटर पत्रिकाओं के प्रकाशन के कारण उसकी जापान की इलेक्ट्रॉनिक्स कंपनियों में अच्छी पकड़ थी, जिनके लिए माइक्रोसॉफ्ट के उत्पादों को बेचना अब बड़ा कारोबार सिद्ध हो रहा था। दो बड़ी जापानी कंपनियों—एन.ई.सी. (निप्पोन इलेक्ट्रिकल कंपनी) व रिको कंपनी ने माइक्रोसॉफ्ट सॉफ्टवेयर के लिए इतनी बड़ी राशियों के अनुबंध प्रस्तावित किए थे, जो उस समय गेट्स व एलन के अनुमानों से बहुत बड़े थे। इससे पहले टेक्सास इंस्ट्रूमेंट्स ने भी बड़ा अनुबंध किया था, जो दोनों के लिए आश्चर्यजनक आँकड़ा था। अब उनके पास जितना अधिक काम आ गया था और आ रहा था कि वे उसके लिए आवश्यक सॉफ्टवेयर डेवलपर की भरती भी नहीं कर पा रहे थे और बहुधा माँगों को निपटाने में देरी होने लगी थी।

वर्ष 1978 का बिक्री राजस्व 13 लाख डॉलर के थोड़ा ऊपर रहा था और वे अगले वर्ष 20 लाख डॉलर की आशा कर रहे थे। इसी बीच जब माइक्रोसॉफ्ट को बेल्लेवुए (सिएटल) आए करीब छह महीने ही हुए थे कि वर्ष 1979 की गरमियों में बहुचर्चित अमेरिकी उद्यमी रॉस पीरॉट ने माइक्रोसॉफ्ट को खरीदने का प्रस्ताव रख दिया था। केवल 23 वर्ष के बचकाने व्यक्तित्ववाले बिल गेट्स जब पीरॉट से मिलने डलास स्थित उनके मुख्यालय में सौदेबाजी के लिए उपस्थित हुए थे तो पीरॉट व उनके शीर्ष कार्यकारियों ने न केवल उम्मीद से कम दाम लगाया था, वरन् माइक्रोसॉफ्ट की व्यापक संभावनाओं के बारे में गेट्स के दावे को अनसुना कर दिया था; लेकिन बिल गेट्स को पता था कि माइक्रोसॉफ्ट क्या कर रहा था, क्या

करने वाला था और उसकी कितनी अधिक कारोबारी संभावनाएँ थीं! इसलिए वह उन लोगों को विनम्रतापूर्वक मना कर वापस लौट आए थे। जापान से अंधाधुंध काम मिलने के कारण इस सौदे के टूट जाने का एलन व गेट्स के आत्मविश्वास पर कोई असर नहीं हुआ था। जी हाँ, उनका अनुमान बिलकुल सही निकला था। उन्होंने काम को सही समय पर पूरा करने और लगातार बढ़ते कारोबार को सँभालने के लिए कुल 15 नए प्रोग्राम डेवलपर को नियुक्त कर लिया था और 1979 में माइक्रोसॉफ्ट के कुल कर्मचारियों की संख्या 28 हो गई थी और उसका कुल कारोबार 23,90,145 डॉलर हो गया था—अनुमान से करीब 4 लाख डॉलर अधिक!

अप्रैल 1980 में माइक्रोसॉफ्ट ने 'जेड 80 सॉफ्टकार्ड' के साथ सीपी/एम ऑपरेटिंग सिस्टम (ऑपरेटिंग सिस्टम) व 'बेसिक इंटरप्रेटर' पूरा पैकेज केवल 349 डॉलर में प्रस्तुत कर बाजार में धमाका किया था, क्योंकि अलग-अलग खरीदे जाने पर उन सभी सामग्री प्रक्रियाओं की कुल कीमत प्रति कंप्यूटर 5,000 डॉलर से अधिक बैठ रही थी और 1981 में माइक्रोसॉफ्ट ने कुल 80 लाख डॉलर मूल्य के 25 हजार सॉफ्ट कार्ड बेचे थे। हालाँकि बाजार नकली सॉफ्ट कार्ड के आ जाने से अगले दो वर्षों में बिक्री स्तर सामान्य हो गया था, लेकिन इसके माध्यम से माइक्रोसॉफ्ट ने सीपी/एम ऑपरेटिंग सिस्टम आधारित 8-बिट कंप्यूटर बाजार की कार्यक्रम भाषा सामग्री प्रक्रिया (प्रोग्रामिंग-लैंग्वेज सॉफ्टवेयर) कारोबार पर अपना नियंत्रण स्थापित कर लिया था, जो उभरते घरेलू कंप्यूटर बाजार में उसके लिए सुरक्षित मोरचा सिद्ध हुआ था। अब माइक्रोसॉफ्ट के लगातार बढ़ते कारोबार के सामान्य प्रबंधन (जनरल मैनेजमेंट) को सँभाल पाना पॉल एलन एवं बिल गेट्स के लिए संभव नहीं रह गया था।

इस काम के लिए बिल गेट्स को हॉर्वर्ड का अपना सहपाठी स्टीवन एंथनी स्टीव बामर सबसे सुयोग्य लगा था। बामर ने हॉर्वर्ड से स्नातक कला व्यावहारिक गणित व अर्थशास्त्र (बी.ए.—एप्लाइड मैथमेटिक्स एंड इकोनॉमिक्स) के बाद प्रोक्टर एंड गैंबल (पी एंड जी) में दो वर्षों तक असिस्टेंट प्रोडक्ट मैनेजर के रूप में काम किया था और अब स्टेनफोर्ड ग्रेजुएट स्कूल ऑफ बिजनेस में मास्टर ऑफ बिजनेस एडमिनिस्ट्रेशन/एम.बी.ए. नामांकन लिया ही था कि गेट्स ने उस पर माइक्रोसॉफ्ट में आने का दबाव बनाना शुरू दिया था। बिल को लगा था कि बिना हिस्सेदारी-प्रस्ताव के बामर को स्टेनफोर्ड से पढ़ाई छुड़वाकर माइक्रोसॉफ्ट

में शामिल करना मुश्किल था। इसलिए गेट्स ने बामर को 5 प्रतिशत हिस्सेदारी देने के लिए एलन को सहमत कर लिया था। अप्रैल 1980 में जब यह फैसला हुआ था, तब एलन किसी बिजनेस टूर पर जाने की जल्दी में था। कुछ दिनों बाद जब वह वापस आया तो उसे कार्यालय के लोगों से पता चला था कि गेट्स ने बामर को 7.5 प्रतिशत हिस्सेदारी का प्रस्ताव कर दिया था। फिर 11 जून, 1980 को स्टीव बामर को बिजनेस मैनेजर पद पर माइक्रोसॉफ्ट के 30वें स्थायी कर्मचारी के रूप में नियुक्त कर लिया गया था और यहीं से पॉल एलन व बिल गेट्स के बीच दूरियाँ बननी शुरू हो गई थीं।

माइक्रोसॉफ्ट को अब तक सबसे बड़ी सफलता तब मिली थी, जब 6 नवंबर, 1980 को आई.बी.एम. ने उसके साथ कुल 4.30 लाख डॉलर का अनुबंध किया था, जिसमें 75 हजार डॉलर सामग्री प्रक्रिया रूपांतर, परीक्षण व परामर्श के लिए; 45 हजार डॉलर कंप्यूटर ऑपरेटिंग सिस्टम (डिस्क ऑपरेटिंग सिस्टम/डॉस) के लिए और 3.10 लाख डॉलर 16-बिट मंच (प्लेटफॉर्म) पर विभिन्न भाषाओं के दुभाषियों (लैंग्वेज इंटरप्रेटर) व उनके संकलकों (कंपाइलर) की एक व्यूह-रचना तैयार करने के लिए। इसके बाद 15 दिसंबर, 1980 को माइक्रोसॉफ्ट ने सिएटल कंप्यूटर प्रोडक्ट्स के साथ 86-डॉस के लिए उपर्युक्त लाइसेंसिंग समझौता किया, ताकि आई.बी.एम.-पी.सी. के लिए डॉस का संस्करण—आई.बी.एम.-पी.सी. डॉस का विकास शुरू हो सके। जब 12 अगस्त, 1981 को आई.बी.एम.-पी.सी. को बाजार में उतारा गया था, तब आई.बी.एम. को भी पता नहीं था कि वर्ष 1983 के अंत में वह एप्पल के बाद दूसरा सबसे अधिक बिकनेवाला पर्सनल कंप्यूटर (पी.सी.) हो जाएगा। इतना ही नहीं, वर्ष 1985 तक आई.बी.एम.-पी.सी. का वार्षिक बिक्री राजस्व 4.5 अरब डॉलर हो चुका था और एप्पल के अलावा सभी पर्सनल कंप्यूटर निर्माताओं ने 'डॉस' को अपनाकर माइक्रोसॉफ्ट 'ऑपरेटिंग सिस्टम को सम्राट्' स्वीकार कर लिया था, जब उसके कर्मचारियों की संख्या 910 और बिक्री राजस्व 14.04 करोड़ डॉलर हो चुका था।

लेकिन इस बीच 25 सितंबर को प्रारंभिक जाँच से यह पता चल सका था कि पॉल एलन को 'लिंफोमा' (एक तरह का ब्लड कैंसर) है। किंतु आगे और गहन जाँच के बाद अगली सुबह कुछ अच्छा समाचार मिला था कि वह 'हॉज्किन' रोग (लिंफोमा की शुरुआती अवस्था) था। अगले छह सप्ताह तक हर सप्ताह में पाँच

दिनों का विकिरण उपचार (रेडिएशन थेरैपी) के बाद एलन बहुत कमजोर हो गया था। फिर भी उसने कार्यालय जाना शुरू कर दिया था; लेकिन वह बिल गेट्स व स्टीव बामर के रूखे व्यवहार से इतना दु:खी हो गया था कि माइक्रोसॉफ्ट निदेशक मंडल में अपना स्थान सुरक्षित रखते हुए 18 फरवरी, 1983 को विधिवत् इस्तीफा दे दिया। हालाँकि कंपनी में एलन के योगदान को देखते हुए उसे बहुमत से वाइस चेयरमैन चुन लिया गया था, लेकिन छह महीने बाद बिल गेट्स ने उसका सारा सामान उसके घर के पते पर भेज दिया था और इस तरह एलन के माइक्रोसॉफ्ट के साथ प्रत्यक्ष संबंध का अंत हो गया था।

इस बीच बिल गेट्स ने स्टीव जॉब्स से अपने नजदीकी संबंध का लाभ उठाया था और जॉब्स के नेतृत्व में एप्पल मैकिंटोश के लिए विकसित की जा रही ग्राफिकल यूजर इंटरफेस (जी.यू.आई.) आधारित ऑपरेटिंग सिस्टम की नकल कर 'माइक्रोसॉफ्ट विंडोज' का विकास शुरू कर दिया था। जब जॉब्स को इसका पता चला था तो एप्पल ने माइक्रोसॉफ्ट को न्यायालय में घसीट लिया था, लेकिन 17 सितंबर, 1985 को स्टीव जॉब्स से त्याग-पत्र लेने के बाद 'एप्पल' के तत्कालीन मुख्य कार्यकारी अधिकारी जॉन स्कली ने माइक्रोसॉफ्ट से समझौता कर लिया था और 20 नवंबर, 1985 को बिल गेट्स ने 'माइक्रोसॉफ्ट विंडोज 1.0' को बाजार में उतारने में सफलता प्राप्त की थी। इस तरह माइक्रोसॉफ्ट बिना किसी रुकावट के पर्सनल कंप्यूटर ऑपरेटिंग सिस्टम बाजार में अपना एकाधिकार स्थापित करने की दिशा में तेजी से आगे बढ़ गया था।

26 फरवरी, 1986 को जब माइक्रोसॉफ्ट सिएटल महानगर से 26 किलोमीटर पूर्व में स्थित अर्ध-शहरी क्षेत्र रेडमोंड के हरे-भरे जंगलों के बीच 88 एकड़ के बड़े भूखंड पर विकसित भव्य मुख्यालय परिसर में हमेशा के लिए स्थानांतरित हुआ था, तब उसके कर्मचारियों की संख्या 900 से ऊपर चली गई थी। वर्ष 2012 तक यह परिसर 500 एकड़ में फैले 125 कार्यालय भवनों, उद्यानों, खेल मैदानों एवं अन्य अत्याधुनिक सुविधाओंवाला विशाल उप-नगर बन चुका था। वहाँ लगभग 41,000 कर्मचारी काम कर रहे थे।

मुख्यालय परिसर के निर्माण के समानांतर माइक्रोसॉफ्ट अपने 'प्रारंभिक सार्वजनिक प्रस्ताव' (आई.पी.ओ.) की तैयारियाँ कर रहा था। 14 मार्च, 1986 को माइक्रोसॉफ्ट का आई.पी.ओ. 21 डॉलर प्रति शेयर की दर पर खुला था, जो 27.75

डॉलर पर बंद हुआ था। इस आई.पी.ओ. में माइक्रोसॉफ्ट ने कुल 27.95 लाख सामान्य स्वामित्व हिस्सेदारियों (कॉमन शेयर ऑफ स्टॉक) की बिक्री कर 51.97 करोड़ डॉलर की ब्याज-रहित पूँजी की उगाही की थी। इनमें मूल स्वामित्व-धारकों (स्टॉक होल्डर्स) द्वारा बेची गई स्वामित्व हिस्सेदारियों की संख्या 7.95 लाख थी और एक दिन में बिल गेट्स, पॉल एलन एवं स्टीव बामर सहित कंपनी के बड़े हिस्सेदार करोड़पति हो चुके थे। आनेवाले सोलह वर्षों में (वर्ष 1987 से 2003 तक) माइक्रोसॉफ्ट की मूल स्वामित्व हिस्सेदारी को कुल नौ बार विभाजित (स्प्लिट) किया गया था; अर्थात् सन् 1986 में आई.पी.ओ. के समय खरीदी 1 स्वामित्व हिस्सेदारी (शेयर ऑफ स्टॉक) 2003 में 288 बन गई थी। यदि आपने 14 मार्च, 1986 को माइक्रोसॉफ्ट की एक स्वामित्व-हिस्सेदारी को 21 डॉलर के प्रस्ताव मूल्य पर खरीदा होता और उसे 26 मार्च, 1999 को 178.13 डॉलर के भाव में बेचा होता तो आपको 51,301.44 डॉलर की प्राप्ति हुई होती और यदि आपने उसे 1 दिसंबर, 2008 को ऐतिहासिक निम्न भाव 14.87 डॉलर प्रति शेयर पर बेचा होता तो भी आपको 4,282.56 डॉलर मिले होते!

14 अप्रैल, 1993 को माइक्रोसॉफ्ट ने घोषित किया था कि विश्व भर में 'माइक्रोसॉफ्ट विंडोज' के कुल उपयोगकर्ताओं की पूँजी 2.5 करोड़ से अधिक हो चुकी थी और वह 'चित्रात्मक उपयोगकर्ता अंतरफलक' (जी.यू.आई.) आधारित सबसे लोकप्रिय ऑपरेटिंग सिस्टम बन चुकी थी।

...और फिसल गया इंटरनेट बाजार—वास्तव में वर्ष 1990-93 के बीच बिल गेट्स सहित माइक्रोसॉफ्ट के बाजार-योद्धाओं की फौज 'विंडोज' की सफलता की फसल काटने में इतनी व्यस्त व उन्मत्त थी कि उन्हें पता ही नहीं चला था कि किस तरह कंप्यूटर प्रौद्योगिकी उद्योग में इंटरनेट का युगांतरकारी पदार्पण हो रहा था और इस मैदान पर नए खिलाड़ी अपने पाँव जमा रहे थे। इस बीच माइक्रोसॉफ्ट का राजस्व तीन गुना बढ़कर 375 करोड़ डॉलर को पार कर चुका था और कर्मचारियों की संख्या 14,500 का आँकड़ा छूने वाली थी, लेकिन माइक्रोसॉफ्ट रेडमोंड मुख्यालय में कोई भी इंटरनेट प्रौद्योगिकी के विकास की दिशा में सोचने भर को तैयार नहीं था। उनका अगला लक्ष्य 'विंडोज 95' था और उसे अधिक-से-अधिक प्रभावी बनाने में सबका ध्यान लगा हुआ था।

उद्योग जगत् के दूरदर्शी आश्चर्य से देख रहे थे कि कंप्यूटर भाषा, ऑपरेटिंग

सिस्टम व अनुप्रयोगों में सबको पछाड़कर इतना आगे निकल जानेवाली कंपनी माइक्रोसॉफ्ट इंटरनेट युग की तेज बढ़त को कैसे अनदेखा कर सकती थी! वर्ष 1994 में यह बात जग-जाहिर होने लगी थी कि करीब 1 करोड़ से अधिक लोग इंटरनेट रूपी विश्वव्यापी आभासी महासागर की लहरों पर तैराकी (सर्फिंग) करने लगे थे; लेकिन इसके लिए उन्हें माइक्रोसॉफ्ट के किसी सॉफ्टवेयर के उपयोग की जरूरत नहीं हो रही थी। इससे भी खतरनाक तथ्य यह था कि 'वर्ल्ड वाइड वेब' (इंटरनेट) को 'सन माइक्रोसिस्टम्स. (अब 'जावा प्रोग्रामिंग लैंग्वेज') से बढ़ावा मिल रहा था और यह पी.सी. पर माइक्रोसॉफ्ट विंडोज के आधिपत्य को चुनौती दे सकनेवाले प्लेटफॉर्म की दिशा में तेजी से आगे बढ़ रही थी। अब यह चुनौती इतने खतरनाक स्तर पर आ चुकी थी कि माइक्रोसॉफ्ट के लिए चुप बैठना मुश्किल हो गया था।

ध्यान रहे कि इंटरनेट सर्फिंग को उपयोगकर्ताओं के लिए आसान बनाने की दिशा में 25 दिसंबर, 1990 को ब्रिटिश कंप्यूटर वैज्ञानिक और 'वर्ल्ड वाइड वेब' (इंटरनेट) के आविष्कारक सर टिम बर्नर्स ली ने सबसे पहला वेब ब्राउजर 'वर्ल्ड वाइड वेब' जारी किया था। सॉफ्टवेयर व इंटरनेट के नाम को लेकर भ्रम को दूर करने के लिए इसका नाम 'नेक्सस' रख दिया गया था; लेकिन सर टिम बर्नर्स ली अपने आविष्कार पर स्वामित्व बनाकर कमाई करने के पक्ष में नहीं थे और अगस्त 1991 में इसे सार्वजनिक ज्ञानक्षेत्र (पब्लिक डोमेन) में डाल दिया गया था। इसके चलते उस वक्त कई वेब ब्राउजर विकसित हुए, जिनमें 'विओला डब्ल्यू.डब्ल्यू. डब्ल्यू.' कुछ हद तक लोकप्रिय हुआ था।

लेकिन 23 जनवरी, 1993 को यूनिवर्सिटी ऑफ इलिनोइस (इलिनोइस, यू.एस.ए.) के 'नेशनल सेंटर फॉर सुपरकंप्यूटिंग एप्लीकेशंस' (एन.सी.एस.ए.) ने एक काफी उन्नत वेब ब्राउजर 'मोजेक' जारी किया था, जिसके विकासकर्ताओं की मंडली का नेतृत्व मार्क एंड्रिसेन ने किया था। पढ़ाई पूरी करने के बाद एंड्रिसेन कैलिफोर्निया चला गया था, जहाँ उसकी भेंट उस समय के चर्चित कंप्यूटर वैज्ञानिक व उद्यमी जिम क्लार्क से हुई थी, जो 'सिलिकॉन ग्राफिक्स सिस्टम्स' (बाद में एस.जी.आई.) से अलग हुआ था। क्लार्क को मोजेक ब्राउजर में भारी वाणिज्यिक संभावना दिखाई पड़ी थी। क्लार्क ने 'बीज पूँजी' (सीड मनी) का निवेश किया था और कुछ अन्य निवेशकों को साथ लेकर 4 अप्रैल, 1994 को माउंटेन व्यू (कैलिफोर्निया) में 'मोजेक कम्युनिकेशंस कॉरपोरेशन' की स्थापना हो गई। कंपनी

में मार्क एंड्रिसेन को सह-संस्थापक व उपाध्यक्ष बनाया गया था। कंपनी ने 13 अक्तूबर, 1994 को अपना पहला उत्पाद 'मोजेक नेटस्केप 0.9' जारी किया था; लेकिन 'मोजेक' नाम पर यूनिवर्सिटी ऑफ इलिनोइस ने नाराजगी जताई थी। ऐसे में 14 नवंबर, 1994 को कंपनी का नाम बदलकर 'नेटस्केप कम्युनिकेशंस' और उत्पाद का नाम बदलकर 'नेटस्केप नेविगेटर' कर दिया गया था। 'नेटस्केप नेविगेटर' ने बाजार में आने के पहले साल में ही वेब ब्राउजर बाजार के 90 फीसदी उपयोगकर्ताओं को अपनी तरफ आकर्षित कर लिया था।

इसकी सफलता का अनुमान इस तथ्य से लगाया जा सकता है कि जब 9 अगस्त, 1995 को प्रारंभिक सार्वजनिक प्रस्ताव (आई.पी.ओ.) जारी करने के अंतिम समय में नेटस्केप कम्युनिकेशन ने अपनी स्वामित्व हिस्सेदारियों (शेयर ऑफ स्टॉक) के प्रस्तावित मूल्य को 14 डॉलर से दोगुना बढ़ाकर 28 डॉलर कर दिया था; फिर भी पहले कारोबारी दिन के दौरान जल्दी ही प्रति शेयर मूल्य 75 डॉलर की ऊँचाई पर पहुँच गया और 58.25 डॉलर पर बंद हुआ था। केवल एक दिन के भीतर नेटस्केप कम्युनिकेशन, जिसने अब तक कोई कारोबारी लाभ हासिल नहीं किया था, का बाजार मूल्यांकन 290 करोड़ डॉलर के स्तर पर चला गया था। इतना ही नहीं, सन् 1995 की हर तिमाही में कंपनी का राजस्व दोगुना होता चला गया था—पहली तिमाही में 50 लाख डॉलर, दूसरी में 1 करोड़ डॉलर, तीसरी में 2 करोड़ डॉलर और अंतिम तिमाही में 4 करोड़ डॉलर। इसका परिणाम यह हुआ था कि 19 फरवरी, 1996 के अंतरराष्ट्रीय संस्करण अंक में 'टाइम' मैगजीन ने इस घटना को आवरण कथा बनाया और आवरण पृष्ठ पर 'द गोल्डन गीक्स' संबोधित करते हुए मार्क एंड्रिसेन का संपूर्ण चित्र 'नंगे पाँव' प्रकाशित किया था। इसके बाद मार्क एंड्रिसेन को इंटरनेट युग का 'पोस्टर ब्वाय' कहा जाने लगा था।

वैसे तो वेब ब्राउजर की खोज को लेकर वर्ष 1994 की शुरुआत में ही माइक्रोसॉफ्ट मुख्यालय में खलबली मचनी शुरू हो चुकी थी और इसके लिए आनन-फानन में विशेष टीम का गठन भी किया जा चुका था, लेकिन अब तक बहुत अधिक देर हो चुकी थी और बाजार के नए खिलाड़ी बहुत आगे निकल चुके थे। उनके स्तर को पकड़ने के लिए बुनियादी अनुसंधान का रास्ता न केवल कठिन था, बल्कि उसमें बहुत समय भी लगने वाला था। ऐसी स्थिति में अब बाजार में उपलब्ध प्रौद्योगिकी को खरीदना ही आसान विकल्प था। इस दिशा में माइक्रोसॉफ्ट

की पहली ठोस प्रतिक्रिया सितंबर, 1994 में सामने आई थी, जब उसने सी.एम.जी. इन्फॉर्मेशन सर्विसेज (अब मोडसलिंक ग्लोबल सॉल्यूशंस) की सहयोगी कंपनी 'बुकलिंक. से विंडोज 95 एवं एम.एस.एन. के लिए 20 लाख डॉलर की एकमुश्त राशि पर ब्राउजर टेक्नोलॉजी का सोर्स कोड खरीदने का प्रस्ताव रखा था, लेकिन बुकलिंक' के सह-संस्थापक डेविड वेथरेल को राशि बहुत कम लगी थी और केवल दो महीने के भीतर नवंबर 1994 में ए.ओ.एल. (पहले 'अमेरिका ऑनलाइन') ने अपने 7.10 लाख शेयर, जिनका बाजार मूल्य उस समय करीब 3 करोड़ डॉलर था, के बदले 'बुकलिंक' की वेब ब्राउजर प्रौद्योगिकी को खरीद लिया था।

वेब ब्राउजर का सौदा हाथ से निकल जाने के बाद माइक्रोसॉफ्ट ने बुकलिंक से इंटरनेट प्रौद्योगिकी के एक दूसरे औजार का लाइसेंस हासिल किया था, जिसके तहत बुकलिंक ने 'माइक्रोसॉफ्ट वर्ड' के लिए 'इंटरनेट असिस्टेंट' विकसित किया था। इसके माध्यम से 'माइक्रोसॉफ्ट वर्ड' के उपयोगकर्ताओं को इंटरनेट डॉक्यूमेंट बनाने के लिए 'एच.टी.एम.एल.' के उपयोग से मुक्ति मिल गई थी, लेकिन विंडोज-95 के लिए वेब ब्राउजर जरूरी था और उसकी खोज जारी थी। इस बीच 'नेटस्केप नेविगेटर' बाजार में आ चुका था। उसे खरीदने का कोई उपाय नहीं निकल पा रहा था। ऐसे में उसकी एक प्रतिस्पर्धी कंपनी 'स्पाईगिलास इन्कॉरपोरेशन' (शैंपेन, इलिनोइस, यू.एस.ए.) से संपर्क साधा गया था, जिसने मई 1994 में एन.सी.एस.ए. से अपना खुद का वेब ब्राउजर विकसित करने के लिए 'मोजेक' का लाइसेंस हासिल किया था। वास्तव में छह माह पहले जब 'स्पाईग्लास' ने माइक्रोसॉफ्ट को इस संबंध में संपर्क किया था तो उसे मना कर दिया गया था। अब जब खुद माइक्रोसॉफ्ट का प्रस्ताव आया तो 'स्पाईग्लास' ने उत्साहित होकर 21 दिसंबर, 1994 को 'इंटरनेट एक्सप्लोरर' नाम से माइक्रोसॉफ्ट के लिए वेब ब्राउजर विकसित करने का समझौता कर लिया था। इस अनुबंध के तहत माइक्रोसॉफ्ट ने 'स्पाईग्लास' को तिमाही शुल्क के रूप में साल भर में कुल 50 लाख डॉलर का नकद भुगतान और प्रति कॉपी रॉयल्टी देने का वादा किया था।

अब माइक्रोसॉफ्ट के हाथ में वेब ब्राउजर का एक विकल्प आ गया था और अब वह इस बाजार में कोहराम मचाने की तैयारियों में जुट गई थी। अगस्त 1995 में 'इंटरनेट एक्सप्लोरर' के पहले संस्करण 1.0 को विंडोज-95 के जुड़वाँ संस्करण

'विंडोज-95 प्लस' के साथ खुदरा बाजार में प्रस्तुत किया गया था और विंडोज-95 के साथ मुफ्त में ओ.ई.एम. कंप्यूटर निर्माताओं को बेचा गया था। बाद के अन्य संस्करण भी इसी तरह जारी किए जा रहे थे, यानी सीधे तौर पर माइक्रोसॉफ्ट को इसकी बिक्री से कोई आमदनी नहीं हो रही थी और वह 'स्पाईगिलास. को तिमाही शुल्क के अलावा कोई रॉयल्टी का भुगतान नहीं कर रही थी।

ऐसे में, जब अगस्त 1996 में माइक्रोसॉफ्ट ने 'इंटरनेट एक्सप्लोरर 3.0' को जारी किया तो स्पाईग्लास ने उसे अनुबंध संबंधी लेखा-परीक्षण (कॉण्ट्रेक्चुअल ऑडिट) की कानूनी धमकी दे दी। फिर 22 जनवरी, 1997 को माइक्रोसॉफ्ट ने स्पाईग्लास को 80 लाख डॉलर (वर्ष 1998 तक के शुल्क व रॉयल्टी के रूप में) का भुगतान किया था और नए अनुबंध में स्पाईग्लास के संविदात्मक लेखा-परीक्षण का अधिकार निरस्त कर दिया गया था।

इस बीच 26 मई, 1995 को बिल गेट्स ने अपने अधिकारियों को 'इंटरनेट ज्वार की लहर' नामक सात पृष्ठों का एक ऐतिहासिक आंतरिक ज्ञापन भेजा था। इस विस्तृत ज्ञापन में गेट्स ने इंटरनेट क्रांति की नब्ज को समय रहते समझ पाने और उसके मुताबिक तकनीकी विकास करने में माइक्रोसॉफ्ट की असफलता को स्वीकार किया था। उस ज्ञापन में नेटस्केप व नेटस्केप नेविगेटर का उल्लेख 'इंटरनेट पर नए प्रतियोगी का जन्म' के रूप में करते हुए बिल गेट्स ने अपनी टीम को ललकारा था कि वे इंटरनेट से जुड़े हरेक कारोबार में छा जाने की तैयारी करें। सन् 1998 में माइक्रोसॉफ्ट के खिलाफ 'एंटी ट्रस्ट मुकदमे' में अमेरिकी न्याय विभाग की ओर से गवाह के रूप में पेश किए गए इंटेल के उपाध्यक्ष स्टीवन मैकगेडी ने इसी ज्ञापन का उल्लेख करते हुए कहा था कि किस तरह माइक्रोसॉफ्ट ने नेटस्केप को पूरी तरह तबाह करने की योजना बनाई थी!

वास्तव में, अक्तूबर 1997 में 'इंटरनेट एक्सप्लोरर 4.0' को 'नेटस्केप नेविगेटर' के खात्मे के अचूक हथियार के रूप में भारी-भरकम प्रचार अभियान के साथ बाजार में उतारा गया था। डेस्क टॉप कंप्यूटर बाजार के 90 फीसदी हिस्से पर माइक्रोसॉफ्ट की 'विंडोज' ऑपरेटिंग सिस्टम का कब्जा था और उन उपभोक्ताओं को 'इंटरनेट एक्सप्लोरर 4.0' के रूप में 'नेटस्केप नेविगेटर' जैसी तमाम खूबियोंवाला वेब ब्राउजर मुफ्त में दिया जा रहा था। ऐसे में भले ही नेटस्केप के पास आई.पी.ओ. से जुटाई गई अच्छी-खासी पूँजी की ताकत आ गई थी; लेकिन

माइक्रोसॉफ्ट जैसे महारथी के खिलाफ कुछ भी कर पाना उसके लिए मुश्किल साबित हो रहा था। उसके पास एकमात्र उत्पाद व राजस्व का स्रोत 'नेटस्केप नेविगेटर' ही था, जो मुफ्त इंटरनेट एक्सप्लोरर के सामने घुटने टेकने लगा था और उसके खरीदारों की संख्या तेजी से बहुत नीचे गिर गई थी।

अपनी नाक बचाने और अपने दीवाने ग्राहकों को साथ जोड़े रखने की कोशिशों के तहत 23 फरवरी, 1998 को नेटस्केप ने एक ओपन-सोर्स परियोजना 'मोजिल्ला' का शुभारंभ किया था। इसका नामकरण नेटस्केप नेविगेटर के मूल सॉफ्टवेयर स्रोत 'मोजेक' और जापानी विज्ञान कथा के मशहूर समुद्री राक्षस पात्र 'गोजिल्ला' के सम्मिश्रण से किया गया था। इस खुले मंच के पहले उत्पाद के रूप में नेटस्केप कम्युनिकेटर 4.0 का सोर्स कोड जारी किया गया था। भविष्य में यह 'मोजिल्ला फायरफॉक्स' के रूप में लोकप्रिय ओपन सोर्स वेब ब्राउजर के रूप में विकसित हुआ और 'इंटरनेट एक्सप्लोरर' की बाजार हिस्सेदारी को भारी नुकसान पहुँचाकर बदला लेने में सफल भी हुआ था; लेकिन उस समय माइक्रोसॉफ्ट द्वारा जारी 'इंटरनेट एक्सप्लोरर' संस्करणों की बढ़त को रोक पाना मुश्किल था।

इस बीच मई 1998 में अमेरिकी न्याय विभाग ने माइक्रोसॉफ्ट के खिलाफ एंटी-ट्रस्ट मुकदमा दाखिल कर दिया था। हालाँकि नेटस्केप कम्युनिकेशन इसमें वादी के रूप में शामिल नहीं हुआ था, लेकिन उसके कर्मचारियों ने माइक्रोसॉफ्ट के खिलाफ सबूत जुटाने में न्याय विभाग की काफी मदद की थी। फिर अक्तूबर 1998 में नेटस्केप ने 10 लाख डॉलर में वेब डायरेक्टरी साइट 'न्यूहू' का अधिग्रहण किया और उसे 'ओपन डायरेक्टरी प्रोजेक्ट' का नाम देकर उसके डेटाबेस को खुली, सामग्री लाइसेंस के अंतर्गत जारी किया था।

आखिरकार 24 नवंबर, 1998 को ए.ओ.एल. (अमेरिका ऑनलाइन) ने कर-मुक्त शेयर अदला-बदली (स्टॉक स्वैप) के जरिए, नेटस्केप कम्युनिकेशंस के अधिग्रहण का ऐलान कर दिया था। उस वक्त नेटस्केप के कुल शेयरों का बाजार मूल्य 420 करोड़ डॉलर था; लेकिन जब 17 मार्च, 1999 को ए.ओ.एल. में नेटस्केप के विलय का सौदा बंद हुआ था तो उन शेयरों का बाजार मूल्य 1,000 करोड़ डॉलर हो चुका था। अधिग्रहण के दौरान नेटस्केप के सॉफ्टवेयर उत्पादों का विकास व विपणन 'सन-नेटस्केप अलायंस' के जरिए 'आई-प्लेनेट' ब्रांड नाम से शुरू किया गया था और यह मार्च 2002 तक जारी रहा था।

इस बीच माइक्रोसॉफ्ट इंटरनेट एक्सप्लोरर के 5.0 (1999) व 6.0 (2001) संस्करणों के जरिए वेब ब्राउजर बाजार पर आधिपत्य जमाने में कामयाब हो चुका था और वर्ष 2002 में उसकी बाजार हिस्सेदारी 95 फीसदी के स्तर पर पहुँच चुकी थी। जब एंटी-ट्रस्ट मुकदमे में यह साबित हो गया कि माइक्रोसॉफ्ट ने अपने एकाधिकार का गलत उपयोग किया तो ए.ओ.एल. ने क्षतिपूर्ति के लिए उसके खिलाफ एक मुकदमा दायर कर दिया था। यह मुकदमा मई 2003 में खत्म हुआ था, जब माइक्रोसॉफ्ट ने ए.ओ.एल. को 75 करोड़ डॉलर का भुगतान किया था और कुछ प्रौद्योगिकियों की साझेदारी के लिए सहमत हुआ था। इस समझौते में माइक्रोसॉफ्ट द्वारा सात वर्षों के लिए ए.ओ.एल. को 'इंटरनेट एक्सप्लोरर' के उपयोग व वितरण का रॉयल्टी फ्री लाइसेंस जारी करना भी शामिल था। यह समझौता नेटस्केप के ताबूत में अंतिम कील साबित हुआ था, जब 15 जुलाई, 2003 को टाइम वार्नर (पहले ए.ओ.एल. टाइम वार्नर) ने नेटस्केप को भंग कर दिया था।

लेकिन वर्ष 1995 में बिल गेट्स द्वारा जारी उस कुख्यात ज्ञापन में नेटस्केप ही नहीं, इंटरनेट से जुड़े विभिन्न कारोबारों को किसी भी तरीके से हथिया लेने की रणनीति का स्पष्ट संकेत मिलता था। उसी वर्ष अगस्त माह में 'इंटरनेट एक्सप्लोरर' के पहले मुफ्त संस्करण 1.0 के माध्यम से 'नेटस्केप' की जड़ें खोदने की दिशा में पहला कदम बढ़ाने के साथ-साथ माइक्रोसॉफ्ट द्वारा ऑनलाइन सेवाओं के बाजार में ए.ओ.एल. (अमेरिका ऑनलाइन) के मुकाबले में एम.एस.एन. (माइक्रोसॉफ्ट नेटवर्क; अब विंडो लाइव) को पेश किया गया था। फिर 15 जुलाई, 1996 को 24 घंटे चलनेवाले एक केबल न्यूज टेलीविजन चैनल—'एम.एस.एन.बी.सी.' की स्थापना की गई थी। यह 'नेशनल ब्रॉडकास्ट कॉरपोरेशन' (एन.बी.सी.; अब एन.बी.सी. यूनिवर्सल) के साथ एक संयुक्त उद्यम था। इसमें 50 फीसदी हिस्सेदारी के लिए माइक्रोसॉफ्ट ने 22.10 करोड़ डॉलर का निवेश किया था। करीब 20 करोड़ की लागत से एम.एस.एन.बी.सी. का अत्याधुनिक स्टूडियो (सेकोकस, न्यू जर्सी, यू.एस.ए. डॉलर) में तैयार किया गया था। उस समय केबल न्यूज नेटवर्क (सी.एन.एन.) के मुकाबले में एम.एस.एन.बी. बाजार में लाया गया था।

वर्ष 1996 में ही माइक्रोसॉफ्ट ने ऑनलाइन पत्रिका 'स्लेट' (स्लेट.कॉम) की स्थापना की, जो वर्तमान मामले और संस्कृति से जुड़े विश्लेषण पर केंद्रित थी। लगभग 30 स्थायी कर्मचारियों वाली इस ऑनलाइन पत्रिका से जाने-माने पत्रकार

व लेखकों को जोड़ा गया था और माइक्रोसॉफ्ट ने इसे विकसित करने पर करीब 2 करोड़ डॉलर का निवेश किया था। दिसंबर 2004 में 'स्लेट', 'वाशिंगटन पोस्ट' कंपनी के स्वामित्व में चली गई थी और इस सौदे की कीमत 1.5 से 2 करोड़ डॉलर के बीच आँकी गई थी।

6 अप्रैल, 1997 को माइक्रोसॉफ्ट ने 42.50 करोड़ डॉलर में 'वेब टी.वी. नेटवर्क्स' (अब एम.एस.एन. टी.वी.) का अधिग्रहण किया था, जो सेटटॉप बॉक्स के जरिए उपभोक्ताओं को टेलीविजन पर इंटरनेट सेवाएँ प्रदान करता था। उस समय वेब टी.वी. एक क्रांतिकारी कदम था, जिसकी शुरुआत 'एप्पल मैकिंटोश' में विशेष योगदान करनेवाले दो कार्यक्रम निर्माताओं—ब्रूस लीक व गोल्डमैन ने जुलाई 1995 में पालो आल्टो (कैलिफोर्निया) में की थी। माइक्रोसॉफ्ट के सह-संस्थापक पॉल एलन ने बीज पूँजी का निवेश किया था। माइक्रोसॉफ्ट के अधिग्रहण से 'वेब टी.वी.' के तीनों सह-संस्थापकों में से हरेक को 6.40 करोड़ डॉलर की राशि मिली थी। अप्रैल 1997 में वेब टी.वी. के सिर्फ 56 हजार अंशदाता (सब्सक्राइबर) थे, जो अप्रैल 1998 में 3.25 लाख एवं मई 1999 में करीब 8 लाख हो गए थे। वर्ष 1998 में कंपनी लाभ में आ गई थी। वर्ष 2004 तक के कुल आठ वर्षों में कंपनी का कुल राजस्व 130 करोड़ डॉलर के ऊपर चला गया था; लेकिन जब वर्ष 2005 में वेब टी.वी. 65 फीसदी ग्रॉस प्रॉफिट के साथ 15 करोड़ डॉलर के राजस्व के स्तर पर रह गया था, तब एम.एस.एन. ने इसका परिचालन बंद कर दिया था।

दिसंबर 1998 में माइक्रोसॉफ्ट ने एम.एस.एन. की इ-मेल सेवाओं को और ज्यादा बेहतर बनाने की दिशा में करीब 40 करोड़ डॉलर की कीमत पर 'हॉटमेल' को खरीद लिया था। सबीर भाटिया एवं जैक स्मिथ ने 4 जुलाई, 1996 को 'हॉटमेल. की बहुचर्चित सेवा का शुभारंभ किया था। इसकी प्रौद्योगिक विशेषताओं के कारण दिसंबर 1997 में 'हॉटमेल' के उपयोगकर्ताओं की संख्या 85 लाख हो गई थी। एम.एस.एन. के बेड़े में आने के बाद इसका नाम 'एम.एस.एन. हॉटमेल' हो गया था। इसकी सेवाओं को विश्व के विभिन्न देशों में स्थानीयकृत बनाया गया था। ऐसे में यह सेवा शीघ्र ही बहुत अधिक लोकप्रिय हो गई थी और फरवरी 1999 में 'एम. एस.एन. हॉटमेल' के उपयोगकर्ताओं की संख्या 3 करोड़ के स्तर पर पहुँच गई। इसके बाद सन् 1999 व 2001 में 'हॉटमेल' को पासवर्ड हैकिंग की समस्याओं से जूझना पड़ा था। फिर 2004 में गूगल का जी-मेल मैदान में आया था। जी-मेल में

न केवल ज्यादा भंडारण स्थान (स्टोरेज स्पेस) दिया गया था, बल्कि उस समय की सबसे प्रचलित इ-मेल सेवाओं 'एम.एस.एन. हॉटमेल' व 'याहू मेल' के मुकाबले उसकी गति बहुत तेज थी। जी-मेल की अन्य उन्नत विशेषताओं ने उपयोगकर्ताओं के बहुत बड़े समुदाय को अपनी ओर आकर्षित किया था। वैसे तो माइक्रोसॉफ्ट ने 'एम.एस.एन. हॉटमेल' को भी लगातार उन्नत बनाने की कोशिशें की थीं, लेकिन जी-मेल की बढ़त को रोकना उसके लिए संभव नहीं हो सका।

वर्ष 1998 की तीसरी तिमाही में माइक्रोसॉफ्ट ने 'एम.एस.एन. सर्च' नाम से सर्च इंजन कारोबार में प्रवेश किया था, जिसमें सर्च इंजन, इंडेक्स व वेब-क्रॉलर भी शामिल थे। इस सर्च इंजन पर पूछी गई जानकारियों के खोज परिणामों (सर्च रिजल्ट्स) के लिए माइक्रोसॉफ्ट के पास अपना डेटा-बेस नहीं था, बल्कि यह सेवा उस वक्त की सबसे बड़ी इंटरनेट सर्विस प्रोवाइडर कंपनी 'इंकटोमी कॉरपोरेशन. (वर्ष 2002 में याहू द्वारा अधिगृहीत) के जरिए प्रदान की गई थी। निर्देशिका (डायरेक्टरी) और विज्ञापन-सूचीकरण सेवाओं के लिए 'रीडर्स डाइजेस्ट' स्वामित्ववाली ऑनलाइन विज्ञापन कंपनी 'लुकस्मार्ट' को अनुबंधित किया गया था। फिर वर्ष 1999 में इंकटोमी की सेवाएँ बंद कर खोज परिणामों के लिए 'अल्टाविस्टा' को अनुबंधित किया गया था। (19 फरवरी, 2003 को 'अल्टाविस्टा' को 'ओवरट्रू सर्विसेज' ने 14 करोड़ डॉलर में खरीदा था। फिर 13 जुलाई, 2003 को याहू ने ओवरट्रू सर्विसेज, जो पहले 'गो.कॉम' थी, को 163 करोड़ डॉलर में खरीद लिया था।)

इसी दौरान माइक्रोसॉफ्ट ने अपना खुद का संपूर्ण सर्च इंजन विकसित करने का काम शुरू कर दिया था, जिसका बीटा संस्करण नवंबर 2004 में और पूर्ण संस्करण अप्रैल 2005 में चालू किया गया था, लेकिन तब भी चित्र खोज (इमेज सर्च) की सेवा बाहरी स्वीडिश कंपनी 'पिकसर्च' (2 अरब फोटो सूची के साथ गूगल व याहू की प्रतिस्पर्धी) से ली जा रही थी, लेकिन 8 मार्च, 2006 को विंडोज लाइव सर्च का बीटा संस्करण चालू कर दिया गया था और अंत में 11 सितंबर, 2006 से एम.एस. एन. सर्च को बंद कर उसे विंडो लाइव सर्च से बदल दिया गया। अब माइक्रोसॉफ्ट ने अपना इमेज सर्च विकसित कर लिया था और 'पिकसर्च' की सेवा बंद कर दी थी। फिर एम.एस.एन. खोज सेवा का नाम बदलकर 'लाइव सर्च' कर दिया था; लेकिन इस बाजार में भी माइक्रोसॉफ्ट को गूगल से हार माननी पड़ी थी।

इस बीच गूगल 'सर्च इंजन' बाजार का बादशाह बन चुका था। याहू उससे काफी पीछे चला गया था और 'लाइव सर्च' तीसरे स्थान पर संघर्ष कर रहा था। इस बेहद प्रतिस्पर्धी बाजार में अपनी हिस्सेदारी बढ़ाने के लिए माइक्रोसॉफ्ट ने 'लाइव सर्च' के साथ कई अन्य सेवाएँ शुरू व बंद की थीं और उसके पुनर्गठित करने का सिलसिला जारी रखा था। फिर 3 जून, 2009 को 'लाइव सर्च' का आधिकारिक तौर पर नाम बदलकर 'बिंग' कर दिया गया था। इसके जरिए माइक्रोसॉफ्ट ने सर्च इंजन कारोबार को एक नई दिशा देने की कोशिश शुरू की थी और इस ब्रांड को खासतौर पर अमेरिकी उपयोगकर्ताओं के बीच स्थापित करने के लिए करीब 10 करोड़ डॉलर का भारी-भरकम विज्ञापन अभियान भी चलाया गया था।

इस बीच 1 फरवरी, 2008 को माइक्रोसॉफ्ट ने याहू को अधिगृहीत करने के लिए 46.6 अरब डॉलर का प्रस्ताव किया था, जो स्वीकार नहीं हुआ। फिर 29 जुलाई, 2009 को माइक्रोसॉफ्ट ने याहू के साथ दस वर्षीय सौदा किया था, जिसके तहत याहू सर्च इंजन की जगह 'बिंग' के ले लेने की घोषणा की गई थी। इस समझौते से माइक्रोसॉफ्ट व याहू दोनों को कई अर्थों में लाभ हुआ। उन्हें एक बड़ा साझा मंच तो मिला ही, अधिक विज्ञापन राजस्व जुटाने में भी सहायता मिली, लेकिन याहू के व्यापक उपयोगकर्ता आधार का अधिक लाभ 'बिंग' को मिला।

लेकिन इंटरनेट का युगांतरकारी अवसर माइक्रोसॉफ्ट के हाथों से फिसलकर गूगल के हाथों में चला गया और बाद में 'गूगल क्रोम' (2008) ने ब्राउजर बाजार माइक्रोसॉफ्ट के 'इंटरनेट एक्सप्लोरर', 'गूगल ड्राइव' (2012) ने 'माइक्रोसॉफ्ट ऑफिस' के एकाधिकारवाद को ध्वस्त कर दिया था। उससे ठीक पहले गूगल ने वर्ष 2011 में 'क्रोम ओ.एस.' के माध्यम से ऑपरेटिंग सिस्टम (ऑपरेटिंग सिस्टम/ओ.एस.) बाजार में माइक्रोसॉफ्ट की मूल पहचान और सबसे अधिक राजस्व अर्जित करनेवाली 'विंडोज' के भविष्य को चुनौती देना शुरू कर दिया था। चूँकि गूगल की ये सभी प्रणालियाँ आम उपयोगकर्ताओं के लिए मुफ्त उपलब्ध थीं और 'क्लाउड प्लेटफार्म' आधारित होने के कारण लगातार अपडेट होती रहती थीं, इसलिए ये प्रणालियाँ संबंधित बाजार में माइक्रोसॉफ्ट की एकाधिकारवादी हिस्सेदारियों में तेजी से सेंधमारी करने लगी थीं। ऐसे में माइक्रोसॉफ्ट के सामने राजस्व के मूल स्रोत के ही सूख जाने का संकट लगातार गहराता चला गया था।

इस बीच जून 2007 में स्टीव जॉब्स ने 'आइफोन' एवं उसकी ऑपरेटिंग

सिस्टम आई-ओ.एस. के माध्यम से मोबाइल इंटरनेट का एकाधिकारवादी बाजार बनाना शुरू कर दिया था। इसने इंटरनेट सर्च बाजार में गूगल के भविष्य के लिए खतरा उत्पन्न कर दिया था, लेकिन गूगल ने आइफोन व आई-ओ.एस. का एकाधिकार स्थापित होने से पहले ही 'एंड्रॉइड' (सितंबर 2008) के माध्यम से मोबाइल इंटरनेट बाजार में भी अपने नेतृत्वकारी भविष्य को सुरक्षित कर लिया था। जब तक बिल गेट्स कुछ कर पाते, तब तक समूचे मोबाइल इंटरनेट बाजार पर इन दोनों महारथियों ने कब्जा कर लिया था और अब माइक्रोसॉफ्ट के सामने पिछलग्गू बनने के अतिरिक्त और कोई विकल्प नहीं बचा था। इतना ही नहीं, इस बीच ऑनलाइन रिटेल महारथी जेफ बेजोस ने अपने क्लाउड कंप्यूटिंग प्लेटफॉर्म 'अमेजन वेब सर्विसेज' (ए.डब्ल्यू.एस.) के माध्यम से इंटरनेट सेवाओं का नया बाजार विकसित कर लिया था। इस बाजार में भी 'गूगल क्लाउड' व 'आइक्लाउड' (एप्पल) ने शीघ्र ही अपनी महत्त्वपूर्ण भूमिका सुरक्षित कर ली थी, लेकिन माइक्रोसॉफ्ट को पिछलग्गू बनकर संतोष करना पड़ा था।

इस प्रकार इंटरनेट बाजार के हर मोरचे पर स्पष्ट पराजय के बाद बिल गेट्स के सामने अब और कोई विकल्प नहीं रह गया था कि वह 'नौ सौ चूहे खाकर बिल्ली हज को चली' मुहावरे को सच बनाने का रास्ता अपनाए और माइक्रोसॉफ्ट को इंटरनेट के मूल लोकतांत्रिक तरीके को अपनाने की दिशा में आगे कदम बढ़ाए, लेकिन इस रास्ते पर आने में बिल गेट्स व माइक्रोसॉफ्ट को लगभग डेढ़ दशक का समय लगा था।

माइक्रोसॉफ्ट का विस्तार व जटिलताएँ—कानूनी अड़चनों के बीच बिल गेट्स ने माइक्रोसॉफ्ट के अभूतपूर्व साम्राज्यवादी विस्तार के साथ 21वीं शताब्दी का स्वागत किया था। पर्सनल कंप्यूटर (पी.सी.) के सभी बुनियादी प्रक्रिया सामग्री उत्पादों (सॉफ्टवेयर प्रोडक्ट्स)—भाषा (लैंग्वेज), ऑपरेटिंग सिस्टम (ओ.एस.) एवं अनुप्रयोग (एप्लीकेशन/एप्प)—के बाजारों पर माइक्रोसॉफ्ट की बादशाहत इस हद तक बढ़ चुकी थी कि किसी के लिए उसके मुकाबले में खड़ा होना मुश्किल था। अविश्वास मुकदमों की आड़ में माइक्रोसॉफ्ट की बढ़त को रोकने की कोशिशें अंतत: विफल साबित हुई थीं। सरसरी तौर पर देखें तो लगता है कि अविश्वास मुकदमों से निपटने में माइक्रोसॉफ्ट को भारी नुकसान हुआ था, लेकिन तथ्य यह है कि दावेदारों को उनकी मुँहमाँगी कीमत देकर माइक्रोसॉफ्ट ने

अपने उत्पादों के स्वामित्व से जुड़ी लगभग सभी कानूनी बाधाओं को भी हमेशा के लिए खत्म कर लिया था।

बुनियादी सॉफ्टवेयर उत्पादों की लंबी शृंखला माइक्रोसॉफ्ट के लिए अलौकिक वरदान के रूप में प्राप्त गाय 'कामधेनु' साबित हुई थी, जिसकी सेवा कर बिल गेट्स ने 21वीं शताब्दी के पहले दशक में माइक्रोसॉफ्ट की संपदा व शक्ति दोनों का अंतरराष्ट्रीय विस्तार किया था। वैसे तो नई शताब्दी में बिल गेट्स के परोक्ष नेतृत्व वाली माइक्रोसॉफ्ट नवाचारी व क्रांतिकारी सॉफ्टवेयर उत्पाद लाने के मामले में पूरी तरह विफल साबित हुई थी, लेकिन वह माइक्रोसॉफ्ट के पुराने उत्पादों में मामूली सुधार करने और उन्हें नए रूप में नए तरीके से बाजार में प्रस्तुत कर उनके प्रति उपभोक्ताओं की रुचि (और मजबूरी को भी) बनाए रखने में पूरी तरह सफल रहा था। बिल गेट्स ने माइक्रोसॉफ्ट की अन्य सफलताओं को अकूत धन की शक्ति से खरीद लिया था और स्वयं को आधुनिक इतिहास के सबसे सफल उद्यमियों के बीच शीर्ष पर स्थापित कर लिया था।

आप चाहें तो बिल गेट्स को एकाधिकारवादी या साम्राज्यवादी कहकर उनके व्यक्तित्व से घृणा कर सकते हैं; लेकिन उसकी प्रबंधन शैली अचूक रही है। इंटरनेट बाजार में बुरी तरह पिछड़ जाने के बाद भी उन्होंने 21वीं शताब्दी में मामूली घट-बढ़ के साथ माइक्रोसॉफ्ट का विश्व व्यापी साम्राज्य-विस्तार कर कंपनी के साथ-साथ स्वयं के लिए भी अभूतपूर्व सफलता ही अर्जित की है। माइक्रोसॉफ्ट के वित्तीय प्रदर्शन इसका प्रमाण प्रस्तुत करते हैं—

वित्त वर्ष (30 जून)	राजस्व (अरब डॉलर)	शुद्ध आय (अरब डॉलर)	कर्मचारियों की संख्या
2000	22.96	7.35	39,170
2001	25.29	7.34	48,030
2002	28.36	5.35	50,621
2003	32.18	7.53	54,468
2004	36.83	8.16	57,086
2005	39.78	12.25	61,000

2006	44.28	12.59	71,172
2007	51.12	14.06	78,565
2008	60.42	17.68	91,259
2009	58.43	14.56	92,736
2010	62.48	18.76	88,596
2011	69.94	23.15	90,412
2012	73.72	16.97	94,290
2013	77.84	21.86	99,139

स्रोत : माइक्रोसॉफ्ट के वार्षिक प्रतिवेदन।

वास्तव में, 'विंडोज एक्सपी' की सफलता से उत्साहित माइक्रोसॉफ्ट ने 'विंडोज सर्वर 2003' प्रस्तुत किया था। इसके कई संस्करण जारी किए गए थे, जिनमें से हरेक को विशेष आकार-प्रकार के व्यवसाय के लिए तैयार किया गया था। कंपनी ने दावा किया कि यह उसकी अब तक की सबसे बड़ी सॉफ्टवेयर परियोजना थी, जो पिछले 2000 के संस्करण की तुलना में अधिक विश्वसनीय, अधिक प्रबंधनशील और अधिक लोगों के साथ समन्वय स्थापित कर काम करने की क्षमता रखती थी। इसके माध्यम से माइक्रोसॉफ्ट की आय में भी अप्रत्याशित वृद्धि हुई थी। वर्ष 2000 से 2005 के बीच, माइक्रोसॉफ्ट के कर्मचारियों की संख्या 39,170 से बढ़कर 61,000 हो गई थी; राजस्व 22.96 अरब डॉलर से बढ़कर 39.78 अरब डॉलर और शुद्ध आय 7.35 अरब डॉलर से बढ़कर 12.25 अरब डॉलर के स्तर पर पहुँच गई थी, लेकिन अब तक माइक्रोसॉफ्ट की आयु 30 वर्ष हो चुकी थी और उसमें बड़ी आयु की समस्याएँ भी शुरू हो चुकी थीं। बिल गेट्स ने कंपनी के आकार में वृद्धि के साथ-साथ उसे सँभालने के लिए स्टीव बामर के नेतृत्व में नौकरशाही का बड़ा जाल भी बुना था। ऐसे में, माइक्रोसॉफ्ट के सामने 'उत्पादकता' की भयानक समस्या खड़ी होने लगी थी।

'फोर्ब्स' पत्रिका (13 नवंबर, 2005) के अनुसार, माइक्रोसॉफ्ट अभी भी दस वर्ष पहले जारी किए जा चुके पुराने उत्पादों—विंडोज परिचालन प्रणालियों एवं बुनियादी डेस्कटॉप अनुप्रयोगों पर निर्भर थी। पिछले चार वर्षों में बाजार में

प्रस्तुत किए गए नए उत्पाद—एक्सबॉक्स (वीडियो गेम कंसोल), एम.एस.एन. (ऑनलाइन सर्विसेज), वायरलेस, छोटे व्यवसाय के लिए सॉफ्टवेयर आदि का संयुक्त संचित घाटा 7 अरब डॉलर के ऊपर चला गया था। वेब सर्वर सॉफ्टवेयर में माइक्रोसॉफ्ट की हिस्सेदारी 20 फीसदी थी, जबकि मुफ्त 'अपाचे प्रोग्राम' (लिनक्स का प्रकार) में कंपनी 70 फीसदी हिस्सेदारी के साथ 6 अरब डॉलर का राजस्व प्राप्त कर रही थी। सर्च इंजन प्रौद्योगिकी और उससे संबंधित विशेषताओं के मामले में माइक्रोसॉफ्ट गूगल व याहू से लगभग दो साल पीछे चल रही थी।

आखिर गड़बड़ी कहाँ हुई थी? 'फोर्ब्स' ने स्पष्ट रूप में लिखा था कि करीब 40 अरब डॉलर की राजस्व आय और 61 हजार कर्मचारियों के साथ माइक्रोसॉफ्ट अकड़ी हुई मांसपेशियोंवाली नौकरशाही कंपनी बन चुकी थी। माइक्रोसॉफ्ट मुख्यालय में 14-14 घंटों के मूर्ख बनानेवाले रणनीतिक सत्रों के आयोजन होने लगे थे, जिनमें अंतहीन व्यावसायिक समीक्षाएँ प्रस्तुत की जाती थीं। अधिकांश विभागाध्यक्ष अनावश्यक रूप से कार्य-मूल्यांकनों में ही व्यस्त रहने लगे थे और सैकड़ों इ-मेल आदेशों के बीच माइक्रोसॉफ्ट अजीबोगरीब दुनिया बन चुकी थी। विभागों व प्रभागों के बीच भयंकर अंदरूनी कलह शुरू हो चुकी थी। स्पष्ट है कि नौकरशाही की इन जटिलताओं ने प्रौद्योगिकी के विकास व उत्पाद जारी करने की प्रक्रिया को लँगड़ा कर दिया था। 'फोर्ब्स' पत्रिका ने माइक्रोसॉफ्ट की उस समय की आंतरिक स्थिति को 1980 के दशक में आई.बी.एम. से भी अधिक घटिया बताया था।

ऐसी नाजुक परिस्थिति में बिल गेट्स ने माइक्रोसॉफ्ट को अधिक पेशेवर स्वरूप में प्रस्तुत करने के उद्देश्य से 15 जून, 2006 को घोषित किया था कि वह 31 जुलाई, 2008 तक स्वयं को कंपनी की दैनंदिन गतिविधियों से मुक्त कर लेगा। इस क्रम में गेट्स ने स्वयं के 'चीफ सॉफ्टवेयर आर्किटेक्ट' के पद पर तत्काल प्रभाव से रे ओज्जी को नियुक्त किया था। वर्ष 2005 में अपनी कंपनी 'ग्रूव नेटवर्क्स' का माइक्रोसॉफ्ट द्वारा अधिग्रहण किया जाने के बाद रे ओज्जी मुख्य प्रौद्योगिकी अधिकारी (चीफ टेक्नोलॉजी ऑफिसर) के रूप में काम कर रहा था।

'विंडोज एक्सपी' को जारी करने के पाँच वर्षों से भी अधिक समय बीत जाने के बाद माइक्रोसॉफ्ट ने 30 जनवरी, 2007 को नई ऑपरेटिंग सिस्टम 'विंडोज विस्टा' को अंतरराष्ट्रीय बाजार में उतारा था। 'विंडोज विस्टा' की सबसे बड़ी

विशेषता उन्नत 'ग्राफिकल यूजर इंटरफेस' (जी.यू.आई.) थी, जिसे 'विंडोज एरो' के नाम से पुकारा गया था। सुरक्षा संबंधी सुधारों के लिए 'विंडोज विस्टा' की प्रशंसा तो हुई थी, लेकिन इसे संचालित करने के लिए उन्नत कंप्यूटर प्रणाली की जरूरतों, इसकी अधिक प्रतिबंधक लाइसेंस शर्तों, नकल रोकने के नाम पर नई 'डिजिटल राइट मैनेजमेंट' (डी.आर.एम.) तकनीकों को शामिल करने, यूजर्स अकाउंट को नियंत्रित करने के लिए कई प्रकार की अनुमतियों और पहले की अनेक धातु सामग्रियों (हार्डवेयर व प्रक्रिया सामग्रियों) सॉफ्टवेयर के साथ अनुकूल न होने के चलते 'विंडोज विस्टा' की तीखी आलोचनाएँ भी हुई थीं। अंततः 22 अक्तूबर, 2010 को माइक्रोसॉफ्ट ने 'विंडोज विस्टा' की बिक्री को रोक दिया था।

इस बीच 'विंडोज विस्टा' की जटिलताओं को दूर करने और ऑपरेटिंग सिस्टम बाजार में अपनी धमक को बनाए रखने की कोशिशों में माइक्रोसॉफ्ट ने तीन साल के भीतर ही 22 जुलाई, 2009 को एक नई ऑपरेटिंग सिस्टम 'विंडोज 7' प्रस्तुत की थी। 'विंडोज 7' ने बिक्री के नए कीर्तिमान बनाए थे।

फिर मोबाइल इंटरनेट बाजार को पकड़ने की कोशिश में माइक्रोसॉफ्ट ने अक्तूबर–नवंबर 2010 में अपनी पुरानी 'विंडोज फोन' श्रृंखला को प्रस्तुत किया था। रोचक तथ्य है कि माइक्रोसॉफ्ट ने अप्रैल 2000 में ही 'विंडोज फोन. की मूल प्रणाली पर आधारित 'पॉकेट पी.सी.' विकसित कर लिया था, जो एप्पल के 'आइफोन' से पहले बाजार में लाया जा सकता था; लेकिन ऐसा नहीं होना था। अंततः जब 'आइओस' (एप्पल) व 'एंड्रॉइड' (गूगल) ने मैदान मार लिया तो माइक्रोसॉफ्ट ने 'विंडोज फोन' ऑपरेटिंग सिस्टम (ओ.एस.) को उपभोक्ता-केंद्रित बनाने की कोशिश शुरू की थी, जबकि इससे पहले वह उद्यम-केंद्रित थी। 11 फ़रवरी, 2011 को लंदन में आयोजित एक संयुक्त संवाददाता सम्मेलन में माइक्रोसॉफ्ट व नोकिया के बीच एक साझेदारी की घोषणा की गई थी, जिसके तहत 'विंडोज फोन' को नोकिया की प्राथमिक स्मार्ट फोन ऑपरेटिंग सिस्टम बनाने का फैसला किया गया था। इस समझौते के माध्यम से माइक्रोसॉफ्ट ने नया 'वैश्विक मोबाइल पारिस्थितिकी तंत्र' (इकोसिस्टम) विकसित कर एंड्रॉइड (गूगल एवं गूगल नेतृत्ववाला 84 कंपनियों का ओपन हैंडसेट अलायंस) व आई.ओ.एस. (एप्पल) से प्रतिस्पर्धा करने की कोशिश शुरू की थी। फिर 2 सितंबर, 2013 को माइक्रोसॉफ्ट ने 3.79 अरब यूरो के नकद सौदे में नोकिया के 'डिवाइसेज एंड

सर्विसेज' अर्थात् उपकरणों व सेवाओं से जुड़े सभी व्यवसायों को अधिगृहीत कर लिया था, साथ ही नोकिया को पेटेंट लाइसेंसों के लिए 1.65 अरब यूरो का अलग से नकद भुगतान किया था। इस तरह माइक्रोसॉफ्ट ने नोकिया से कुल 5.44 अरब यूरो (करीब 7.20 अरब डॉलर) के नकद भुगतान का चौंकानेवाले सौदा किया था। इस माध्यम से बिल गेट्स का वरदहस्त प्राप्त सी.ई.ओ. स्टीव बामर ने माइक्रोसॉफ्ट को 'डिवाइसेज एंड सर्विसेज' कंपनी के रूप में प्रस्तुत करने की कोशिश की थी।

अपने इंटरनेट-आधारित कारोबार को मजबूत बनाने की दिशा में 10 मई, 2011 को माइक्रोसॉफ्ट ने 8.5 अरब डॉलर के ऐतिहासिक मूल्य पर 'स्काइप टेक्नोलॉजीज' (मुख्यालय—लक्जमबर्ग, पश्चिमी यूरोप) को खरीदा था। 'स्काइप. की परिचालन आय की तुलना में 32 गुना अधिक मूल्य का भुगतान कर माइक्रोसॉफ्ट ने अब तक का सबसे बड़ा अधिग्रहण किया था। इस घटना को एक नए प्रौद्योगिकी बुलबुले का फूलना बताया गया था। इसे 'माइक्रोसॉफ्ट स्काइप डिवीजन' के रूप में संगठित किया गया था, जिसके माध्यम से वी.ओ.आई.पी. (व्वाइस ओवर इंटरनेट प्रोटोकॉल), वीडियो कॉन्फ्रेंसिंग, इंस्टेंट मेसेजिंग की सेवाएँ प्रदान की गई थीं।

फिर 18 जून, 2012 को माइक्रोसॉफ्ट ने 'सरफेस' श्रृंखला के टैबलेट कंप्यूटर को बाजार में उतारने की घोषणा की थी। इसके माध्यम से माइक्रोसॉफ्ट ने स्वयं प्रारूपित हार्डवेयर को अपनी 'विंडोज ऑपरेटिंग सिस्टम' के साथ एकीकृत करने की पहली बड़ी पहल थी। 26 अक्तूबर, 2012 को सरफेस के दो प्रारूपों 'सरफेस आरटी' व 'सरफेस प्रो' को बाजार में उतारा गया था। इसकी उत्पादन सेवा 'पेगात्र कॉरपोरेशन' से ली गई थी; लेकिन विशेष रूप से 'सरफेस आरटी' की बिक्री अपेक्षा से बहुत कम रही थी। कम बिक्री का मुख्य कारण टैबलेट बाजार में माइक्रोसॉफ्ट के प्रतिस्पर्धी एप्पल व गूगल के दबदबे को माना गया था, जबकि अन्य कारण सॉफ्टवेयर संबंधी समस्याएँ रहीं।

फिर 18 जुलाई, 2013 को माइक्रोसॉफ्ट ने वित्त वर्ष 2012-13 (30 जून तक) की अंतिम तिमाही का परिणाम घोषित किया था। इसमें 'सरफेस आरटी' की वस्तु-सूची समायोजन (इन्वेंटरी एडजस्टमेंट) मद में 90 करोड़ डॉलर (प्रति शेयर 7 सेंट का लाभांश नुकसान) का प्रावधान किया था। यह परिणाम अगले दिन शुक्रवार (19 जुलाई, 2013) को निवेशकों की भारी निराशा में सामने आया था।

एक दिन में माइक्रोसॉफ्ट का प्रति शेयर मूल्य 4.04 डॉलर (11 फीसदी) गिरकर 31.40 डॉलर प्रति शेयर रह गया था और कंपनी के कुल बाजार मूल्य में 35 अरब डॉलर का भारी नुकसान हुआ था। यह वर्ष 2000 के बाद माइक्रोसॉफ्ट के शेयर बाजार मूल्य में सबसे बड़ी गिरावट थी। इस गिरावट ने एक बार फिर से सी.ई.ओ. स्टीव बामर की कार्यशैली पर इतना बड़ा सवाल खड़ा कर दिया था कि बिल गेट्स को वर्ष 2000 से इस पद पर कब्जा जमाए मित्र को 'पद-त्याग' के लिए सहमत करना पड़ा था। फिर 23 अगस्त, 2013 को बामर ने घोषणा की थी कि वे साल भर के अंदर नए सी.ई.ओ. का चयन होते ही अपना पद-त्याग कर देंगे।

बिल गेट्स की सलाहकारी में नडेला का नेतृत्व—लेकिन छह महीने के भीतर ही नए सी.ई.ओ. के रूप में उन्हें सत्या नडेला को माइक्रोसॉफ्ट के नेतृत्व की कमान सौंप दी गई थी और बिल गेट्स सी.ई.ओ. के सलाहकार की भूमिका में आ गए थे। वैसे तो नडेला वर्ष 1992 से ही कंपनी की विभिन्न परियोजनाओं में महत्त्वपूर्ण भूमिकाएँ निभाते आ रहे थे, लेकिन उन्हें 'माइक्रोसॉफ्ट डाटाबेस', 'विंडोज सर्वर' व 'डेवलपर टूल्स' को कंपनी के 'क्लाउड कंप्यूटिंग प्लेटफॉर्म', 'माइक्रोसॉफ्ट एज्योर' (जो वर्ष 2010 में 'विंडोज एज्योर' नाम से शुरू किया गया था) पर लाने का श्रेय दिया जाता है। वर्ष 2011 में जब नडेला को इसकी कमान सौंपी गई थी तो 'एज्योर' द्वारा दी जा रही क्लाउड सर्विसेज का कारोबार 16.6 अरब डॉलर था, जो जून 2013 में 20.3 अरब डॉलर के स्तर पर आ गया था और विशेष रूप से इसी कार्य-प्रदर्शन के कारण बिल गेट्स ने नडेला को माइक्रोसॉफ्ट के भविष्य के रूप में देखा था।

बिल गेट्स ने अपनी इस भावना को नडेला की पदोन्नति के तुरंत बाद एक साक्षात्कार में इस प्रकार स्पष्ट किया था, "सत्या एक सिद्ध नेतृत्वकर्ता हैं, जिनके पास विशुद्ध अभियांत्रिकी कुशलताएँ, कारोबारी दृष्टि और लोगों को साथ जोड़ने की योग्यता है, जैसा कि कंपनी विस्तारित उत्पाद नवाचार व वृद्धि के अगले अध्याय में प्रवेश कर रही है, विश्व भर में प्रौद्योगिकी का कैसा उपयोग व अनुभव किया जाएगा, इस बारे में उनकी दृष्टि सटीक रूप से वही है, जिसकी माइक्रोसॉफ्ट को जरूरत है।"

माइक्रोसॉफ्ट की कमान सँभालने के बाद नडेला ने स्पष्ट संकेत दिया था कि वह माइक्रोसॉफ्ट को 'मोबाइल फर्स्ट' व 'क्लाउड फर्स्ट' की ओर ले जाने

वाले हैं। चूँकि मोबाइल उपकरणों का तेजी से बढ़ता बाजार पर्सनल कंप्यूटिंग में माइक्रोसॉफ्ट की 'विंडोज' ऑपरेटिंग सिस्टम के महत्त्व को लगातार कम करता जा रहा था, इसलिए कंपनी के लिए इन दोनों क्षेत्रों में अपनी बाजार हिस्सेदारियों को बढ़ाना आवश्यक हो गया है। इस दिशा में नडेला ने न केवल माइक्रोसॉफ्ट की मूल नवाचारी कार्य-संस्कृति को फिर से स्थापित करने की कोशिश की, बल्कि कंपनी को तेजी से आगे बढ़ाने के लिए कई महत्त्वपूर्ण कदम भी उठाए। इनमें 'विंडोज यूनिवर्सल एप्स' की शुरुआत, 'माइक्रोसॉफ्ट कोर्टाना' को एप्पल के 'सीरी' तथा 'गूगल नाउ' को प्रतिस्पर्धा में खड़ा करना, नोकिया की भारी-भरकम फौज की छँटनी कर तीसरे पक्ष के फोन निर्माताओं के साथ करार करना और नोकिया उपकरणों व सेवाओं का एकीकरण करना शामिल है।

इस प्रकार, बिल गेट्स की उँगली पकड़कर अपने पिछले लगभग चार वर्षों के कार्यकाल में नडेला ने माइक्रोसॉफ्ट के सुनहरे भविष्य को रेखांकित करने में स्पष्ट सफलता प्राप्त की है। आशा की जा रही है कि नडेला के नेतृत्व में बिल गेट्स अपने माथे पर लगे 'एकाधिकारवादी' दाग को मिटाकर एक बार फिर से अपनी नवाचारी प्रतिष्ठा को वापस लाने में और माइक्रोसॉफ्ट इंटरनेट युग की लोकतांत्रिक व्यवसाय अवधारणा को अपनाने में सफल हो सकेंगे। इस प्रकार, बिल गेट्स ने एक बार फिर से साबित किया है कि अभी वह इतने अधिक बूढ़े (वर्ष 2018 में 62 वर्ष) नहीं हुए कि अपनी अचूक प्रबंधन कला को फिर से न चमका सकें!

1

सही 'समय' पर सही 'जगह' में होना

यदि बिल गेट्स व पॉल एलन के नेतृत्व में माइक्रोसॉफ्ट ने अपनी नेतृत्वकारी भूमिका सुनिश्चित की थी तो इसका सबसे बड़ा कारण दोनों संस्थापकों का 'सही समय पर सही जगह में होना' ही माना जाता है। यह कहना बहुत आसान होगा कि माइक्रोसॉफ्ट एवं उसके संस्थापकों की सफलता बस, संयोग पर निर्भर थी या फिर वे दोनों बहुत भाग्यशाली थे, लेकिन उनकी सफलता का रहस्य कई कारकों के मेल में छिपा हुआ है। इनमें बिल गेट्स व पॉल एलन की शुरुआती तकनीकी प्रतिभा, विशेष रूप से गेट्स में प्रतिस्पर्धा करने की असाधारण ऊर्जा के साथ-साथ सौदेबाजी करने की अद्भुत चतुराई (कुछ हद तक धूर्तता भी) और उन दोनों की वह अनोखी दृष्टि भी शामिल है, जिसके कारण वे पर्सनल कंप्यूटर (पी.सी.) क्रांति की दिशा और उसमें अपनी भूमिकाओं को समझ पाने में सक्षम हो सके थे।

आपने बिल गेट्स के जीवन परिचय में पढ़ा है कि वह बचपन से ही अपनी आयु के अन्य बच्चों की तुलना में बहुत अलग और अधिक प्रतिभाशाली थे। यही कारण था कि लेकसाइड स्कूल में उनकी मित्रता अपने से दो वर्ष बड़े और दो कक्षा आगे के छात्र पॉल एलन से हो गई थी, लेकिन इस मित्रता का मूल कारण था, दोनों का एक जैसा कंप्यूटर-प्रेम। वैसे अन्य बच्चों में भी कंप्यूटर के प्रति आकर्षण था, लेकिन उन दोनों का कंप्यूटर-प्रेम अन्य बच्चों की तुलना में बहुत अधिक गहरा था। दोनों ही सही समय पर सही जगह पर थे तो क्या यह बस, एक संयोग था? इसका उत्तर 'हाँ' भी हो सकता है और 'नहीं' भी। 'हाँ' इसलिए कि दोनों की पारिवारिक पृष्ठभूमि इतनी समृद्ध थी कि वे लेकसाइड स्कूल जैसे उस क्षेत्र के महँगे व प्रगतिशील निजी स्कूल में पढ़ाई कर सकते थे और 'नहीं' इसलिए कि ऐसा संयोग तो स्कूल के अन्य बच्चों के लिए भी उपलब्ध था।

हाँ, बिल गेट्स व पॉल एलन के साथ कंप्यूटर में गहरी रुचि लेनेवाले अन्य छात्र भी थे, जो उन दोनों के साथ 'लेकसाइड प्रोग्रामर्स ग्रुप' अर्थात् लेकसाइड के कंप्यूटर कार्यक्रम विकासकर्ता छात्रों के समूह में शामिल हुए थे। बाद में इस समूह के अन्य छात्र कई कारणों से अलग होकर दूसरे रास्तों पर चले गए थे, लेकिन कंप्यूटर के प्रति अटूट प्रेम और एक साथ मिलकर कंप्यूटर सॉफ्टवेयर विकसित करने के जुनून ने गेट्स व एलन को एक-दूसरे से अलग नहीं होने दिया था। समय ऐसा भी आया था कि बिल गेट्स को सिएटल से 3,042 मील दूर हॉर्वर्ड विश्वविद्यालय में जाना पड़ा था, जबकि पॉल एलन स्थानीय महाविद्यालय में छूट गए थे। फिर भी दोनों अपनी साझेदारी कंपनी 'टर्फ-ओ-डाटा' को छुट्टियों के समय का उपयोग कर चलते रहे थे और जब पॉल एलन को लगा था कि बिल गेट्स उन्हें दूरी के कारण पर्याप्त समय नहीं दे पा रहे थे तो उन्होंने अपनी पढ़ाई बीच में छोड़ दी थी और हॉर्वर्ड विश्वविद्यालय के पास 'हनीवेल कॉरपोरेशन' में अपने लिए कंप्यूटर कार्यक्रम निर्माता (प्रोग्रामर) का काम ढूँढ़ लिया था।

लेकिन कंप्यूटर के प्रति अटूट प्रेम और एक साथ मिलकर कंप्यूटर सॉफ्टवेयर विकसित करने के जुनून ने गेट्स व एलन को एक-दूसरे से अलग नहीं होने दिया था। समय ऐसा भी आया था कि बिल गेट्स को सिएटल से 3,042 मील दूर हॉर्वर्ड विश्वविद्यालय में जाना पड़ा था, जबकि पॉल एलन स्थानीय महाविद्यालय में छूट गए थे।

यहाँ भी 'सही समय पर सही जगह में होने' का संयोग घटित हुआ था। हॉर्वर्ड विश्वविद्यालय के छात्रावास में बिल गेट्स से मिलने जाते समय पॉल एलन अपनी आदत के अनुसार हॉर्वर्ड स्क्वायर में पत्रिकाओं की दुकान पर रुके थे और उनकी नजर 'पॉपुलर इलेक्ट्रॉनिक्स' पत्रिका के नए अंक पर पड़ी थी, जिसके आमुख पृष्ठ पर विश्व के पहले पर्सनल कंप्यूटर (पी.सी.) 'अल्टेयर 8800' का चित्र छपा था और अंदर आमुख कथा के रूप में उसके बारे में विस्तार से वर्णन किया गया था। निर्माता कंपनी 'माइक्रो इंस्ट्रुमेंटेशन और टेलीमेट्री सिस्टम्स' (एम.आई.टी.एस.) के द्वारा उसके लिए दुभाषिया (इंटरप्रेटर) विकसित करनेवाले की खोज की जा

रही थी, लेकिन यह संयोग तो हॉर्वर्ड विश्वविद्यालय में कंप्यूटर साइंस की पढ़ाई करनेवाले अन्य छात्रों के लिए भी उपलब्ध था। हो सकता है कि बहुत से अन्य छात्रों ने भी उस आलेख को पढ़ा हो, लेकिन पॉल एलन ही क्यों पत्रिका को लेकर भागते हुए बिल गेट्स के पास पहुँचे थे?

इसलिए कि वे दोनों अपनी साझेदारी कंपनी 'टर्फ-ओ-डाटा' के माध्यम से पहले ही पर्सनल कंप्यूटर विकसित करने में जुटे हुए थे। चूँकि उन दोनों को ही हार्डवेयर का कोई ज्ञान नहीं था, इसलिए पॉल एलन ने अपने वाशिंगटन स्टेट यूनिवर्सिटी (सिएटल) के इलेक्ट्रिकल इंजीनियरिंग के छात्र को इस काम में लगाया हुआ था और वे दोनों उस हार्डवेयर पर संचालित हो सकनेवाले सॉफ्टवेयर की रचना करने की कोशिशें करते आ रहे थे। उन्होंने टर्फ-ओ-डाटा के माध्यम से सिएटल के यातायात विभाग के लिए यातायात की गणना करनेवाली कंप्यूटर प्रणाली 'ट्रैफिक काउंटर' विकसित करने का ठेका लेकर उसे सफलतापूर्वक पूरा किया था और धन भी कमाया था। उस कंप्यूटर प्रणाली में उन्होंने उस समय उपलब्ध 'इंटेल-4004' (इंटेल द्वारा विकसित 4 बिट का शुरुआती सेंट्रल प्रोसेसिंग यूनिट/सी.पी.यू., जिसे 'माइक्रो-प्रोसेसर चिप' कहा जाता है) का उपयोग किया था और उस पर संचालित हो सकनेवाले 'दुभाषिया' कार्यक्रम का निर्माण किया था।

चूँकि उन दोनों को ही हार्डवेयर का कोई ज्ञान नहीं था, इसलिए पॉल एलन ने अपने वाशिंगटन स्टेट यूनिवर्सिटी (सिएटल) के इलेक्ट्रिकल इंजीनियरिंग के छात्र को इस काम में लगाया हुआ था और वे दोनों उस हार्डवेयर पर संचालित हो सकनेवाले सॉफ्टवेयर की रचना करने की कोशिशें करते आ रहे थे।

स्पष्ट है कि गेट्स व एलन के लिए पत्रिका में प्रकाशित समाचार से चौकन्ना हो जाना और उस अवसर का लाभ उठाने के लिए तत्पर हो जाना केवल भाग्यशाली संयोग नहीं था। वास्तव में, वे दोनों इस अवसर के आने से बहुत पहले से उस दिशा में जी-तोड़ परिश्रम कर रहे थे और उसके लिए यथासंभव धन का भी निवेश किया था। पहले ही कई अन्य कंप्यूटर कार्यक्रमों का विकास करते हुए वे इस दिशा में

इतना आगे बढ़ चुके थे कि उस अवसर का लाभ उठा सकने में, अर्थात् कंप्यूटर कार्यक्रम निर्माण भाषा 'बेसिक' पर आधारित दुभाषिया कार्यक्रम 'अल्टेयर बेसिक' का निर्माण करने में सक्षम थे।

लेकिन यहाँ भी 'सही समय पर सही जगह में होना' बिल गेट्स व पॉल एलन के लिए सहायक सिद्ध हुआ था। बिल गेट्स हॉर्वर्ड विश्वविद्यालय का छात्र था, जिसकी समृद्ध कंप्यूटर प्रयोगशाला 'ऐलेन लैबोरेटरी' में उस समय का सबसे उन्नत मेनफ्रेम कंप्यूटर 'डी.ई.सी. पीडीपी-10' उपलब्ध था। ध्यान रहे कि गेट्स व एलन के पास 'अल्टेयर-8800' मशीन, जिसमें 'इंटेल-8080' माइक्रो-प्रोसेसर चिप या सी.पी.यू. का उपयोग किया गया था, उनके पास उपलब्ध नहीं थी। फिर भी उन लोगों ने एम.आई.टी.एस. के संचालक को कह दिया था कि वे उसका दुभाषिया बना लेने में सक्षम थे और वे लोग ऐसा झूठ बोल पाने की स्थिति में इसलिए थे कि उन्हें अपने अनुभवों से इतना आत्मविश्वास तो था ही कि वे ऐसा कर लेंगे।

लेकिन यहाँ भी 'सही समय पर सही जगह में होना' बिल गेट्स व पॉल एलन के लिए सहायक सिद्ध हुआ था। बिल गेट्स हॉर्वर्ड विश्वविद्यालय का छात्र था, जिसकी समृद्ध कंप्यूटर प्रयोगशाला 'ऐलेन लैबोरेटरी' में उस समय का सबसे उन्नत मेनफ्रेम कंप्यूटर 'डी.ई.सी. पीडीपी-10' उपलब्ध था।

जी हाँ, बिल गेट्स ने अपने साथ पॉल एलन को कंप्यूटर प्रयोगशाला में घुसा लिया था, जहाँ एलन ने 'डी.ई.सी. पीडीपी-10' का उपयोग कर सबसे पहले 'अल्टेयर-8800' का, सिम्युलेटर अर्थात् 'नकल करने वाला कार्यक्रम' निर्माण किया था। इसके लिए उसने बाजार से 'अल्टेयर-8800' में उपयोग किए सी.पी.यू. 'इंटेल-8080' की विवरणिका (मैन्युअल) खरीद ली थी। उसके बाद उसने 'अल्टेयर 8800' में उपयोग किए अन्य उपकरणों पर संचालित हो सकनेवाले कार्यक्रमों का भी निर्माण किया था। दूसरी ओर, बिल गेट्स अपने छात्रावास में बैठकर लेखन-पुस्तिका पर 'अल्टेयर 8800' के लिए दुभाषिया (इंटरप्रेटर) की संकेत-लिपियाँ (कोड) लिखे जा रहा था। ज्यों ही एलन का सिम्युलेटर सफल हुआ था, गेट्स 'डी.ई.सी. पीडीपी-10' के टर्मिनल पर आ गए थे और पुस्तिका में लिखी

संकेत-लिपियों को टंकित करना शुरू कर दिया था। अनुमान लगाना कठिन नहीं है कि बिल गेट्स व पॉल एलन के बीच कैसी प्रौद्योगिकी साझेदारी थी!

लेकिन इस क्रम में एक बार फिर 'सही समय में सही जगह पर होने' का संयोग घटित हुआ था। गेट्स द्वारा निर्मित 'दुभाषिया' (इंटरप्रेटर) में 'फ्लोटिंग पॉइंट' को लिखने की समस्या आ रही थी। 'फ्लोटिंग पॉइंट' एक विशेष प्रकार की संकेत-लिपि होती है, जिसके माध्यम से सॉफ्टवेयर प्रोग्राम में बहुत छोटी एवं बहुत-बहुत बड़ी संख्याओं की गणनाओं को निपटाने की क्षमता विकसित की जाती है। एक रात जब छात्रावास में खाना खाते हुए गेट्स व एलन इस समस्या पर गणित के एक अन्य प्रतिभाशाली छात्र के साथ चर्चा कर रहे थे, तभी एक और छात्र टपक पड़ा था। उसने 'फ्लोटिंग पॉइंट' पर बोलना शुरू कर दिया था, जिससे गेट्स व एलन की समस्या के समाधान का सूत्र मिल गया था। हॉर्वर्ड में होने का एक लाभ यह भी हुआ था, लेकिन बिल गेट्स शातिर सौदेबाज थे। उन्होंने उस लड़के को अपने कमरे में बुलाया था और उसे उसके काम के लिए केवल 400 डॉलर में तैयार कर लिया था। जी हाँ, यदि वह लड़का तैयार न होता और उसे पता होता कि उसके समाधान से तैयार होनेवाले सॉफ्टवेयर से गेट्स व एलन बहुत बड़ी कमाई करने वाले थे तो वह निश्चित रूप से इतने सस्ते में काम के लिए तैयार न होता या फिर लाभ में हिस्सेदारी की माँग करता; लेकिन बिल गेट्स ने अपनी चतुराई से उसे ऐसा अनुमान लगाने का अवसर ही नहीं दिया था।

लेकिन इस क्रम में एक बार फिर 'सही समय में सही जगह पर होने' का संयोग घटित हुआ था। गेट्स द्वारा निर्मित 'दुभाषिया' (इंटरप्रेटर) में 'फ्लोटिंग पॉइंट' को लिखने की समस्या आ रही थी। 'फ्लोटिंग पॉइंट' एक विशेष प्रकार की संकेत-लिपि होती है, जिसके माध्यम से सॉफ्टवेयर प्रोग्राम में बहुत छोटी एवं बहुत-बहुत बड़ी संख्याओं की गणनाओं को निपटाने की क्षमता विकसित की जाती है।

विशेष रूप से 'सही समय पर सही जगह में होने' के मामले में बिल गेट्स अपने करीब ढाई वर्ष के मित्र साझीदार पॉल एलन से बहुत आगे थे।

विशेष रूप से 'सही समय पर सही जगह में होने' के मामले में बिल गेट्स अपने करीब ढाई वर्ष के मित्र साझीदार पॉल एलन से बहुत आगे थे। हम कह सकते हैं कि पॉल एलन सीधा-सादा व्यक्ति था, जबकि वकील के बेटे बिल गेट्स में सौदेबाजी करने की गजब की चतुराई थी और वह अपनी बढ़त बनाए रखने के लिए 'धूर्तता' करने में भी सहज व सक्षम थे।

हम कह सकते हैं कि पॉल एलन सीधा-सादा व्यक्ति था, जबकि वकील के बेटे बिल गेट्स में सौदेबाजी करने की गजब की चतुराई थी और वह अपनी बढ़त बनाए रखने के लिए 'धूर्तता' करने में भी सहज व सक्षम थे। कुल मिलाकर बिल गेट्स का मूल स्वभाव 'एकाधिकारवादी' था और वह ऐसा बिलकुल सही समय पर और सही स्थान पर करते थे। इसका पहला उदाहरण माइक्रोसॉफ्ट के विधिवत् गठन के समय मिलता है, जब बिल गेट्स ने पॉल एलन से 10 प्रतिशत अधिक स्वामित्व हिस्सेदारी की माँग की थी। जब हॉर्वर्ड विश्वविद्यालय में दोनों 'अल्टेयर' के दुभाषिया की रचना कर रहे थे तो विशेष रूप से पॉल एलन ने स्वाभाविक ही सोचा था कि कंपनी में दोनों की बराबर-बराबर साझेदारी होगी। वैसे तो बिल गेट्स द्वारा 10 प्रतिशत अधिक की हिस्सेदारी माँगना पॉल एलन के लिए झटका-सा ही था, लेकिन वह ढाई वर्ष बड़ा होते हुए भी उतना बुद्धिमान नहीं था कि उसकी धूर्तता का आकलन कर सकता। जी हाँ, पॉल एलन ने 10 प्रतिशत कम अर्थात् 40 प्रतिशत स्वामित्व हिस्सेदारी पर इसलिए भी संतोष कर लिया था कि वह बिल गेट्स को व्यावसायिक दृष्टि से स्वयं से बहुत अधिक 'कुशल' मानता था; लेकिन वह कुशलता में उस 'धूर्तता' को समझ नहीं सका था कि बिल गेट्स ने 10 प्रतिशत अधिक स्वामित्व हिस्सेदारी की आड़ में उससे कंपनी पर 20 प्रतिशत अधिक स्वामित्व अधिकार (अर्थात् 60 प्रतिशत) छीन लिया था।

बिल गेट्स 'धूर्तता' करने में भी कितने उस्ताद थे, इसका प्रमाण इस तथ्य से भी मिलता है कि उन्होंने अधिक हिस्सेदारी के लिए न केवल स्वयं को 'उचित' ठहराया था, बल्कि पॉल एलन को इस 'औचित्य' पर मुहर लगा देने के लिए सहमत करने के साथ-साथ स्वयं को ही दोषी मान लेने के लिए बाध्य भी कर

दिया था। अपनी आत्मकथा 'आइडिया मैन' में पॉल एलन ने इस तथ्य को कुछ इस तरह से उजागर किया है—

"जब हम मैसाचुसेट्स (हॉर्वर्ड, कैंब्रिज) में एक साथ शुरू हुए थे, उस समय से मैंने मान लिया था कि हमारी भागीदारी 50-50 की होगी; लेकिन बिल का दृष्टिकोण अलग था। उसने कहा, 'यह सही नहीं है कि तुम आधा प्राप्त करो। तुमने एम.आई.टी.एस. में अपना वेतन लिया था, जबकि मैंने बोस्टन (हॉर्वर्ड विश्वविद्यालय के पास का नगर) में रहते हुए 'बेसिक' पर लगभग सबकुछ किया था। मुझे अधिक मिलना चाहिए। मुझे लगता है कि यह 60-40 होना चाहिए।' पहले तो मैं दंग रह गया था; लेकिन जब मैंने इस पर गंभीरता से सोच-विचार किया तो बिल की स्थिति अनुचित नहीं लगी थी। मैं अपने खाली समय में जो कर सकता था, उतनी कोडिंग करता रहा था और स्वयं खुद को दोषी महसूस कर रहा था कि मैं ज्यादा नहीं कर सका था, लेकिन बिल हमारी जानकारी के किसी भी अन्य बेसिक की तुलना में 'मेमोरी' में प्रति बाइट अधिक विशेषताएँ डालकर हमारे सॉफ्टवेयर को पूरा करने में महत्त्वपूर्ण भूमिका निभाता आ रहा था, जैसा कि मैंने 'कंप्यूटर नोट्स' में भी लिखा था। सबसे ऊपर, मैंने सोचा कि 60-40 का बँटवारा संभवत: उचित होगा।"

इतना ही नहीं, लगभग दो वर्षों बाद 3 फरवरी, 1977 को जब माइक्रोसॉफ्ट का विधिवत् गठन हुआ था तो बिल गेट्स ने अपनी हिस्सेदारी को 4 प्रतिशत और बढ़ाकर 64 प्रतिशत कर लिया था और बेचारे पॉल एलन को 36 प्रतिशत में ही संतुष्ट हो जाने को मजबूर कर दिया था, लेकिन बिल गेट्स ने 'धूर्तता' की भी सीमा तब लाँघ दी थी, जब उन्होंने साझेदारी अनुबंध में यह प्रावधान भी जोड़ दिया कि 'समझौता न करने योग्य मतभेद' की स्थिति में वह पाल एलन को हिस्सेदारी से बाहर जाने को कह सकते थे। इस प्रकार, बिल गेट्स ने माइक्रोसॉफ्ट का सबकुछ वैधानिक तौर पर अपने नियंत्रण में ले लिया था, लेकिन पॉल एलन को इस बात का अहसास बहुत बाद में हुआ था। आनेवाले समय में कंपनी बहुत बड़ी हो चुकी थी और सन् 1982 में पॉल एलन अचानक गंभीर बीमारी की चपेट में आ गए थे। बिल गेट्स ने तब भी 'सही समय पर सही स्थान होने' का लाभ उठाया था और अपनी एकाधिकारवादी सत्ता के लिए वह कितने 'क्रूर' हो सकते थे, उसका परिचय

पॉल एलन को तब मिला था, जब कैंसर के कारण मौत से संघर्ष के बाद वह माइक्रोसॉफ्ट में लौटे थे। एलन को पता चला था कि उनका अपना मित्र व साझीदार बिल गेट्स.अपने सिपहसालार स्टीव बामर के माध्यम से उसे अपनी ही कंपनी से बाहर निकल जाने के लिए मजबूर कर देने के लिए शतरंज के मोहरे बिछा चुके थे।

लेकिन इससे पहले बहुत कुछ हुआ था, जब बिल गेट्स ने 'सही समय पर सही जगह में होने' का भरपूर लाभ उठाया था। इसका सबसे रोचक उदाहरण आई.बी.एम. के साथ माइक्रोसॉफ्ट के समझौते के रूप में सामने आता है।

वास्तव में, वर्ष 1980 तक कंप्यूटर भाषा बाजार में उसकी बढ़त को मान्यता मिलनी शुरू हो गई थी; लेकिन एक संपूर्ण प्रक्रिया-सामग्री (सॉफ्टवेयर) निर्माता बनने के लिए माइक्रोसॉफ्ट को अभी और भी बहुत कुछ करना बाकी था। अब माइक्रोसॉफ्ट का अगला पड़ाव था—'कंप्यूटर ऑपरेटिंग सिस्टम' (ऑपरेटिंग सिस्टम) का विकास और आई.बी.एम. के कंधे पर सवार होकर माइक्रोसॉफ्ट ने इस क्षेत्र में भी अपनी बढ़त बना ली। अगले कुछ वर्षों की ऐतिहासिक यात्रा में माइक्रोसॉफ्ट पर्सनल कंप्यूटर निर्माताओं के लिए 'पसंद' नहीं, बल्कि 'मजबूरी' बन गई। कंपनी का अगला मोरचा था—अनुप्रयोग (एप्लीकेशन) कार्यक्रम समूह का विकास और वह इस दिशा में तेजी से आगे बढ़ रही थी। इस क्रम में माइक्रोसॉफ्ट का मुखिया व सार्वजनिक चेहरा होने के नाते बिल गेट्स अंतरराष्ट्रीय संचार माध्यमों के लिए चहेते 'प्रौद्योगिकी उद्यमी' के रूप में उभरे थे, लेकिन माइक्रोसॉफ्ट के भीतर 'आइडिया मैन' के रूप में लोकप्रिय प्रौद्योगिकी रणनीतिकार, दूरद्रष्टा व सह-संस्थापक पॉल एलन हाशिए पर चला गया था और अंततः बिल गेट्स ने उसे कंपनी के बाहर धकेल दिया था।

लेकिन इससे पहले बहुत कुछ हुआ था, जब बिल गेट्स ने 'सही समय पर सही जगह में होने' का भरपूर लाभ उठाया था। इसका सबसे रोचक उदाहरण आई.बी.एम. के साथ माइक्रोसॉफ्ट के समझौते के रूप में सामने आता है।

हुआ यूँ था कि तब विश्व की सबसे बड़ी मेनफ्रेम कंप्यूटर निर्माता कंपनी 'इंटरनेशनल बिजनेस मशीन' (आई.बी.एम.) ने घरेलू पर्सनल कंप्यूटर (पी. सी.) बाजार में उतारने का फैसला किया था। वास्तव में, मेनफ्रेम कंप्यूटर बाजार

वास्तव में, मेनफ्रेम कंप्यूटर बाजार पर एकाधिकार जैसी स्थिति होने के कारण आई.बी.एम. पर अमेरिकी न्याय विभाग की नजर टेढ़ी हो गई थी और उनके विरुद्ध 'एंटीट्रस्ट' (विश्वासघात) का मुकदमा शुरू कर दिया गया था।

पर एकाधिकार जैसी स्थिति होने के कारण आई.बी.एम. पर अमेरिकी न्याय विभाग की नजर टेढ़ी हो गई थी और उनके विरुद्ध 'एंटीट्रस्ट' (विश्वासघात) का मुकदमा शुरू कर दिया गया था। वर्ष 1969 से 1982 तक चले उस मुकदमे के कारण 1970 के दशक के पूर्वार्द्ध में 'मिनी कंप्यूटर' और उतरार्द्ध में आई 'पी.सी.' क्रांतियों में आई.बी.एम. बहुत पीछे छूट गई थी।

इस बीच, विश्व पी.सी. बाजार में 'एप्पल-II' भी धूम मचा रहा था और स्टीव जॉब्स पी.सी. क्रांति के महानायक के रूप में उभर चुके थे। उनके सामने बिल गेट्स अभी 'बच्चा' (कम-से-कम स्टीव जॉब्स की नजर में) ही थे, लेकिन एप्पल के पिछलग्गू 'कमोडोर पीईटी', 'अटारी 8-बिट फैमिली', टेंडी कॉरपोरेशन का 'टीआरएस-80' और सीपी/एम ऑपरेटिंग सिस्टम आधारित अन्य सभी पी.सी. में बिल गेट्स माइक्रोसॉफ्ट 'बेसिक' आधारित कार्यक्रमों को स्थापित कर चुका था। बिल गेट्स इतने चतुर थे कि स्टीव जॉब्स के सामने 'बच्चा' बनकर प्रस्तुत हुए थे और 'बेसिक' आधारित कुछ विशेष कार्यक्रमों के माध्यम से उनके ही अभेद्य किले में घुसपैठ का आशीर्वाद भी प्राप्त कर लिया था। जी हाँ, जॉब्स को बहुत बाद में पता चला था कि गेट्स को 'बच्चा' समझकर उन्होंने कितनी बड़ी गलती कर ली थी, जब उनके द्वारा विकसित क्रांतिकारी पी.सी. 'मैकिनटोश' के बाजार में आने (22 जनवरी, 1984) से पहले ही गेट्स ने उसके ऑपरेटिंग सिस्टम की सबसे बड़ी विशेषता ग्राफिकल यूजर इंटरफेस (जी.यू.आई.) सहित अन्य सभी विशेषताओं की नकल कर माइक्रोसॉफ्ट विंडोज के शुरुआती संस्करण को जारी कर दिया था। जब तक मैकिनटोश बाजार में अपनी पकड़ बना पाता और बिल गेट्स के खिलाफ स्टीव जॉब्स कानूनी मोरचा सुदृढ़ कर पाते, उन्हें स्वयं ही एप्पल से बाहर (मई 1985) निकल जाना पड़ा था। फिर तो बिल गेट्स को रोक सकनेवाला ही कोई नहीं बचा था और उन्होंने 20 नवंबर, 1985 को

'माइक्रोसॉफ्ट विंडोज 1.0' के रूप में सुव्यवस्थित संस्करण भी जारी कर दिया था। एक दशक में बिल गेट्स ने 'विंडोज' शृंखला के माध्यम से विश्व पी.सी. बाजार पर एकाधिकार प्राप्त कर लिया था । अंत में उन्होंने 'माइक्रोसॉफ्ट विंडोज 95' के साथ स्टीव जॉब्स के महान् स्वप्न 'मैकिनटोश' के ताबूत में अंतिम कील भी ठोंक दी थी और जब सन् 1997 में जॉब्स ने फिर से कमान सँभाली थी, तब एप्पल दिवालिया हो जाने के कगार पर खड़ी थी।

जी हाँ, बिल गेट्स तो ऐसा ही था। वह 'सही समय पर सही जगह में होने' के लिए 'कुछ भी' व 'सबकुछ' कर पाने में सबसे आगे थे। हम एक बार फिर से पी.सी. क्रांति के आरंभ में वापस लौटते हैं और देखते हैं कि बिल गेट्स ने आई.बी.एम. के कंधों पर सवार होकर पी.सी. बाजार में माइक्रोसॉफ्ट की बढ़त कैसे बनाई थी कि वह स्टीव जॉब्स व एप्पल को कैसे पटकनी दे सका था। जब आई.बी.एम. के अधिकारी एप्पल-II व अन्य पी.सी. से प्रतिस्पर्धा करनेवाले पी.सी. की योजना बना रहे थे तो उनकी नजर स्वाभाविक रूप से माइक्रोसॉफ्ट पर पड़ी थी और वे लोग बिल गेट्स की एकतरफा सौदेबाजी के खूबसूरत जाल में फँस जाने से नहीं बच सके थे।

हम एक बार फिर से पी.सी. क्रांति के आरंभ में वापस लौटते हैं और देखते हैं कि बिल गेट्स ने आई.बी.एम. के कंधों पर सवार होकर पी.सी. बाजार में माइक्रोसॉफ्ट की बढ़त कैसे बनाई थी कि वह स्टीव जॉब्स व एप्पल को कैसे पटकनी दे सका था।

वास्तव में आई.बी.एम. का शीर्ष प्रबंधन अपनी सबसे बड़ी समस्या को बहुत अच्छी तरह से जानता था कि उसकी चाल ऐसे मदमस्त हाथी वाली हो चुकी थी, जिसमें उसे किसी भी नए उत्पाद के विकास में चार-पाँच साल का समय लगता था, लेकिन कंपनी बहुत ही तेजी से उच्च संभावनाओं वाले पी.सी. बाजार में आना चाहती थी। इसके लिए आई.बी.एम. के बोका रटन (फ्लोरिडा) स्थित अनुसंधान सुविधा के अंतर्गत 13 सदस्योंवाली एक स्वतंत्र व्यापार इकाई का गठन किया था। इस इकाई ने स्वाभाविक रूप से, लेकिन आई.बी.एम. की परंपरा से पूरी तरह उलट इस प्रस्तावित 'आई.बी.एम. पीसी' के लिए लगभग सभी उपकरण व सॉफ्टवेयर बाजार से खरीदने का फैसला किया था।

बाजार में गोपनीयता बनाए रखने के लिए इस परियोजना को 'प्रोजेक्ट चेस' नाम दिया गया था। इस परियोजना का नेतृत्व फिलिप डोनाल्ड इस्ट्रीज कर रहे था, जिन्हें 'आई.बी.एम. पी.सी. का जनक' कहा जाता है।

अगस्त 1980 में जैक सैम्स की अगुवाई में 'प्रोजेक्ट चेस' का एक दल माइक्रोसॉफ्ट मुख्यालय पहुँचा था। उस दल ने 16-बिट सीपीयू/माइक्रो-प्रोसेसर पर आधारित सभी कंप्यूटर कार्यक्रम भाषाओं—बेसिक, फॉरट्रान, कोबोल व पास्कल की माँग की थी। यहाँ इस तथ्य पर ध्यान देना जरूरी है कि उस समय तक सभी पर्सनल कंप्यूटर (पी.सी.) में 8-बिट माइक्रो-प्रोसेसर का उपयोग किया जा रहा था, लेकिन माइक्रोसॉफ्ट के वास्तविक 'आइडिया मैन' पॉल एलन भविष्य की जरूरतों को ध्यान में रखकर 16-बिट के 'इंटेल-8086' माइक्रो-प्रोसेसर के लिए 'बेसिक' में इंटरप्रेटर के विकास का काम बहुत पहले शुरू कर चुके थे, जो शीघ्र ही पूरा होने वाला था, लेकिन अभी तक उसने 16-बिट के माइक्रो-प्रोसेसर पर अन्य भाषाओं के बारे में सोचा भी नहीं था। ऐसे में आई.बी.एम. द्वारा निश्चित अपेक्षाकृत बहुत छोटी समय-योजना में इन सभी भाषाओं पर आधारित दुभाषियाओं का विकास कर पाना लगभग असंभव जैसा था। फिर भी, पॉल एलन व बिल गेट्स ने आई.बी.एम. के दल को आश्वस्त कर दिया था कि माइक्रोसॉफ्ट इस दिशा में यथासंभव कोशिश करेगा।

अगस्त 1980 में जैक सैम्स की अगुवाई में 'प्रोजेक्ट चेस' का एक दल माइक्रोसॉफ्ट मुख्यालय पहुँचा था। उस दल ने 16-बिट सीपीयू/ माइक्रो-प्रोसेसर पर आधारित सभी कंप्यूटर कार्यक्रम भाषाओं— बेसिक, फॉरट्रान, कोबोल व पास्कल की माँग की थी।

फिर कुछ ही समय बाद सितंबर के अंत में जैक सैम्स ने माइक्रोसॉफ्ट से 16-बिट माइक्रो-प्रोसेसर पर आधारित पी.सी. की ऑपरेटिंग सिस्टम (ऑपरेटिंग सिस्टम) प्रदान कर सकने के बारे में पूछा था। ओ.एस. एक अलग ही प्रकार का काम था, जिसके विकास का माइक्रोसॉफ्ट को कोई अनुभव नहीं था। फिर पॉल एलन व बिल गेट्स ने इतनी बड़ी संभावना को हाथ से नहीं जाने देने के लिए सहयोगी रुख अपनाया था, क्योंकि वे बहुत अच्छी तरह जानते थे कि पी.सी.

निर्माण के क्षेत्र में आई.बी.एम. जैसी महारथी कंपनी का आना माइक्रोसॉफ्ट के लिए कितनी बड़ी बाजार संभावना लानेवाला था! उन दोनों ने इस काम के लिए जैक सैम्स को 'डिजिटल रिसर्च' (सी.पी./एम. ओ.एस. की रचनाकार कंपनी) का नाम सुझाया था। चूँकि बिल गेट्स जानते थे कि 'डिजिटल रिसर्च' का संस्थापक गैरी किल्डाल अपनी सफलता के नशे में चूर रहता था और वह आई.बी.एम. दल को गंभीरता से नहीं लेगा, इसलिए उसने किल्डाल को फोन कर समझाया भी था कि वह जिन 'कुछ लोगों' को उनके पास भेज रहा था, वे बहुत ही महत्त्वपूर्ण लोग थे और वह उनके साथ अच्छा व्यवहार करे, क्योंकि उस सौदे से माइक्रोसॉफ्ट और उसकी कंपनी 'डिजिटल रिसर्च' दोनों को ही बहुत अच्छी कमाई होने वाली थी।

लेकिन बिल गेट्स की तरह गैरी किल्डाल 'सही समय पर सही स्थान पर होने' के अचूक सफलता-मंत्र को जानता-समझता नहीं था और उसे गेट्स का सुझाव भी नहीं समझ आया था। ऐसे में जब आई.बी. एम. का 'प्रोजेक्ट चेस' दल उसके कार्यालय में पहुँचा था तो उसने उन लोगों को गंभीरता से नहीं लिया था और इतनी गंभीर समझौता-वार्त्ता में स्वयं उपस्थित रहने के स्थान पर शौकिया उड़ान पर जाना अधिक महत्त्वपूर्ण समझा था। इस प्रकार गैरी किल्डाल के स्थान पर उसकी पत्नी, जो 'डिजिटल रिसर्च' में साझीदार भी थी, 'प्रोजेक्ट चेस दल' के सामने उपस्थित हुई थी। चूँकि इस परियोजना में आई.बी.एम. का नाम गोपनीय रखा जाना था, इसलिए माइक्रोसॉफ्ट के साथ-साथ डिजिटल रिसर्च को भी 'गैर प्रकटीकरण समझौता' (नॉन-डिस्क्लोजर एग्रीमेंट) पर हस्ताक्षर करने थे, लेकिन किल्डाल की पत्नी ने इसके महत्त्व को समझे बिना ही डिजिटल रिसर्च का अनुबंध-पत्र उन लोगों के सामने रख दिया था। स्पष्ट है कि वार्त्ता शुरू होने से पहले ही टूट गई थी और जैक सैम्स ने वापस लौटने के बाद गेट्स व एलन को स्पष्ट रूप से बता दिया था कि डिजिटल रिसर्च के साथ 'प्रोजेक्ट चेस' का काम

ऐसे में जब आई.बी.एम. का 'प्रोजेक्ट चेस' दल उसके कार्यालय में पहुँचा था तो उसने उन लोगों को गंभीरता से नहीं लिया था और इतनी गंभीर समझौता-वार्त्ता में स्वयं उपस्थित रहने के स्थान पर शौकिया उड़ान पर जाना अधिक महत्त्वपूर्ण समझा था।

कर पाना बहुत मुश्किल था। जैक ने किसी और का नाम सुझाने या फिर इस काम को खुद माइक्रोसॉफ्ट को ही कर लेने का आग्रह किया था।

गैरी किल्डाल की इस बेरुखी से विशेष तौर से बिल गेट्स बुरी तरह आहत हुए थे और वह गुस्से में भी आ गए थे। किल्डाल ने इतनी बड़ी संभावनाओं वाले सौदे को ठुकराकर न केवल अपने भाग्य का दरवाजा बंद कर लिया था, बल्कि माइक्रोसॉफ्ट को भी खतरनाक स्थिति में डाल दिया था, लेकिन न तो पॉल इस प्रौद्योगिकी चुनौती से हार माननेवालों में से थे और न ही बिल गेट्स 'सही समय पर सही जगह पर होने' के महान् अवसर को गँवा देनेवालों में। एक बार फिर से माइक्रोसॉफ्ट के 'आइडिया मैन' पॉल एलन ने बिल गेट्स को संकट से उबारा था। जी हाँ, एलन को मालूम था कि उस समय एक दूसरी ऑपरेटिंग सिस्टम भी मौजूद थी, जिसे वे उचित मूल्य पर खरीद भी सकते थे। फिर उन्होंने बिल गेट्स को टिम पटेरसन की 'सिएटल कंप्यूटर प्रोडक्ट्स' की कहानी बताई थी, जिसने साल भर पहले 'इंटेल 8080' पर आधारित पी.सी. के लिए न केवल ऑपरेटिंग सिस्टम (ओ.एस.) विकसित किया था, बल्कि बाजार में उस पी.सी. को भी भेजना शुरू किया था, लेकिन टिम पटेरसन द्वारा समय से पहले जारी किए गए अपेक्षाकृत उन्नत पी.सी. के प्रति बाजार की प्रतिक्रिया निराशाजनक ही रही थी। ऐसे में उस पी.सी. को संचालित करनेवाले ऑपरेटिंग सिस्टम (ओ.एस.) एक लापता कड़ी ही साबित हुई थी। गैरी किल्डाल ने भी लगभग साल भर पहले 'सीपी/एम 86' को उतारने का वादा किया था, लेकिन उसने ऐसा नहीं किया था। वास्तव में, गैरी किल्डाल की डिजिटल रिसर्च में प्रारंभिक कंपनी (स्टार्ट-अप) जैसी कोई हड़बड़ी नहीं थी। ऐसे में टिम पटेरसन ने किल्डाल से पहले ही 16-बिट सीपीयू/माइक्रो-प्रोसेसर पर आधारित एक कच्चा-पक्का ऑपरेटिंग सिस्टम (ओ.एस.) विकसित कर लिया था। चूँकि टिम ने वह

"गैरी किल्डाल की इस बेरुखी से विशेष तौर से बिल गेट्स बुरी तरह आहत हुए थे और वह गुस्से में भी आ गए थे। किल्डाल ने इतनी बड़ी संभावनाओं वाले सौदे को ठुकराकर न केवल अपने भाग्य का दरवाजा बंद कर लिया था, बल्कि माइक्रोसॉफ्ट को भी खतरनाक स्थिति में डाल दिया था"

ओ.एस. बहुत ही जल्दी-जल्दी व इधर-उधर से कार्यक्रमों को जोड़कर बनाया था, इसलिए उसने उसका नाम 'क्विक एंड डर्टी ऑपरेटिंग सिस्टम' अर्थात् 'क्यूडॉस' रखा था, जिसे वह '8K कोड' में ठूँसकर भरने में सफल हो गया था। जब यह ओ.एस. लगभग पूरा हो गया तो टिम ने उसका नाम बदलकर '86-डॉस' रख दिया था। चूँकि बाजार में किसी को पता ही नहीं था कि 16-बिट सीपीयू/माइक्रो-प्रोसेसर पर आधारित पी.सी. थी, इसलिए किसी ने उस पर कोई प्रतिक्रिया ही नहीं व्यक्त की थी और उचित समय की प्रतीक्षा में टिम पटेरसन निराश हो चुका था; लेकिन उसे पता नहीं था कि आगे उसकी क्रांतिकारी रचना की धूम मचने वाली थी।

यदि गैरी किल्डाल (डिजिटल रिसर्च) ने अपनी घोषणा के अनुसार दिसंबर 1979 में 16-बिट सीपीयू/माइक्रो-प्रोसेसर पर आधारित ओ.एस. तैयार कर दिया होता तो आज विश्व में और कुछ नहीं, केवल 'सीपी/एम' का ही बोलबाला होता!

जी हाँ, यदि गैरी किल्डाल (डिजिटल रिसर्च) ने अपनी घोषणा के अनुसार दिसंबर 1979 में 16-बिट सीपीयू/माइक्रो-प्रोसेसर पर आधारित ओ.एस. तैयार कर दिया होता तो आज विश्व में और कुछ नहीं, केवल 'सीपी/एम' का ही बोलबाला होता! 'सही समय पर सही जगह में होने' के कारण यह सौभाग्य पॉल एलन व बिल गेट्स (माइक्रोसॉफ्ट) को मिला था। इसे हम ऐतिहासिक संयोग भी कहते हैं। यदि गैरी किल्डाल ने बिल गेट्स द्वारा भेजे गए 'प्रोजेक्ट-चेस' दल का प्रस्ताव मान लिया होता या फिर उसकी देरी की वजह से टिम पटेरसन ने वैकल्पिक ओ.एस. '86 डॉस' की रचना न की होती तो माइक्रोसॉफ्ट को पी.सी. ओ.एस. बाजार पर एकाधिकार बनाने का अवसर नहीं मिलता। हाँ, यह भी एक विशेष संयोग ही था कि टिम पटेरसन ने पॉल एलन के साथ माइक्रोसॉफ्ट द्वारा एप्पल के लिए तैयार किए जानेवाले 'सॉफ्ट कार्ड' कार्यक्रमों की विकास परियोजना में काम किया था और एलन उसकी प्रतिभा, लगन व परिश्रम से प्रभावित भी थे। इसलिए भले ही एलन ने '86-डॉस' को परखा तो नहीं था, लेकिन उन्हें पूरा भरोसा था कि टिम द्वारा विकसित यह ऑपरेटिंग सिस्टम (ओ.एस.) अवश्य ही उत्तम होगा और माइक्रोसॉफ्ट की तात्कालिक आवश्यकता को पूरा करेगा।

यहाँ दिलचस्प तथ्य यह भी है कि यदि बिल गेट्स व पॉल एलन की वैकल्पिक ऑपरेटिंग सिस्टम खोजने की 'आपात माथापच्ची बैठक' में काजुहिको 'काय' निशी जैसा जोखिम उठानेवाला जापानी व्यवसायी मौजूद नहीं होता तो भी मामला खटाई में पड़ सकता था। निशि ने माइक्रोसॉफ्ट के लिए जापान में इतना बड़ा काम किया था कि वह बिल गेट्स का घनिष्ठ मित्र बन गया था। ऐसे में, ज्यों ही पॉल एलन ने अपनी बात पूरी की थी, निशि खुशी में चिल्लाने लग पड़ा था। वह भी बहुत अच्छी तरह से जानता था कि सॉफ्टवेयर बाजार पर बादशाहत कायम करने के लिए माइक्रोसॉफ्ट के पास अपनी ऑपरेटिंग सिस्टम (ओ.एस.) का होना बहुत ही जरूरी था। सबसे बड़ा संयोग तो यह था कि यह मौका कंप्यूटर प्रौद्योगिकी की सबसे बड़ी निर्माता कंपनी आई.बी.एम. की तरफ से सुनहरी थाली में परोसकर दिया जा रहा था। वास्तव में, 'अल्टेयर-बेसिक' के समय से ही विशेष रूप से माइक्रोसॉफ्ट के 'आइडिया मैन' पॉल एलन का एक दार्शनिक सपना था कि माइक्रोसॉफ्ट पी.सी. सॉफ्टवेयर का आदर्श स्थापित करे! अब उस सपने के पूरा होने का समय आ गया था, वह भी आई.बी.एम. जैसी महारथी कंपनी की खुली तिजोरी और बाजार-विस्तार करने के अथाह सामर्थ्य के साथ।

यहाँ दिलचस्प तथ्य यह भी है कि यदि बिल गेट्स व पॉल एलन की वैकल्पिक ऑपरेटिंग सिस्टम खोजने की 'आपात माथापच्ची बैठक' में काजुहिको 'काय' निशी जैसा जोखिम उठानेवाला जापानी व्यवसायी मौजूद नहीं होता तो भी मामला खटाई में पड़ सकता था।

लेकिन पॉल एलन व निशि जितने खुश हुए थे, उसके उलट बिल गेट्स उतना ही अधिक गंभीर हो गए थे। वह टिम पटेरसन को नहीं जानते थे और उन्हें लग रहा था कि एलन व निशी एक ऐसे ओ.एस. '86-डॉस' को लेकर अति-उत्साह में खुश हो रहे थे, जिसे न तो उन दोनों ने देखा-परखा था और न ही बाजार में कोई उत्साह जगा पाने में सफल हुए थे। गेट्स की चिंता स्वाभाविक थी, क्योंकि यह मामला आई.बी.एम. से जुड़ा हुआ था और छोटी सी भी गलती माइक्रोसॉफ्ट का भविष्य उलट सकती थी, लेकिन बिल गेट्स 'सही समय पर सही जगह में होने' में

भी नहीं चूक सकते थे, क्योंकि यही उनकी अब तक की आश्चर्यजनक सफलता का मूल मंत्र रहा था। जी हाँ, वह इतने बड़े मौके को अपने हाथ से जाने देने को कतई तैयार नहीं थे। चूँकि उनके पास कोई दूसरा रास्ता नहीं था, वह एलन के आत्मविश्वास और निशि के जोश को भी कम नहीं करना चाहते थे और 'प्रोजेक्ट-चेस' के दल के सामने जल्दी-से-जल्दी कुछ-न-कुछ ठोस प्रस्ताव प्रस्तुत करना था, इसलिए उन्होंने भी इस दिशा में भाग्य आजमाने की सहमति दे दी थी।

चूँकि उनके पास कोई दूसरा रास्ता नहीं था, वह एलन के आत्मविश्वास और निशि के जोश को भी कम नहीं करना चाहते थे और 'प्रोजेक्ट-चेस' के दल के सामने जल्दी-से-जल्दी कुछ-न-कुछ ठोस प्रस्ताव प्रस्तुत करना था, इसलिए उन्होंने भी इस दिशा में भाग्य आजमाने की सहमति दे दी थी।

फिर पॉल एलन ने सिएटल कंप्यूटर प्रोडक्ट्स के मालिक रॉड ब्रोक को लाइसेंस कॉण्ट्रेक्ट) संबंधी वार्त्ता के लिए माइक्रोसॉफ्ट के कार्यालय में बुलाया था, जिसके लिए टिम पटेरसन ने '86-डॉस' की रचना की थी। दोनों पक्षों के बीच 10 हजार डॉलर अग्रिम के साथ प्रति ग्राहक और 15 हजार डॉलर के रॉयल्टी के भुगतान पर सहमति हो गई थी। चूँकि उस समय ग्राहक एक ही था, इसलिए कुल 25 हजार डॉलर के भुगतान पर बात बन गई थी। अगले ही दिन माइक्रोसॉफ्ट का शिष्टमंडल (बिल गेट्स, स्टीव बामर व बॉब ओ'रियर) बोका-रटन (फ्लोरिडा प्रांत) स्थित आई.बी.एम. के 'प्रोजेक्ट चेस' के कार्यालय में पहुँच गया था और यह प्रस्ताव रखा था कि 'आई.बी.एम.-पीसी' के लिए जरूरी सभी सॉफ्टवेयर से सबंधित विकास कार्यों का संचालन माइक्रोसॉफ्ट करेगा'। उसके पाँच सप्ताह बाद 6 नवंबर, 1980 को माइक्रोसॉफ्ट और आई.बी.एम. के बीच अनुबंध पर हस्ताक्षर हुए थे। आई.बी.एम. द्वारा माइक्रोसॉफ्ट को कुल 4.30 लाख डॉलर का भुगतान किया जाना था—75 हजार डॉलर 'रूपांतर, परीक्षण व परामर्श' के लिए; 45 हजार डॉलर डिस्क ऑपरेटिंग सिस्टम (DOS) के लिए और 3.10 लाख डॉलर 16-बिट प्लेटफॉर्म पर विभिन्न भाषाओं के दुभाषियों (लैंग्वेज इंटरप्रेटर) एवं उनके संकलकों (कंपाइलर) की एक व्यूह-रचना तैयार करने के लिए। इसके बाद 15 दिसंबर,

1980 को माइक्रोसॉफ्ट ने सिएटल कंप्यूटर प्रोडक्ट्स के साथ '86-डॉस' के लिए उपर्युक्त अनुज्ञा समझौता किया, ताकि 'आई.बी.एम. पी.सी.' के लिए 'डिस्क ऑपरेटिंग सिस्टम' (डॉस) का विशेष संस्करण 'आई.बी.एम. पी.सी. डॉस' का विकास शुरू हो सके।

इससे पहले नवंबर के अंतिम सप्ताह में ही आई.बी.एम. ने प्रक्रिया सामग्रियों (सॉफ्टवेयर) के परीक्षण के लिए प्रस्तावित 'आई.बी.एम.-पीसी' के 'कार्यशील प्रारूप' (वर्किंग प्रोटोटाइप) को माइक्रोसॉफ्ट के पास भेज दिया था। उस प्रारूप को चारों तरफ से बंद एक कमरे में रखा गया था, जिसकी चाभी कुछ लोगों के पास होती थी। वैसे तो माइक्रोसॉफ्ट का हर तीसरा कार्यक्रम निर्माता (प्रोग्रामर) 'आई.बी.एम. पीसी' के लिए कोई-न-कोई कार्यक्रम लिख रहा था, लेकिन किसी को इसके बारे में कुछ भी पता नहीं था। ग्राहक का नाम 'एच.ए.एल.' (आई. बी.एम. के तीन अक्षरों के पहले के अक्षरों को मिलाकर) रखा गया था। जी हाँ, इस ऐतिहासिक परियोजना का संपूर्ण प्रौद्योगिकी नियंत्रण भी माइक्रोसॉफ्ट के 'आइडिया मैन' पॉल एलन के पास ही था, जिनकी निगरानी में सॉफ्टवेयर के संयोजन का कार्य उस विशेष बंद कमरे में किया जा रहा है। 'बेसिक-86' का काम स्वयं एलन देख रहे थे और 'डॉस' का काम अपने विश्वस्त बॉब ओ'रियर को सौंप रखा था।

इससे पहले नवंबर के अंतिम सप्ताह में ही आई.बी.एम. ने प्रक्रिया सामग्रियों (सॉफ्टवेयर) के परीक्षण के लिए प्रस्तावित 'आई. बी.एम.-पीसी' के 'कार्यशील प्रारूप' (वर्किंग प्रोटोटाइप) को माइक्रोसॉफ्ट के पास भेज दिया था। उस प्रारूप को चारों तरफ से बंद एक कमरे में रखा गया था, जिसकी चाभी कुछ लोगों के पास होती थी।

'प्रोजेक्ट चेस' को 'डॉस' व 'बेसिक' देने का समय फरंवरी मध्य में ही कब का बीत चुका था। वैसे तो अप्रैल के अंतिम दिनों में 'डॉस' लगभग तैयार हो चुका था, लेकिन आई.बी.एम. द्वारा भेजे गए प्रिंटर पर वह काम नहीं कर रहा था। फिर पॉल एलन ने टिम पटेरसन को माइक्रोसॉफ्ट कार्यालय में बुलाया था और उन्होंने उस समस्या का हल निकाल लिया था। उसी समय के आसपास बिल गेट्स और काय

निशि ने एक सप्ताह की जापान-यात्रा की थी। वैसे तो जापानी ग्राहकों ने 16-बिट माइक्रो-प्रोसेसर पर आधारित सभी सॉफ्टवेयर की माँग की थी, लेकिन उन्होंने विशेष रूप से पी.सी. ऑपरेटिंग सिस्टम '86-डॉस' की जबरदस्त माँग की थी। अब तक पॉल एलन व काय निशि के साथ-साथ बिल गेट्स भी आश्वस्त हो चुके थे। असल संभावना आई.बी.एम. के लिए तैयार हो रही ऑपरेटिंग सिस्टम 'आई.बी.एम. पी.सी. डॉस' की बजाय माइक्रोसॉफ्ट द्वारा बाद में तैयार होनेवाली 'एम.एस.डॉस' में थी, जो अमेरिका सहित समूचे अंतरराष्ट्रीय बाजार में धूम मचाने वाली थी।

असल संभावना आई.बी.एम. के लिए तैयार हो रही ऑपरेटिंग सिस्टम 'आई.बी.एम. पी.सी. डॉस' की बजाय माइक्रोसॉफ्ट द्वारा बाद में तैयार होनेवाली 'एम.एस.डॉस' में थी, जो अमेरिका सहित समूचे अंतरराष्ट्रीय बाजार में धूम मचाने वाली थी।

जी हाँ, बिल गेट्स 'सही समय पर सही स्थान में होने' का सक्सेस मंत्र यहाँ भी उपयोग में लाया था, अर्थात् जब तक 'डॉस-86' की व्यापक संभावनाओं को लेकर बाजार में कोई खुसुर-फुसुर शुरू हो, उससे पहले ही उसका संपूर्ण स्वामित्व प्राप्त कर लिया जाए! इस रणनीति को तत्काल लागू कर दिया गया था। जून में पॉल एलन ने सिएटल कंप्यूटर प्रोडक्ट्स के मालिक रॉड ब्रोक से इस संबंध में संपर्क किया था और 30 हजार डॉलर की एकमुश्त राशि में भविष्य का संपूर्ण स्वामित्व अधिकार खरीदने का प्रस्ताव रखा था; लेकिन ब्रोक ने इसके लिए 1.50 लाख डॉलर की माँग कर दी। फिर एलन ने 50 हजार डॉलर का प्रस्ताव किया था और उसे माइक्रोसॉफ्ट की भाषाओं के भविष्य के अपग्रेड पर छूट देने का लालच भी सामने रख दिया था। उस समय रॉड ब्रोक भयानक नकदी संकट में था। उसने बिना किसी विशेष दबाव के ही एलन की बात मान ली थी और 27 जुलाई, 1981 को '86 डॉस' को पूरी तरह से माइक्रोसॉफ्ट के हवाले करने के अनुबंध पर हस्ताक्षर कर दिया।

रॉड ब्रोक को इसका कोई अनुमान नहीं था कि माइक्रोसॉफ्ट '86 डॉस' का क्या करने वाला था और न ही आई.बी.एम. जानता था कि उसने माइक्रोसॉफ्ट के साथ जो समझौता किया था, वह उसे नहीं, बल्कि माइक्रोसॉफ्ट को पर्सनल कंप्यूटर (पी.सी.) बाजार का बादशाह बनाने वाला था। आमतौर पर माना जाता है कि

आई.बी.एम. के समझौते में बिल गेट्स ने बड़ी चालाकी से यह प्रावधान जुड़वा लिया था कि वह बाजार की अन्य कंपनियों को 'एम.एस.डॉस' नाम से ऑपरेटिंग सिस्टम को लाइसेंस पर बेच सकती थी; लेकिन तथ्यों का विश्लेषण करें तो पता चलता है बिल गेट्स व पॉल एलन ने 'सही समय पर सही जगह में होने' का सफलता-सूत्र लागू किया था और अपना पक्ष मजबूत रखनेवाला अनुबंध किया था। वे लोग न तो 'अल्टेयर-बेसिक' की तरह रॉयल्टी वसूलने के झंझट में उलझना चाहते थे और न 'एप्पल सॉफ्ट' एकमुश्त भुगतानवाले विशिष्ट लाइसेंस (एक्सक्लूसिव लाइसेंस) जारी करने की गलती दोहराना चाहते थे।

> ***रॉड ब्रोक को इसका कोई अनुमान नहीं था कि माइक्रोसॉफ्ट '86 डॉस' का क्या करने वाला था और न ही आई.बी.एम. जानता था कि उसने माइक्रोसॉफ्ट के साथ जो समझौता किया था, वह उसे नहीं, बल्कि माइक्रोसॉफ्ट को पर्सनल कंप्यूटर (पी.सी.) बाजार का बादशाह बनाने वाला था।***

लेकिन यह सब बिल गेट्स की चतुराई का नतीजा था। शुरू-शुरू में आई.बी.एम. ने भी रॉयल्टी भुगतान करने वाला ही सौदा सामने रखा था; लेकिन गेट्स ने आई.बी.एम. की मजबूरी को बहुत अच्छी तरह से परख लिया था और सौदा वार्त्ता के समय स्वयं को सहज व आत्मविश्वस्त बनाए रखा था। वह जानता था कि 'प्रोजेक्ट चेस' के परियोजना को जल्दी-से-जल्दी पूरा करने की आई.बी.एम. शीर्ष प्रबंधन की तलवार लटकी हुई है, इसलिए वे अपनी शर्तें मनवाने के चक्कर में सौदा वार्त्ता को न तो लंबे समय तक टाल सकते थे और न ही नए विकल्प की खोज में जा सकते थे। इतना ही नहीं, बिल गेट्स को यह भी पता था कि आई.बी.एम. का शीर्ष प्रबंधन भी किसी एकाधिकारवादी सौदे की जिद करेगा, क्योंकि कंपनी 'अविश्वास मुकदमा' की लंबी कानूनी लड़ाई के बाद जल्दी ही मुक्त होने की स्थिति में आ रही थी, लेकिन बिल गेट्स जैसे महारथी को 'मजबूर' महसूस कराने की गलती भी नहीं कर सकता था। इसलिए उसने सौदा वार्त्ता को स्वाभाविक लेन-देन के रूप में पूरा किया था। उसने बिना किसी न-नुकुर के आई.बी.एम. द्वारा प्रस्तुत एकमुश्त राशि को कृतज्ञतापूर्वक स्वीकार कर लिया था; लेकिन इसके बदले में लाइसेंस

(लाइसेंस) को विशिष्ट (एक्सक्लूसिव) के स्थान पर अपने पक्ष में 'अविशिष्ट' (नॉन-एक्सक्लूसिव) करवा लिया था। इस प्रकार, बिल गेट्स ने आई.बी.एम. के अहंकार को संतुष्ट कर दिया था और अपने लिए स्वतंत्रता का वरदान भी प्राप्त कर लिया था। चूँकि 'प्रोजेक्ट चेस' के लोग अपनी परियोजना की प्रौद्योगिकी विशिष्टता और आई.बी.एम. की आर्थिक बादशाहत के नशे में इतने मदमस्त थे कि उस दल में से किसी ने भी इस बारे में सोचा ही नहीं कि माइक्रोसॉफ्ट इस प्रावधान का लाभ उठाकर अन्य पी.सी. निर्माताओं को 'डॉस' ऑपरेटिंग सिस्टम (ओ.एस.) के लाइसेंस बेचकर उसके लिए भयंकर प्रतिस्पर्धा की स्थिति भी पैदा कर सकता था और यदि किसी के मन में यह बात आई भी होगी तो कंपनी किसी भी स्थिति में एकाधिकारवादी सोचवाली कोई हरकत दोहराने का जोखिम नहीं उठाना चाहती थी।

खैर, जो होना था, हो चुका था। 'प्रोजेक्ट चेस. इतनी गोपनीयता से कार्यान्वित किया गया था कि बाजार के अंदर की खबर रखनेवालों को भी अंदाजा नहीं लग सका था कि माइक्रोसॉफ्ट आई.बी.एम. के लिए इतना बड़ा काम कर रहा था। 12 अगस्त, 1981 को आई.बी.एम.-पी.सी. की घोषणा की गई थी।

खैर, जो होना था, हो चुका था। 'प्रोजेक्ट चेस. इतनी गोपनीयता से कार्यान्वित किया गया था कि बाजार के अंदर की खबर रखनेवालों को भी अंदाजा नहीं लग सका था कि माइक्रोसॉफ्ट आई.बी.एम. के लिए इतना बड़ा काम कर रहा था। 12 अगस्त, 1981 को आई.बी.एम.-पी.सी. की घोषणा की गई थी। योजना के अनुसार, समय से पहले नवंबर में सारे कंप्यूटर में भेजे जा चुके थे। सभी को अनुमान था कि आई.बी.एम.-पी.सी. अच्छा प्रदर्शन करने वाला है; लेकिन तब खुद आई.बी.एम. के लिए यह अनुमान लगाना मुश्किल था कि केवल दो वर्षों में, अर्थात् वर्ष 1983 के अंत में एप्पल II को भी पीछे छोड़कर आई.बी.एम.-पी.सी. सबसे अधिक बिकनेवाला पी.सी. हो जाएगा। अगले दो वर्षों, यानी 1985 तक आई.बी.एम.-पी.सी. की सालाना बिक्री 4.5 अरब डॉलर हो चुकी थी।

लेकिन इससे भी बड़ी घटना यह हुई थी, जिसका किसी ने अनुमान नहीं लगाया था, कि सिर्फ चार वर्षों में एप्पल के अलावा और कोई कंप्यूटर निर्माता

नहीं बचेगा, जिसका हार्डवेयर आई.बी.एम.-पी.सी. के अनुकूल न हो और उसके पी.सी. में माइक्रोसॉफ्ट की समानांतर ऑपरेटिंग सिस्टम 'एम.एस.डॉस' का उपयोग न किया जा रहा हो। ऐसा करनेवालों में उस समय के प्रमुख कंप्यूटर निर्माताओं में अमेरिका की डी.ई.सी. (डिजिटल इक्विपमेंट कॉरपोरेशन), एच.पी. (हेवलेट-पैकार्ड कंपनी), टेंडी (रेडियो शैक कॉरपोरेशन), टी.आई. (टेक्सास इंस्ट्रूमेंट्स), वांग (वांग लैबोरेटरी) एवं जेरॉक्स (जेरॉक्स कॉरपोरेशन); नीदरलैंड्स की ट्रुलिप (ट्रुलिप कंप्यूटर्स) और जापान की सैन्यो (सैन्यो इलेक्ट्रिकल कंपनी), एन.ई.सी. (एन.ई.सी. कॉरपोरेशन, पहले निप्पोन इलेक्ट्रिकल कंपनी) शामिल थे, अर्थात् जैसा पॉल एलन व बिल गेट्स ने माइक्रोसॉफ्ट के लिए सोचा था, वही हुआ भी था। चाहे कंपनी कोई भी हो, वह चार साल पहले प्रचलित जिस ऑपरेटिंग सिस्टम 'सीपी/एम' (गैरी किल्डाल की कंपनी 'डिजिटल रिसर्च' द्वारा विकसित) का उपयोग कर रही थी, उसने उसको त्यागकर माइक्रोसॉफ्ट की लोकप्रिय ऑपरेटिंग सिस्टम 'एम.एस.डॉस' को अपना लिया था।

ऐसा भी नहीं था कि गैरी किल्डाल को माइक्रोसॉफ्ट द्वारा 'आई.बी.एम.-पी.सी. डॉस' की रचना की जानकारी नहीं मिली थी; लेकिन वह तब भी अपनी सफलता के नशे में चूर था और अपना अधिकांश समय व कमाई का बहुत बड़ा हिस्सा निजी विमान से उड़ान भरने के शौक पर फूँक रहा था।

ऐसा भी नहीं था कि गैरी किल्डाल को माइक्रोसॉफ्ट द्वारा 'आई.बी.एम.-पी.सी. डॉस' की रचना की जानकारी नहीं मिली थी; लेकिन वह तब भी अपनी सफलता के नशे में चूर था और अपना अधिकांश समय व कमाई का बहुत बड़ा हिस्सा निजी विमान से उड़ान भरने के शौक पर फूँक रहा था। किल्डाल स्वयं को इतना सफल व बड़ा मानता था कि उसने माइक्रोसॉफ्ट के कार्यालय में जाने की बजाय गेट्स व एलन को सिएटल हवाई अड्डे पर मिलने का बुलावा भेजा था; और जब वे लोग वहाँ गए थे तो किल्डाल ने उन्हें स्पष्ट धमकी दी थी कि माइक्रोसॉफ्ट को कंप्यूटर कार्यक्रम भाषाओं के विकास के क्षेत्र में ही सीमित रहना चाहिए और उसकी कंपनी 'डिजिटल रिसर्च' के ऑपरेटिंग सिस्टम के कारोबार में दखल नहीं देना चाहिए।

वास्तव में, किल्डाल ने हाल में ही 'सीबेसिक' का अधिग्रहण किया था और उसे 'सीपीएम-80' पर चला रहा था। गैरी की बातचीत से यह धमकी साफ झलक रही थी कि अगर माइक्रोसॉफ्ट 'डॉस' के माध्यम से ऑपरेटिंग सिस्टम के बाजार में कूदने का दुस्साहस करेगी तो 'डिजिटल रिसर्च', 'सीबेसिक' के माध्यम से माइक्रोसॉफ्ट के भाषाओं के कारोबार पर आग के गोले बरसाना शुरू कर देगा। किल्डाल की अकड़ का एक कारण यह भी था कि उस समय 'सीपी/एम-80' उस समय के लगभग अधिकांश पी.सी. पर चल रहा था, जिससे 'डिजिटल रिसर्च' को सालाना करीब 50 लाख डॉलर की कमाई हो रही थी, लेकिन उसने सपने में भी नहीं सोचा था कि जिस '8-बिट सी.पी.यू./माइक्रो-प्रोसेसर पर 'सीपी/एम-80' का समूचा कारोबार खड़ा था, उसके चलन को '16-बिट सी.पी.यू./ माइक्रोप्रोसेस्सर' पर खड़ा 'आई.बी.एम.-पी.सी. डॉस' एक झटके में निगल जाने वाला था।

> *उसने सपने में भी नहीं सोचा था कि जिस '8-बिट सी.पी.यू./माइक्रो-प्रोसेसर पर 'सीपी/एम-80' का समूचा कारोबार खड़ा था, उसके चलन को '16-बिट सी.पी.यू./ माइक्रोप्रोसेस्सर' पर खड़ा 'आई.बी.एम.-पी.सी. डॉस' एक झटके में निगल जाने वाला था।*

जैसा कि अपेक्षित था, आई.बी.एम.-पी.सी. के बाजार में आने के तुरंत बाद किल्डाल ने माइक्रोसॉफ्ट पर डॉस की रचना में सीपी/एम की नकल करने का आरोप लगाया था और मामले को अदालत में ले जाने की धमकी दी थी; लेकिन बिल गेट्स व पॉल एलन के नेतृत्व में माइक्रोसॉफ्ट 'सही समय पर सही जगह में' खड़ी थी। दोनों बहुत अच्छी तरह से जानते थे कि किल्डाल उनका कुछ भी नहीं बिगाड़ सकता था, क्योंकि उनके साथ कंप्यूटर प्रौद्योगिकी महारथी कंपनी आई.बी.एम. खड़ी थी, साथ ही कानूनी वास्तविकता यह थी कि '86 डॉस' की शुरुआती रचना में टिम पटेरसन ने 'सीपी/एम-80' के जिन दो कमांड्स की प्रतिलिपियों का उपयोग किया था, वे 'डिजिटल रिसर्च' के बौद्धिक-संपदा अधिकार (इंटेलेक्चुअल प्रॉपर्टी राइट/आई.पी.आर.) के दायरे से बाहर के थे। ये दोनों आदेश थे कुंजी पटल (की-बोर्ड) द्वारा पी.सी. की हार्ड डिस्क पर फाइल को खोलना और उसे प्रिंटर को भेजना, जो सार्वजनिक ज्ञान-क्षेत्र

(पब्लिक डोमेन) में थे। वैसे भी, पटेरसन ने कभी भी सीपी/एम-80 की 'स्रोत संकेत लिपि' (सोर्स कोड) को देखा तक नहीं था और उसने '8086 असेंबली-लैंग्वेज' पर '86-डॉस' की रचना की थी। इतना ही नहीं, 'सीपी/एम-80' के मुकाबले पटेरसन द्वारा तैयार '86-डॉस' छह गुना अधिक तेजी से फाइल को पढ़ सकता था। माइक्रोसॉफ्ट ने भी 'एम.एस.-डॉस' के विकास में 'डी.ई.सी.-डॉस-11' का उतना ही हिस्सा उधार लिया था, जितना वर्षों पहले किल्डाल ने 'सीपी/एम-80' की रचना के लिए।

ऐसे में जब गैरी किल्डाल ने काफी चिल्ल-पौं मचाई तो अविश्वास मुकदमे से डरे आई.बी.एम. शीर्ष प्रबंधन ने बचाव किया था और मामले को शांत करने के लिए 'डिजिटल रिसर्च. को 'सीपी/एम-86' की आपूर्ति करने का प्रस्ताव दिया था, लेकिन 'प्रोजेक्ट-चेस' के लोग किल्डाल एवं उसकी पत्नी के रवैए से नाराज थे और दो प्रकार के ओ.एस. से बाजार में कई व्यावहारिक समस्याएँ भी आ सकती थीं, लेकिन किल्डाल ने अपनी अकड़ में फिर से बड़ी गलती कर दी थी और आई.बी.एम. के सामने 240 डॉलर प्रति सीपी/एम-86 का प्रस्ताव रख दिया था। किल्डाल ने इस तथ्य को समझने की कोशिश नहीं की थी कि आई.बी.एम. ने अपने ऑपरेटिंग सिस्टम 'आई.बी.एम.-पी.सी. डॉस' का मूल्य मात्र 40 डॉलर ही रखा, जबकि वह उससे 200 डॉलर अधिक की माँग कर रहा था। चूँकि आई.बी.एम. के अधिकारियों को (और बिल गेट्स व पॉल एलन को भी) किल्डाल की इस जिद का अंतिम नतीजा मालूम था, इसलिए उन्होंने रहस्यमय मुसकराहट के साथ किल्डाल की शर्तों को मान लेने में कोई हिचकिचाहट नहीं दिखाई थी। जब बाजार में यह स्पष्ट हुआ

ऐसे में जब गैरी किल्डाल ने काफी चिल्ल-पौं मचाई तो अविश्वास मुकदमे से डरे आई.बी.एम. शीर्ष प्रबंधन ने बचाव किया था और मामले को शांत करने के लिए 'डिजिटल रिसर्च. को 'सीपी/एम-86' की आपूर्ति करने का प्रस्ताव दिया था, लेकिन 'प्रोजेक्ट-चेस' के लोग किल्डाल एवं उसकी पत्नी के रवैए से नाराज थे और दो प्रकार के ओ.एस. से बाजार में कई व्यावहारिक समस्याएँ भी आ सकती थीं...

था कि आई.बी.एम. की सामग्री प्रक्रियाएँ सिर्फ 'डॉस' ऑपरेटिंग सिस्टम पर ही संचालित हो सकती थीं तो स्वतंत्र विक्रेताओं ने 'सीपी/एम-86' को अनदेखा कर 'एमएस-डॉस' को अपनाना शुरू कर दिया।

यहाँ भी बिल गेट्स ने 'सही समय पर सही स्थान पर होने' का सफलता सूत्र लागू किया था। उसने पहले से ही 'प्रोजेक्ट चेस' के सभी अधिकारी सदस्यों से घनिष्ठ मित्रता का संबंध स्थापित कर रखा था, इसलिए सभी ने परोक्ष रूप से ही सही, माइक्रोसॉफ्ट के 'एम.एस.-डॉस' को बिना किसी रोक-टोक के प्रचलित होने दिया था और जब तक आई.बी.एम. की नींद खुली थी, तब तक अन्य कंप्यूटर निर्माताओं द्वारा 'एम.एस.-डॉस' पर आधारित अपेक्षाकृत बहुत सस्ते पी.सी. ने उसकी ही बाजार हिस्सेदारी को निगलना शुरू कर दिया था। चूँकि आई.बी.एम. ने माइक्रोसॉफ्ट के साथ अविशिष्ट (नॉन-एक्सक्लूसिव) अनुबंध किया था, इसलिए वह उसका कानूनी रूप से भी कुछ बिगाड़ नहीं सकती थी। विश्व तमाशा देख रहा था कि 'बच्चा-सा दिखनेवाले' बिल गेट्स के सामने आई.बी.एम. जैसी महारथी कंपनी दिग्गजों की फौज कितनी बौनी साबित हो रही थी!

□

2

अपने कार्य से अटूट प्रेम करना

हम पर्सनल कंप्यूटर (पी.सी.) क्रांति को बिल गेट्स से अलग नहीं कर सकते हैं। जी हाँ, बिल गेट्स ने कंप्यूटर के प्रति अपने अटूट प्रेम को उसी समय ढूँढ़ लिया था, जब 13 वर्ष की उम्र (वर्ष 1968) में उन्हें लेकसाइड स्कूल में आठवीं कक्षा में भरती कराया गया था। उसी समय के आसपास वहाँ पर 'मदर्स क्लब' द्वारा इकट्ठा की गई धनराशि से 'जनरल इलेक्ट्रिक' (जी.ई.) के मिनी कंप्यूटर (मेनफ्रेम कंप्यूटर की तुलना के बाद लगभग रेफ्रीजरेटर के आकार का कंप्यूटर) पर समय साझा करने वाला इलेक्ट्रोमेकैनिकल टेलीप्रिंटर 'टेलिटाइप मॉडल 33 ए.एस.आर.' का टर्मिनल स्थापित किया गया था। यही वह टर्मिनल था, जिसके माध्यम से बिल गेट्स व पॉल एलन सहित अन्य छात्रों ने कंप्यूटर कार्यक्रम के निर्माण का काम सीखना शुरू किया था।

चूँकि पी.सी. क्रांति के विकास में 'टेलिटाइप मॉडल 33 ए.एस.आर.' ने महत्त्वपूर्ण योगदान किया था, इसलिए इससे जुड़े तथ्यों को जानना भी आवश्यक है। 'टेलिटाइप कॉरपोरेशन' (ए.टी. ऐंड टी कोर्प की सहायक कंपनी) ने इस क्रांतिकारी टेलीप्रिंटर को सन् 1963 में उतारा था। यह पहले के टेलीप्रिंटर की तुलना में बहुत सस्ता भी था और सबसे पहला टेलीप्रिंटर था, जिसमें सूचनाओं के आदान-प्रदान के लिए अक्षरों को संकेत लिपि में बदलने के अब तक के सबसे सक्षम अमेरिकी संकेत लिपि मानक 'ए.एस.सी.आई.आई.' (अमेरिकन स्टैंडर्ड कोड फॉर इन्फॉर्मेशन इंटरचेंज) का उपयोग किया गया था। इस मशीन में संकेत लिपियों को भंडारित करने के लिए 'टेपपंच' (छेद कर विशेष प्रकार से कागज-फीता में टंकण कर छेद करने का उपकरण) और उसे पढ़ने के लिए '8 लेवल पंचटेप रीडर', अर्थात् 'आठ स्तरों पर छिद्रित कागज-फीता को पढ़नेवाले उपकरण' की

स्वचालित सुविधाओं का निर्माण भी किया गया था, साथ ही यह मशीन में सूचनाओं को स्वचालित रूप से भेजने एवं प्राप्त करने में सक्षम थी, इसलिए इस मॉडल के अंत में 'ए.एस.आर.' (ऑटोमैटिक सेंड एंड रिसीव) जोड़ा गया था।

वैसे तो 'टेलिटाइप मॉडल 33 ए.एस.आर.' की गति अपेक्षाकृत मंद थी, लेकिन उसकी यही विशेषता ही उपयोग करने में आसानी के डिजाइन फिलासॉफी पर आधारित सामान्य उद्देश्य की उच्च स्तरीय कंप्यूटर भाषा सहायक सिद्ध हुई थी, साथ ही इसने 'यूनिक्स' सहित अन्य मिनी कंप्यूटर की परिचालन प्रणालियों (ओ.एस.) में यूजर इंटरफेस को भी प्रभावित किया था। जी हाँ, 'टेलिटाइप मॉडल 33 ए.एस.आर.' के बाजार में आने के एक वर्ष के भीतर ही वर्ष 1964 में कंप्यूटर कार्यक्रम भाषा 'बेसिक' (BASIC—बिगिनर्स ऑल पर्पज सिंबॉलिक इंस्ट्रक्शन कोड) का आविष्कार संभव हुआ था। जैसा कि 'बेसिक' के नाम से ही स्पष्ट होता है, इसका विकास सॉफ्टवेयर का निर्माण करना सीखनेवालों के सभी उद्देश्यों की पूर्ति के लिए ही किया था। धीमी गति से चलनेवाले 'टेलिटाइप मॉडल 33 ए.एस.आर.' पर प्रतीकात्मक निर्देश संकेत-लिपियों (सिंबॉलिक इंस्ट्रक्शन कोड) को लिखना व संपादित करना आसान था, इसलिए इस मशीन को ध्यान में रखकर ही डार्टमाउथ कॉलेज (न्यू हैंपशायर, संयुक्त राज्य अमेरिका) में तीन गणितज्ञों व कंप्यूटर वैज्ञानिकों—जॉन जी. केमेनी, थॉमस ई. कर्टज एवं मैरी केनेथ केलर ने संयुक्त रूप से 'बेसिक' की रूपरेखा तैयार की थी।

इस मशीन को ध्यान में रखकर ही डार्टमाउथ कॉलेज (न्यू हैंपशायर, संयुक्त राज्य अमेरिका) में तीन गणितज्ञों व कंप्यूटर वैज्ञानिकों—जॉन जी. केमेनी, थॉमस ई. कर्टज एवं मैरी केनेथ केलर ने संयुक्त रूप से 'बेसिक' की रूपरेखा तैयार की थी।

हमने बिल गेट्स के जीवन परिचय में पढ़ा है कि किस तरह उसके साथ-साथ पॉल एलन व कुछ अन्य छात्र उस टर्मिनल से अलग न किए जा सकनेवाले 'पागल प्रेमी' बन गए थे और बिल गेट्स के लिए कार्यक्रम भाषा 'बेसिक' वरदान साबित हुई थी। चूँकि 'टेलिटाइप मॉडल 33 ए.एस.आर.' को ध्यान में रखकर ही 'बेसिक' की बनावट की गई थी, इसलिए बिल गेट्स के लिए कंप्यूटर कार्यक्रम

विकसित करना बहुत मुश्किल नहीं है। उन्होंने सबसे पहले 'टिक-टैक-टोए' का 'कार्यान्वयन कार्यक्रम' (इंप्लीमेंटेशन प्रोग्राम) बनाया था, जो उपयोगकर्ताओं को जी.ई. के मिनी कंप्यूटर पर 'गेम' खेलने की अनुमति प्रदान करता था। यह बहुत ही छोटा सॉफ्टवेयर प्रोग्राम था, लेकिन बिल गेट्स को पूरी तरह सम्मोहित करने के लिए पर्याप्त था; क्योंकि उस मशीन पर संकेत लिपियों को टेपपंच पर टंकित करना, पंच-टेप रीडर द्वारा उसे पढ़ा जाना और फिर ए.एस.आर. (स्वचालित प्रेषण व प्राप्ति) की सुविधा से उन संकेत लिपियों को जी.ई. के मिनी कंप्यूटर पर भेजना और टर्मिनल पर मिनी कंप्यूटर द्वारा उन्हें स्वीकार करने की पूरी प्रक्रिया जादू जैसी ही थी। यह इस जादू का ही प्रभाव था कि बिल गेट्स और उनके साथियों ने लेकसाइड स्कूल को प्रदान किए गए 'कंप्यूटर को साझा करने की समय-सीमा' शीघ्र ही खत्म कर दिया था।

यह इस जादू का ही प्रभाव था कि बिल गेट्स और उनके साथियों ने लेकसाइड स्कूल को प्रदान किए गए 'कंप्यूटर को साझा करने की समय-सीमा' शीघ्र ही खत्म कर दिया था।

यह बिल गेट्स व पॉल एलन का दीवानापन नहीं था तो और क्या था, जिसने 'साझा समय' की सीमा खत्म हो जाने के बाद उन दोनों को कंप्यूटर कंट्रोल कॉरपोरेशन (सी.सी.सी.) तक पहुँचा दिया था, जिसने वर्ष 1968 में सिएटल में जी.ई. के मिनी कंप्यूटर पर 'समय-साझा सेवा' का व्यापार शुरू किया था? चूँकि सी.सी.सी. के मुख्य कार्यक्रम निर्माता (प्रोग्रामर) का एक बच्चा लेकसाइड स्कूल में पढ़ता था, इसलिए बिल गेट्स व पॉल एलन की मंडली को सी.सी.सी. के कार्यालय में जाकर कंप्यूटर का उपयोग करने की अनुमति भी मिल गई थी। वहाँ पहुँचने भर की बात थी कि बिल गेट्स व पॉल एलन की 'दीवानगी' अगले उच्च स्तर पर पहुँच गई थी। उन पर समूची कंप्यूटर प्रणाली को ही सीख लेने की धुन सवार हो गई थी। इस चक्कर में उन्होंने विभिन्न प्रकार के कच्चे-पक्के कार्यक्रम बनाए थे और उनका प्रयोग किया था। इसका नतीजा वही हुआ था, जो कि होना था—सी.ई.सी. की पूरी कंप्यूटर प्रणाली ही बार-बार ध्वस्त होने लगी थी, क्योंकि उन दोनों के कार्यक्रमों ने उसकी सुरक्षा-प्रणाली में सेंध लगा दी थी।

तथ्य है कि इस कारनामे की सजा के रूप में बिल गेट्स व पॉल एलन की मंडली को प्रतिबंधित कर दिया गया था; लेकिन वे तब तक इतना कुछ सीख चुके थे कि सी.ई.सी. को उन्हें जल्दी ही वापस बुलाना पड़ा था और वह भी बिल गेट्स की शर्तों के साथ। जी हाँ, उस मंडली में बिल गेट्स ही ऐसा चतुर सौदेबाज था, जो सी.ई.सी. की कंप्यूटर प्रणाली को सुव्यवस्थित रखने के बदले में स्वयं सहित पूरी मंडली के निःशुल्क मनचाहे कंप्यूटर समय का सौदा करने में भी सक्षम हो गया था। अब बिल गेट्स व पॉल एलन की दीवानगी और भी उच्च स्तर पर चली गई थी और उन्होंने वहाँ के कार्यक्रम निर्माताओं के माध्यम से सभी प्रकार की कार्यक्रम भाषाओं—फोरट्रान, लिस्प व मशीन लैंग्वेज आदि को न केवल सीखना शुरू कर दिया, बल्कि उनकी स्रोत संकेत लिपियों (सोर्स कोड) की मूल रचनाओं की तह में भी जाना शुरू कर दिया था।

तथ्य है कि इस कारनामे की सजा के रूप में बिल गेट्स व पॉल एलन की मंडली को प्रतिबंधित कर दिया गया था; लेकिन वे तब तक इतना कुछ सीख चुके थे कि सी.ई.सी. को उन्हें जल्दी ही वापस बुलाना पड़ा था और वह भी बिल गेट्स की शर्तों के साथ।

वैसे तो उन लोगों को अपनी 'दीवानगी' को पूरा करने के लिए लगभग दो वर्षों का ही समय मिला था (क्योंकि मार्च 1970 में सी.ई.सी. वित्तीय संकट के कारण बंद हो गई थी), लेकिन वे इतने सक्षम कार्यक्रम निर्माता (प्रोग्रामर) तो बन ही चुके थे कि सिएटल से बहुत दूर पोर्टलैंड (ओरेगन) की 'इन्फॉर्मेशन साइंसेज इन्कॉरपोरेशन' (आई. एस.आई.) ने पे-रोल प्रोग्राम विकसित करने का विधिवत् अनुबंध किया था और मनचाहा कंप्यूटर-समय प्रदान करने के साथ-साथ रॉयल्टी देने का भी वचन दिया था। जी हाँ, 'पे-रोल प्रोग्राम' आश्चर्यजनक रूप से जटिल होता है, क्योंकि इसमें राज्य व संघीय स्तर पर करों, निर्देशों एवं अन्य कई बातों का ध्यान रखना पड़ता है। इतना ही नहीं, इस बीच लेकसाइड स्कूल ने भी बिल गेट्स व पॉल एलन से 'वर्ग अनुसूची कार्यक्रम' (क्लास शिड्यूलिंग प्रोग्राम) विकसित कराया था और उसके लिए उनको भुगतान भी किया था। यह सब बिल गेट्स व पॉल एलन का अपने कार्य के प्रति अटूट प्रेम ही तो था!

जी हाँ, बिल गेट्स व पॉल एलन ने प्रमाणित किया है कि उनकी भविष्य की सफलता को कंप्यूटर कार्यक्रम निर्माण के प्रति उनके अटूट प्रेम ने सुनिश्चित किया था। कंप्यूटर-प्रेमी तो बहुत थे लेकसाइड स्कूल में, लेकिन केवल इन दोनों का प्रेम ही अटूट बना रहा था। तभी तो वर्ष 1972 की गरमियों में जब बिल गेट्स बारहवीं में प्रवेश कर रहे थे और पॉल एलन भी छुट्टियाँ बिताने कॉलेज से घर आ गए थे तो दोनों ने पहली साझेदारी कंपनी 'टर्फ-ओ-डेटा' की स्थापना की थी। इस माध्यम से उन्हें स्थानीय यातायात विभाग से यातायात की गणना करनेवाली कंप्यूटर प्रणाली 'ट्रैफिक काउंटर' के लिए कार्यक्रम विकसित करने का ठेका मिला था, जिससे 20,000 डॉलर की कमाई हुई थी। उस समय वह बहुत बड़ी धनराशि थी। अब आप स्वयं ही अनुमान लगा सकते हैं कि अपने कार्य के प्रति उनका प्रेम कितना अटूट था कि उनमें कंप्यूटर प्रोग्रामिंग की अद्भुत कुशलता विकसित हो गई थी।

बिल गेट्स व पॉल एलन ने प्रमाणित किया है कि उनकी भविष्य की सफलता को कंप्यूटर कार्यक्रम निर्माण के प्रति उनके अटूट प्रेम ने सुनिश्चित किया था। कंप्यूटर-प्रेमी तो बहुत थे लेकसाइड स्कूल में, लेकिन केवल इन दोनों का प्रेम ही अटूट बना रहा था।

लेकिन प्रोग्रामिंग के प्रति बिल गेट्स व पॉल एलन का प्रेम उन्हें दूरदर्शी भी बना रहा था। इस बीच अप्रैल 1972 में इंटेल कॉरपोरेशन ने 'इंटेल 8008' नामक माइक्रो-प्रोसेसर बाजार में उतारा था, जिसमें 16 के.बी. (किलो.बाइट) की मेमोरी पॉवर थी। गेट्स व एलन को यह समझते देर नहीं लगी थी कि सीपीयू/माइक्रो-प्रोसेसर की क्षमता बढ़ रही थी और उसका आकार व मूल्य घटता जा रहा था। वह आनेवाले समय में घरेलू उपयोग के कंप्यूटर, अर्थात् पर्सनल कंप्यूटर (पी.सी.) की विकास संभावनाओं को भी लगातार प्रबल कर रही थी। उस समय बारहवीं करने के बाद एलन वॉशिंगटन स्टेट यूनिवर्सिटी में पढ़ने लगे थे, जबकि गेट्स ग्यारहवीं में आ गए थे, लेकिन उन लोगों ने पी.सी. बनाने की ठानी थी। जी हाँ, उन लोगों ने यह संकल्प उस स्थिति में भी कर लिया था, जबकि दोनों में से किसी को कंप्यूटर हार्डवेयर के बारे में कुछ भी पता नहीं था। निश्चित रूप से उन दोनों में से कोई भी सनकी नहीं था, चूँकि दोनों

कंप्यूटर की सामग्री–प्रक्रिया कार्यक्रम के निर्माण की दिशा में इतना आगे बढ़ चुके थे कि उन्हें 'पी.सी.' के जल्दी ही बाजार में आ जाने की संभावना दिखाई पड़ने लगी थी और वे इस प्रतिस्पर्धा में स्वयं को पिछड़ने देना नहीं चाहते थे और इसलिए उन लोगों ने धातु–सामग्री के विशेषज्ञ को ढूँढ़ना शुरू कर दिया था।

'जहाँ चाह, वहाँ राह' की कहावत सच साबित हुई थी। जल्दी ही उन लोगों ने एक पुराने मित्र को ढूँढ़ लिया था, जो वॉशिंगटन स्टेट यूनिवर्सिटी में इलेक्ट्रिकल इंजीनियरिंग की पढ़ाई कर रहा था और उस मित्र ने उन लोगों को इलेक्ट्रिकल इंजीनियरिंग के ही एक अन्य छात्र पॉल गिल्बर्ट का नाम सुझाया था, जो 'इलेक्ट्रॉनिक्स' पत्रिका में छपे रेखाचित्र के आधार पर संभावित 'पी.सी.' के निर्माण में साझेदारी करने के लिए तैयार हो गया था। गिल्बर्ट ने आवश्यक विद्युत् घटकों (इलेक्ट्रिकल कंपोनेंट्स) को एकत्रीत किया था, हरेक घटक की वायर रैपिंग (तारों से बाँधने की प्रक्रिया) की थी, फिर उन्हें कंप्यूटर की मुख्य प्रसंस्करण इकाई, अर्थात् 'इंटेल 8008' सी.पी.यू. (सेंट्रल प्रोसेसिंग यूनिट) या माइक्रो–प्रोसेसर के साथ टाँका लगाकर संयोजित किया था। गिल्बर्ट का भाई माइल्स गिल्बर्ट एक ग्राफिक डिजाइनर है; जिसने नई–नवेली कंपनी के लिए 'प्रतीक चिह्न' (लोगो) बनाने में मदद की थी। दूसरी ओर, गेट्स व एलन उस कंप्यूटर के लिए सॉफ्टवेयर लेखन जारी रखा हुआ था। पॉल एलन को अपने पिता की मदद से उन दोनों वाशिंगटन स्टेट यूनिवर्सिटी में स्थापित मेनफ्रेम कंप्यूटर 'आई.बी.एम. सिस्टम/360' का उपयोग करने की अनुमति मिल गई थी। उन्होंने उस मेनफ्रेम कंप्यूटर 'इंटेल–8008' का अनुकरण करने वाला कार्यक्रम लिखा था और फिर अपने कंप्यूटर सॉफ्टवेयर का परीक्षण किया था।

'जहाँ चाह, वहाँ राह' की कहावत सच साबित हुई थी। जल्दी ही उन लोगों ने एक पुराने मित्र को ढूँढ़ लिया था, जो वॉशिंगटन स्टेट यूनिवर्सिटी में इलेक्ट्रिकल इंजीनियरिंग की पढ़ाई कर रहा था और उस मित्र ने उन लोगों को इलेक्ट्रिकल इंजीनियरिंग के ही एक अन्य छात्र पॉल गिल्बर्ट का नाम सुझाया था...

लेकिन यह सब पढ़ने में जितना आसान लगता है, वैसा था नहीं। यह जटिल व श्रमसाध्य प्रक्रिया थी; लेकिन बिल गेट्स व पॉल एलन इसकी संभावनाओं को

लेकर इतने अधिक उत्साहित व निश्चित थे कि उनको किसी और बात की कोई चिंता ही नहीं थी और वे प्रेम-साधना में अटूट बने रहे थे।

वैसे तो वे अपना कंप्यूटर विकसित कर पाने में पूरी तरह से सफल नहीं हो पा रहे थे, लेकिन उन्हें 'इलेक्ट्रिसिटी ग्रिड कंट्रोल सिस्टम' को सुचारु बनाने के लिए कंप्यूटर कार्यक्रम विकसित करने का काम मिल गया था। सरकारी अभिकरण बोनविले पॉवर एडमिनिस्ट्रेशन ने संपूर्ण नियंत्रण प्रणाली को कंप्यूटर पर लाने के लिए रक्षा ठेकेदार कंपनी टी.आर.डब्ल्यू. इन्कॉरपोरेशन के साथ अनुबंध किया था। मैं इन घटनाओं को फिर से इसलिए कह रहा हूँ कि आप समझ सकें कि कंप्यूटर कार्यक्रम निर्माण के प्रति बिल गेट्स व पॉल एलन का साथ अटूट होने के साथ-साथ कितना गहरा था कि वे लोग उस चुनौतीपूर्ण कार्य को कर पाने में सक्षम साबित हुए थे, जिसे करने टी.आर.डब्ल्यू. जैसी कंपनी को भी परेशानी आ रही थी। अब तक वे दोनों अपनी प्रोग्रामिंग विशेषज्ञता के लिए इतने प्रसिद्ध तो हो ही चुके थे कि सिएटल से करीब 180 किलोमीटर दूर पोर्टलैंड (ऑरिगॉन प्रांत) स्थित बोनविले पॉवर एडमिनिस्ट्रेशन के मुख्यालय में नियंत्रण प्रणाली की समस्याओं से जूझ रहे टी.आर. डब्ल्यू. के धुरंधर कंप्यूटर विशेषज्ञों ने उन्हें ढूँढ़ लिया था। इस काम के लिए गेट्स को स्कूल से और एलन को यूनिवर्सिटी से विशेष अनुमति लेनी पड़ी थी। वर्ष 1973 की गरमियों में वे दोनों लगभग चार महीने तक पोर्टलैंड से सटे शहर वैंकूवर (वाशिंगटन प्रांत) में किराए के एक घर में रहे थे। निश्चित रूप से बिल गेट्स व पॉल एलन भाग्यशाली भी थे कि उन्हें लगातार ऐसे काम मिल रहे थे, जो उन्हें न केवल कार्य करने और धन कमाने के अवसर दे रहे थे, बल्कि उनकी विशेषज्ञता व कंप्यूटर प्रेम-साधना को अगले उच्च स्तरों पर पहुँचा रहे थे।

लेकिन यह सब पढ़ने में जितना आसान लगता है, वैसा था नहीं। यह जटिल व श्रमसाध्य प्रक्रिया थी; लेकिन बिल गेट्स व पॉल एलन इसकी संभावनाओं को लेकर इतने अधिक उत्साहित व निश्चित थे कि उनको किसी और बात की कोई चिंता ही नहीं थी और वे प्रेम-साधना में अटूट बने रहे थे।

लेकिन बिल गेट्स व पॉल एलन की कंप्यूटर प्रेम-साधना की ऐतिहासिक

परीक्षा में अभी कुछ और समय बाकी था। बिल गेट्स अपनी बारहवीं और कॉलेज में नामांकन की तैयारियों में जुटे हुए थे। 'लेकसाइड प्रोग्रामर्स ग्रुप' का एक साथी केंट इवांस पिछले साल ही दुर्घटना का शिकार हो गया था और एक अन्य साथी रिक वेईलैंड आगे की पढ़ाई के लिए स्टैनफोर्ड यूनिवर्सिटी चला गया था। इस तरह सिएटल में गेट्स और एलन ही बचे थे। यूनिवर्सिटी ऑफ वाशिंगटन में दूसरा साल खत्म कर एलन तीसरे वर्ष में जाने वाले थे। वर्ष 1973 की शरद् ऋतु में गेट्स हॉर्वर्ड चले गए थे। टर्फ-ओ-डेटा द्वारा विकसित की जा रही कंप्यूटर प्रणाली के कार्यशील प्रारूप (वर्किंग प्रोटोटाइप) बनाने में 1,500 डॉलर का खर्च आया था। व्यावहारिक तौर पर कंपनी का काम पॉल एलन व पॉल गिल्बर्ट के कंधों पर आ गया था; लेकिन उनमें बिल गेट्स जैसी विपणन (मार्केटिंग) प्रतिभा नहीं थी। उस मशीन का एक ही ग्राहक मिला था। इस बीच यातायात विभाग का ठेका खत्म हो गया था। वैसे तो बिल गेट्स हॉर्वर्ड में रहकर पॉल एलन व पॉल गिल्बर्ट की मदद करने की कोशिश कर रहे थे। अब गेट्स से एलन की भेंट तभी हो पाती थी, जब वह छुट्टियों में सिएटल आता था। इस जोड़ी की 'कंप्यूटर प्रेम-साधना' बस टूटने ही वाली थी कि पॉल एलन ने हॉर्वर्ड के पास 'हनीबेल इंटरनेशनल' के कंप्यूटर विभाग में कार्यक्रम निर्माता (प्रोग्रामर) की नौकरी ढूँढ़ ली थी और अपने कार्य के प्रति प्रेम को सतत बनाए रखा था।

'लेकसाइड प्रोग्रामर्स ग्रुप' का एक साथी केंट इवांस पिछले साल ही दुर्घटना का शिकार हो गया था और एक अन्य साथी रिक वेईलैंड आगे की पढ़ाई के लिए स्टैनफोर्ड यूनिवर्सिटी चला गया था। इस तरह सिएटल में गेट्स और एलन ही बचे थे।

...और, इसका ही नतीजा था कि जब हॉर्वर्ड स्क्वायर पर पॉल एलन ने पॉपुलर इलेक्ट्रॉनिक्स में विश्व के सबसे पहले पर्सनल कंप्यूटर 'अल्टेयर 8800' और उसके लिए बेसिक पर आधारित 'दुभाषिया' विकसित करने के बारे में पढ़ा था तो उसे यह काम असंभव नहीं लगा था। आमतौर पर लोग यही मानते हैं कि वह दुभाषिया, जो 'अल्टेयर बेसिक' के नाम से सामने आया था, अनोखा था और इसके पीछे यह तर्क दिया जाता है कि उन लोगों ने न तो 'अल्टेयर 8800' को

देखा था और न ही उसमें उपयोग किए सी.पी.यू./माइक्रो-प्रोसेसर 'इंटेल 8080' को। हाँ, यह काम अद्‌भुत भी था और अभूतपूर्व भी, क्योंकि दोनों ने पत्रिका में दिए गए विवरण के आधार पर 'अल्टेयर 8800' निर्देशिका-पढ़कर 'इंटेल 8080' की नकल करने वाला आभासी प्रारूप (सिम्युलेटर) बना लिया था, जिस पर 'अल्टेयर बेसिक' की सटीकता का परीक्षण करना संभव था, लेकिन इस प्रक्रिया में हम अपने काम के प्रति उन दोनों के प्रेम को अनदेखा करते हैं। यदि उनमें पी.सी. क्रांति की अगुवाई करने की अमिट प्यास न होती तो वे अपनी गाढ़ी कमाई को 'टर्फ ओ डाटा' की कंप्यूटर प्रणाली विकसित करने में क्यों झोंकते? और अब, जब पी.सी. क्रांति की अगुवाई करने का अवसर आया था तो उनके पास यह सब करने के अलावा और विकल्प ही क्या था? जी हाँ, यह उनके अपने कार्य के प्रति प्रेम की मजबूरी थी, क्योंकि उनके पास न तो 'अल्टेयर 8800' था और न ही उसमें उपयोग किया सी.पी.यू. 'इंटेल 8080'। उन दोनों के पास जो कुछ भी था, वह था अपने कंप्यूटर-प्रेम पर भरोसा!

...और, इसका ही नतीजा था कि जब हॉर्वर्ड स्क्वायर पर पॉल एलन ने पॉपुलर इलेक्ट्रॉनिक्स में विश्व के सबसे पहले पर्सनल कंप्यूटर 'अल्टेयर 8800' और उसके लिए बेसिक पर आधारित 'दुभाषिया' विकसित करने के बारे में पढ़ा था तो उसे यह काम असंभव नहीं लगा था।

उन दोनों को पत्रिका के विवरण से यह बात समझ आ गई थी कि 'अल्टेयर 8800' बस, तथाकथित पर्सनल कंप्यूटर (पी.सी.) का अस्थि-पंजर भर था, जिसमें 'इंटेल 8080' को 100 पिनवाले प्रिंटेड सर्किट बोर्ड (जिसे तकनीकी रूप से 'एस 100 बस' या 'अल्टेयर बस' कहा जाता है) पर संयोजित कर एक बक्से में रख दिया गया था और दूसरे बक्से में विद्युत् आपूर्ति की व्यवस्था की गई थी। उसमें कोई हार्ड डिस्क ड्राइव (एच.डी.डी.) नहीं थी, जिससे अंकीयकृत सूचनाओं (डिजिटल इन्फॉर्मेशन) को भंडारित (स्टोर) किया जा सके और उन्हें फिर से प्राप्त (रिट्राइव) किया जा सके। उसमें कोई 'फ्लॉपी डिस्क', यानी चुंबकीय भंडारण माध्यम से बनी पतली व लचीली डिस्क डालने की भी सुविधा नहीं थी और न ही उस पर भरी गई सूचनाओं को पढ़ने या उस पर कुछ लिखने के लिए फ्लॉपी डिस्क ड्राइव थी। इसलिए उस

पी.सी. में न तो किसी कंप्यूटर कार्यक्रम को रखा जा सकता था और न ही संपादित। हाँ, उस मशीन की 'आंतरिक स्मृति' (इंटरनल मेमोरी) में 'बाइनरी डेटा', अर्थात् बाइनरी अंक प्रणाली के माध्यम से लिखे जानेवाले कंप्यूटर कार्यक्रमों को भरने के लिए आवरण पटल (फ्रंट पैनल) भारी संख्या में 'टॉगल स्विच' और उनकी गुणवत्ताओं को वापस प्रदर्शित करने के लिए कई एल.ई.डी. (लाइट इमीटिंग डायोड) लगाई गई थी। जी हाँ, 'अल्टेयर-8800' बस, एक पी.सी.-किट था, जिससे काम लेने के लिए अन्य सभी उपकरण अलग से खरीदने पड़ते थे।

उस मशीन की 'आंतरिक स्मृति' (इंटरनल मेमोरी) में 'बाइनरी डेटा', अर्थात् बाइनरी अंक प्रणाली के माध्यम से लिखे जानेवाले कंप्यूटर कार्यक्रमों को भरने के लिए आवरण पटल (फ्रंट पैनल) भारी संख्या में 'टॉगल स्विच' और उनकी गुणवत्ताओं को वापस प्रदर्शित करने के लिए कई एल.ई.डी. (लाइट इमीटिंग डायोड) लगाई गई थी।

जी हाँ, बिल गेट्स व पॉल एलन के लिए 'अल्टेयर बेसिक' विकसित करना अब तक सबसे चुनौतीपूर्ण कार्य था, जिससे उनके पेशेवर जीवन की दशा व दिशा हमेशा के लिए बदल जाने वाली थी; लेकिन यह उनका सौभाग्य भी था कि वे समय पर सही स्थान में थे। हॉर्वर्ड में आने के बाद से ही बिल गेट्स का अधिकांश समय ऑक्सफोर्ड स्ट्रीट पर एक मंजिला भवन में स्थित हॉर्वर्ड की 'ऐलेन कंप्यूटेशन लैब' में बीत रहा था, जहाँ 'डिजिटल इक्विपमेंट कॉरपोरेशन' (डी.ई.सी.) द्वारा विकसित मेनफ्रेम कंप्यूटर 'पीडीपी-10' स्थापित था। चूँकि बिल गेट्स ने 'अल्टेयर-8800' की निर्माता कंपनी एम.आई.टी.एस. के सह-संस्थापक व मुख्य कार्यकारी अधिकारी (सी.ई.ओ.) एड रॉबर्ट्स से यह कह रखा था कि उन लोगों का 'अल्टेयर बेसिक' का काम लगभग पूरा था, इसलिए एड ने कहा था कि वह उस कार्यक्रम को एक महीने या उसके आसपास देखना चाहेगा; लेकिन वास्तविकता यह थी कि उनके पास 'इंटेल-8080' की निर्देशिका भी नहीं थी।

हाँ, उनके पास 'बेसिक' कार्यक्रम भाषा पर आधारित विभिन्न प्रकार के कार्यक्रम विकसित करने का व्यापक अनुभव जरूर था। वे बहुत अच्छी तरह से

जानते-समझते थे कि 'अल्टेयर बेसिक' के विकास के लिए उन्हें किन छोटी-छोटी चीजों को कहाँ-कहाँ से उठाना था, अर्थात् 'इंटेल-8080' के पहले के संस्करणों के लिए बनाए गए कंप्यूटर कार्यक्रमों में से क्या-क्या लेना था। याद रहे कि जिस प्रकार भाषाएँ लगातार विकसित होती हैं और विचार आपस में घुलते-मिलते रहते हैं, ठीक उसी प्रकार कंप्यूटर प्रौद्योगिकी के क्षेत्र में हर कोई दूसरों के कंधों पर खड़ा होता है। इस प्रकार, बिल गेट्स व पॉल एलन ने भी किया था, लेकिन उन दोनों पर एक माह के समय की तलवार लटकी हुई थी। वे अपने जीवन के सबसे महान् कार्य या जिस काम के लिए उनका जन्म हुआ था और जिसके प्रति उनका प्रेम अब तक अटूट बना रह सका था, उसमें डूब गए थे। उन्हें बस, इतना ही पता था कि वे 'इंटेल-8080' नामक सी.पी.यू. के लिए पहले उच्च स्तरीय कार्यक्रम का निर्माण कर रहे थे, जिसकी भाषा 'बेसिक' थी।

उन लोगों का 'अल्टेयर बेसिक' का काम लगभग पूरा था, इसलिए एड ने कहा था कि वह उस कार्यक्रम को एक महीने या उसके आसपास देखना चाहेगा; लेकिन वास्तविकता यह थी कि उनके पास 'इंटेल-8080' की निर्देशिका भी नहीं थी।

लेकिन ज्यों-ज्यों समय बीत रहा था, उन्हें यह डर भी सताने लगा था कि कहीं-कहीं 'मैसाचुसेट्स इंस्टीट्यूट ऑफ टेक्नोलॉजी' (एम.आई.टी.) या स्टैनफोर्ड विश्वविद्यालय के छात्रों का कोई समूह उन्हें हरा न दे, क्योंकि वहाँ भी एक से बढ़कर एक प्रतिभाशाली छात्र थे और उन लोगों ने भी 'पॉपुलर इलेक्ट्रॉनिक्स' में प्रकाशित विश्व के प्रथम पी.सी. के बारे में पढ़ा होगा; लेकिन वे लोग इस तथ्य को जानते थे कि जो कोई भी कार्यक्रम निर्माता 'इंटेल-8080' के दुभाषिया बनाने की कोशिश करेगा, उसे बहुत ही लंबा रास्ता तय करना पड़ेगा और पहली बार इस प्रकार काम करने के लिए सोचनेवालों के लिए तो यह बहुत ही मुश्किल था, क्योंकि उस समय 'अल्टेयर-8800' तो बाजार में आया ही नहीं था। इसके लिए मेनफ्रेम कंप्यूटर या मिनी कंप्यूटर पर 'अल्टेयर 8800' की नकल करने वाला 'आभासी प्रारूप' (सिम्युलेटर) बनाने की आवश्यकता थी। चूँकि उन्हें टर्फ-ओ-डाटा के लिए 'इंटेल-8008' का सिम्युलेटर बनाने और उस पर उसके लिए कार्यक्रम निर्माण का अनुभव था, इसलिए वे इनसे

संबंधित आधारभूत समस्याओं से निपटने में सक्षम थे। उन्हें यह अनुमान भी सटीक था कि विश्वविद्यालयों में पढ़नेवाले छात्रों को शायद ही उनके जैसा अनुभव होगा और सबसे अच्छी बात यह थी कि भय से कुछ मिलने वाला तो था नहीं, इसलिए वे जल्द ही अपना ध्यान केंद्रित कर अपने काम को आगे बढ़ाने में जुट जाया करते थे। फिर भी उनके मन में बार-बार यह प्रश्न खड़ा हो जाता था कि क्या वे सचमुच इस भीषण चुनौती का सामना कर पाने में सफल होंगे? क्या वे इस काम को समय पर पूरा कर सकेंगे? क्या उनका कार्यक्रम सुदूर अल्बुकर्क में बैठे एम.आई.टी.एस. के एड रॉबर्ट की अपेक्षाओं पर खरा उतरेगा? क्या रॉबर्ट उन लोगों से सौदा करेगा?

बिल गेट्स व पॉल एलन ने इसके लिए परिश्रम की पराकाष्ठा की थी। बिल गेट्स ने तो वर्ग में जाना ही छोड़ दिया था। पॉल एलन ने हनीवेल में अपने काम को अनदेखा कर दिया था।

लेकिन उन दोनों की जोड़ी को अपने पहले के अनुभव पर पूरा भरोसा था और अपने कार्य के प्रति अटूट प्रेम पर भी। दोनों कुछ देर इन शंकाओं पर चर्चा जरूर करते थे, लेकिन फिर से अपने आत्मविश्वास को वापस जुटा लेते थे—हाँ, हम कर सकते हैं! हमारे पास ऊर्जा भी है और आवश्यक कौशल भी! हमें इस अवसर को पकड़ना ही है!

जी हाँ, बिल गेट्स व पॉल एलन ने इसके लिए परिश्रम की पराकाष्ठा की थी। बिल गेट्स ने तो वर्ग में जाना ही छोड़ दिया था। पॉल एलन ने हनीवेल में अपने काम को अनदेखा कर दिया था। वह दोपहर बाद के बाद हनीवेल के कार्यालय में जाता था; वहाँ 5.30 बजे तक रुकता था और फिर वापस आकर 'ऐकेन कंप्यूटेशन लैब' में सुबह 3 बजे के आसपास तक काम करता था; अपने किए गए काम की फाइलों को सुरक्षित करता था; जब थकान बढ़ जाती थी या नींद आने लगती थी तो वहीं लेट जाता था और फिर से शुरू हो जाता था। उन दोनों के साथ प्रथम वर्ष में उच्च गणित की पढ़ाई करने वाला छात्र मोंटे डेविडॉफ भी रहा करता था। हाँ, पेट-पूजा के लिए वे अपने काम को जरूर रोकते थे। उनके सबसे प्रिय स्थान थे 'हॉर्वर्ड हाउस ऑफ पिज्जा' या फिर 'पु-पु प्लेटर', जहाँ अमेरिकी-चीनी व्यंजनों की मांसाहारी थाली परोसी जाती थी। वे रात के भोजन के लिए एक अन्य रेस्तराँ 'अकू अकू' में भी जाते थे। देर रातों में काम करते समय कभी-कभी बिल ऊँघते

हुए अपने टर्मिनल पर गिरने लगता था तो पॉल उसे सँभालते थे। वह संकेत लिपियों को लिखते हुए अचानक बीच में ही धीरे-धीरे तब तक झुकता चले जाते थे, जब तक उसकी नाक की-बोर्ड को छू नहीं जाती थी। एक या दो घंटे की झपकी के बाद वह अपनी आँखें खोलते थे, तिरछी नजरों से स्क्रीन को देखते थे, दो बार पलक झपकाते और ठीक वहीं से फिर से शुरू कर देते, जहाँ उसने छोड़ा था। पॉल एलन ने अपनी आत्मकथा में लिखा है कि यह बिल गेट्स की एकाग्रता का असाधारण प्रदर्शन था।

बिल गेट्स व पॉल एलन के लिए 'अल्टेयर बेसिक' की संकेत लिपियों को लिखना, यानी कोडिंग करना बहुत मुश्किल काम नहीं था, लेकिन लक्ष्य था समूची प्रक्रिया सामग्री (सॉफ्टवेयर) को 4 के.बी. (किलो बाइट) में समेटने का, जो असल में दिक्कतें पैदा कर रहा था। 'अल्टेयर-8800' की मेमोरी पॉवर कितनी कम थी, इसका अंदाजा इस तथ्य से लग सकता है कि आजकल के स्मार्ट फोन तक में 16 जी.बी. (गीगा बाइट) या उससे भी अधिक की जगह होती है, यानी वह उस समय के कंप्यूटर के मुकाबले 40 लाख गुना ज्यादा स्मृति क्षमता। इसके लिए उन लोगों ने एक नया तरीका अपनाया था। वैसे तो बिल गेट्स व पॉल एलन पहले से ही एक-दूसरे के सुर-ताल में एकरस थे; लेकिन अब मोंटे डेविडॉफ भी उन दोनों के साथ कदम-से-कदम मिलाने लगे थे, लेकिन इस कार्य की गहनता ने उन तीनों की मित्रता व सामूहिक प्रतिभा को और अधिक उच्चता की ओर बढ़ा दिया था और उनके लिए कोई भी प्रौद्योगिकी समस्या बहुत बड़ी चुनौती नहीं रह गई थी। वे इस कार्य में आनेवाली समस्या पर माथा-पच्ची करते थे, उसका हल सामने आ जाता था और वे क्रमशः अपने अंतिम लक्ष्य की ओर बढ़ते जा रहे थे।

लेकिन इस कार्य की गहनता ने उन तीनों की मित्रता व सामूहिक प्रतिभा को और अधिक उच्चता की ओर बढ़ा दिया था और उनके लिए कोई भी प्रौद्योगिकी समस्या बहुत बड़ी चुनौती नहीं रह गई थी। वे इस कार्य में आनेवाली समस्या पर माथा-पच्ची करते थे, उसका हल सामने आ जाता था और वे क्रमशः अपने अंतिम लक्ष्य की ओर बढ़ते जा रहे थे।

सबसे बड़ी बात यह थी कि उनके लिए एक ही कंप्यूटर प्रणाली पर एक ही समय में एक साथ काम करना संभव था और इसको संभव बना रही थी डी.ई.सी. के समय-साझा करने वाला (टाइम शेयरिंग) मेनफ्रेम कंप्यूटर 'पी.डी.पी.-10' की ऑपरेटिंग सिस्टम 'टॉप्स 10' (टी.ओ.पी.एस./टोटल ऑपरेटिंग सिस्टम)। जी हाँ, यह बहु-उपयोगकर्ता ऑपरेटिंग सिस्टम (मल्टी-यूजर ऑपरेटिंग सिस्टम) थी, जिस पर एक साथ और एक ही समय में अनेक उपयोगकर्ता काम कर सकते थे और पॉल एलन ने इसी मेनफ्रेम कंप्यूटर पर 'अल्टेयर-8800' का नकल करने वाला 'आभासी प्रारूप' (सिम्युलेटर) बनाया था। अब इसी सिम्युलेटर पर वे लोग एक साथ मिलकर 'अल्टेयर बेसिक' के कार्यक्रम निर्माण के लिए संकेत-लिपियाँ लिख रहे थे। चूँकि इस कार्यक्रम को कम-से-कम संकेत-लिपियों में लिखना था, इसलिए उन्हें कठिनाई आ रही थी। वे 'सब-रुटीन' को, अर्थात् उस कार्यक्रम के अंदर की संकेत-लिपियों के एक छोटे हिस्से को (जो निश्चित प्रकार का काम करता था) कम-से-कम निर्देशों में समेटने के लिए एक-दूसरे के साथ रात-रात भर होड़ लगा रहे थे। यह अपने आप में किसी प्रौद्योगिकी प्रतिस्पर्धा से कम न था। जब भी कोई समस्या आती थी, तीनों लेखन पुस्तिकाएँ लेकर कमरे के अलग-अलग कोनों में चले जाते थे और बहुत जल्दी-जल्दी संबंधित संकेत-लिपियों को घसीटकर लिखते थे और जब कोई कहता था कि "मैं नौ संकेतों में इसे कर सकता हूँ।" तो दूसरी ओर से उत्तर आता, "ठीक है, मैं पाँच में यह कर सकता हूँ!" और जो सबसे कम संकेतों में उसे लिखने में सफल होता, उसके काम को मुख्य कार्यक्रम में जोड़ दिया जाता था और यह क्रम लगातार बना रहता था।

"मैं नौ संकेतों में इसे कर सकता हूँ।" तो दूसरी ओर से उत्तर आता, "ठीक है, मैं पाँच में यह कर सकता हूँ!" और जो सबसे कम संकेतों में उसे लिखने में सफल होता, उसके काम को मुख्य कार्यक्रम में जोड़ दिया जाता था और यह क्रम लगातार बना रहता था।

पॉल एलन ने अपनी आत्मकथा 'आइडिया मैन' में उस प्रोग्रामिंग प्रक्रिया की तुलना उपन्यास लिखने से की थी। जी हाँ, 'अल्टेयर-बेसिक' बिल गेट्स व पॉल एलन के लिए अपने प्रौद्योगिकी दृष्टिकोण को प्रदर्शित करने के लिए ऐतिहासिक

साधन प्रमाणित होने वाला था और वे अपने कार्य की विशिष्टता को समझते थे कि यह आगामी पी.सी. क्रांति में नेतृत्वकारी भूमिका निभाने वाला था। इसलिए शुरुआत में ही उन दोनों ने 'अल्टेयर-बेसिक' कार्यक्रम के अवधारणा संबंधी ढाँचे को रेखांकित किया था। फिर उस बड़ी समस्या, अर्थात् उस समूचे कार्यक्रम से संबंधित विभिन्न घटक अध्यायों (कंपोनेंट चैप्टर) की रचना की ओर कदम बढ़ाया था। बिलकुल उपन्यास की विषय-वस्तु तय करने के बाद उसके अध्यायों की रचना जैसा! इन घटक अध्यायों की रचना भी बहुत जटिल प्रक्रिया थी। हरेक घटक अध्याय के लिए सैकड़ों 'सब-रुटीन' की रचना करने की आवश्यकता थी। हरेक सब-रुटीन की रचना के लिए उससे संबंधित 'आँकड़ा संरचनाओं' (डाटा स्ट्रक्चर) के सभी भागों को वापस एक साथ रखने की आवश्यकता थी और फिर संबंधित सब-रुटीन को घटक अध्याय के ढाँचे में समायोजित करना पड़ता था।

इस बीच एक और रोचक घटना घटी थी। चूँकि 'अल्टेयर-8800' पी.सी. को संचालित करने के लिए 'टेलिटाइप मॉडल 33 ए.एस. आर.' टर्मिनल की भी आवश्यकता पड़नी थी, इसलिए 'अल्टेयर बेसिक' में उससे संबंधित 'सब-रुटीन' की भी आवश्यकता थी।

इस बीच एक और रोचक घटना घटी थी। चूँकि 'अल्टेयर-8800' पी.सी. को संचालित करने के लिए 'टेलिटाइप मॉडल 33 ए.एस.आर.' टर्मिनल की भी आवश्यकता पड़नी थी, इसलिए 'अल्टेयर बेसिक' में उससे संबंधित 'सब-रुटीन' की भी आवश्यकता थी। ऐसे में जब बिल गेट्स व पॉल एलन ने 'अल्टेयर बेसिक' के अन्य कार्यक्रमों को सिम्युलेटर पर ठीक प्रकार से परीक्षण कर लिया था, अत: उनका आत्मविश्वास बढ़ गया था। फिर उन लोगों ने टेलिटाइप के साथ संयोजन स्थापित करने के कंप्यूटर के 'इनपुट' व 'आउटपुट' से संबंधित 'सब-रुटीन' से संबंधित जानकारी के लिए एम.आई.टी.एस. के कार्यालय में फोन किया था। एड रॉबर्ट्स के साझीदार व मुख्य अभियंता ने उन लोगों को कहा था कि किसी और ने इस तरह का कोई प्रश्न ही नहीं किया था। इस उत्तर से बिल गेट्स व पॉल एलन आश्वस्त हो गए थे कि यह काम उनका ही था, क्योंकि किसी अन्य कार्यक्रम निर्माता ने अब तक इस दिशा में कदम ही नहीं बढ़ाया था।

यह सब तो ठीक था, लेकिन बिल गेट्स व पॉल एलन को यह नहीं पता था कि वे लोग हॉर्वर्ड के जिस मेनफ्रेम कंप्यूटर 'पी.डी.पी. 10' का इतना अधिक उपयोग करते आ रहे थे, विश्वविद्यालय को उपयोग के आधार पर उसके रख-रखाव का खर्च अमेरिकी रक्षा विभाग के साथ साझा करना पड़ता था। ऐसे में एक रात जब वे लोग रात के भोजन के बाद 'ऐलेन कंप्यूटेशन लैब' में वापस काम करने के लिए आ रहे थे तो विश्वविद्यालय के पहरेदारों ने उनसे पहचान-पत्र की माँग की थी। चूँकि पॉल ऐलेन बिल गेट्स के पासवर्ड पर उस कंप्यूटर का उपयोग करता था और 'अल्टेयर 8800' का सिम्युलेटर सबसे अधिक कंप्यूटर-समय खा रहा था, इसलिए जनवरी के अंत में जब उपयोग समय के आधार पर रख-रखाव का बिल आया था तो विश्वविद्यालय प्रशासन की नींद खुली थी और इसका मुख्य दोषी एकमात्र छात्र पाया गया था, जिसके खाते में सबसे अधिक कंप्यूटर समय खर्च किया गया था। इसके लिए बिल गेट्स को बहुत बाद में विश्वविद्यालय निदेशक मंडल के सामने प्रस्तुत होना पड़ा था, लेकिन उसकी अद्भुत प्रतिभा को देखते हुए उसे चेतावनी के साथ थोड़ी सी सजा मिली थी—कलाई पर एक चपत; लेकिन इससे पहले उन लोगों ने फरवरी के अंत में, अर्थात् एड रॉबर्ट्स से संपर्क के आठ सप्ताहों बाद 'अल्टेयर बेसिक' का कार्य संपन्न कर लिया था। इस समूचे कार्यक्रम की रचना कुल 3,200 बाइट्स (यानी लगभग 2,000 पंक्तियों) में पूरी हुई थी। सिम्युलेटर को छोड़कर 'अल्टेयर बेसिक' का 45 प्रतिशत काम बिल गेट्स ने किया था, 30 प्रतिशत मोंटे डेविडॉफ और शेष 30 प्रतिशत पॉल एलन ने। सबसे बड़ी बात यह थी कि इस 'अल्टेयर बेसिक' के कार्यक्रम को मात्र 3.2 के.बी. (किलो बाइट्स) में समेट दिया गया था। यह भंडारण स्थान छेकने में हलका था और बहुत अधिक तेज भी। बिल गेट्स ने अंतिम बार त्रुटियों की जाँच की थी और ऐकेन कंप्यूटेशन लैब के 'पीडीपी-10' को 'पंच टेप' बाहर उगलने के लिए निर्देश दिया था, जिसे लेकर पॉल एलन को अल्बुकर्क (जहाँ एम.आई.टी.एस. का कार्यालय था) के लिए रवाना होना था।

जी हाँ, 'अल्टेयर बेसिक' के माध्यम से पी.सी. क्रांति में सबसे महत्त्वपूर्ण सॉफ्टवेयर प्रोग्रामिंग का सबसे पहला और आधारभूत अध्याय लिखा जा चुका था और यह सब बिल गेट्स व पॉल एलन के अपने कार्य के प्रति अटूट प्रेम का सुफल था।

□

3

निर्दयी प्रतिस्पर्धी एवं जीत का आदी होना

बिल गेट्स प्रौद्योगिकी उद्योग का भयानक योद्धा है, जो एक बार मैदान में उतरता है तो फिर भी किसी भी प्रतिद्वंद्वी को जान बचाकर भागने नहीं देता। वह हमेशा ही निर्दयी प्रतिस्पर्धी की तरह काम करते रहे हैं और जीतना उसकी आदत बन गई थी, अर्थात् जब तक वह अपने लक्ष्य की पूर्ति नहीं कर लेते हैं, हार मानकर नहीं बैठते। वह लगातार कोशिशें जारी रखते हैं और अपनी जीत सुनिश्चित करने के लिए 'कुछ भी' कर सकते हैं। वैसे तो बिल गेट्स स्वभाव से ही एकाधिकारवादी व निर्दयी थे, लेकिन माइक्रोसॉफ्ट की व्यावसायिक यात्रा के दौरान 'दुश्मनों' ने उन्हें लगातार अत्यधिक निर्दयी बनाया था और उन्होंने युद्ध के मैदान में किसी को जीवित ही नहीं बचने देने की रणनीति को अपना 'व्यवसाय दर्शन' बना लिया था और माइक्रोसॉफ्ट का एकाधिकारवादी प्रौद्योगिकी कंपनी के रूप से ऐसे विस्तार किया था कि वह जल्दी ही अमेरिकी न्याय विभाग के अविश्वास (एंटी ट्रस्ट) कानून के घेरे में आ गई थी; लेकिन बिल गेट्स ने इस कानूनी उलझन में भी, भले ही अधिक बड़ी धनराशि का भुगतान कर, माइक्रोसॉफ्ट के 'एकाधिकार' को ठोस कानूनी स्वरूप देने और अपने विश्व-विजय के रास्ते की सभी कानूनी बाधाओं व प्रतिस्पर्धियों का सफाया करने में सफल हो गए थे।

बिल गेट्स के मूल स्वभाव को और युद्ध के मैदान में किसी को जीवित ही नहीं बचने देने की उनकी व्यवसाय की रणनीति को ठीक प्रकार से समझने के लिए हमें माइक्रोसॉफ्ट की शुरुआत में जाना पड़ेगा।

स्मरण रहे कि 'अल्टेयर बेसिक' संबंधी समझौता किए जाने के बाद मार्च 1975 में पॉल एलन अल्बुक्वेर्क (न्यू मेक्सिको प्रांत) स्थित एम.आई.टी.एस. में उपाध्यक्ष व प्रक्रिया सामग्री विकास निदेशक (वाइस प्रेसीडेंट ऐंड सॉफ्टवेयर

डेवलपमेंट डायरेक्टर) के रूप में शामिल होकर विश्व के सबसे पहले पर्सनल कंप्यूटर (पी.सी.) 'अल्टेयर-8800' के माँग-आदेशों को जल्दी-से-जल्दी पूरा करने की तैयारियों में जुट गई थी। इस सेवा के लिए एम.आई.टी.एस. ने पॉल एलन को 30,000 डॉलर का वार्षिक वेतन निश्चित किया था। इस बीच 7 अप्रैल, 1975 को एक नए इतिहास की शुरुआत हुई थी, जब एम.आई.टी.एस. ने अपने पहले आधिकारिक मासिक न्यूज लेटर 'कंप्यूटर नोट्स' को जारी किया था, जिसमें माइक्रोसॉफ्ट द्वारा तैयार किए गए 'अल्टेयर बेसिक' के ठीक प्रकार से काम करने की घोषणा की गई थी। वैसे तो 'अल्टेयर बेसिक' का मूल्य 500 डॉलर रखा गया था, लेकिन 'अल्टेयर 8800' (8 के.बी. मेमोरी व सीरियल आई/ओ कार्ड सहित) की खरीद करनेवालों को यह केवल 75 डॉलर के छूट मूल्य पर दिए जाने का प्रस्ताव किया गया था।

> *वैसे तो 'अल्टेयर बेसिक' का मूल्य 500 डॉलर रखा गया था, लेकिन 'अल्टेयर 8800' (8 के.बी. मेमोरी व सीरियल आई/ओ कार्ड सहित) की खरीद करनेवालों को यह केवल 75 डॉलर के छूट मूल्य पर दिए जाने का प्रस्ताव किया गया था।*

'अल्टेयर बेसिक' के उपयोग के लिए एम.आई.टी.एस. ने बिल माइक्रोसॉफ्ट को 3,000 डॉलर की हस्ताक्षर राशि (साइनिंग अमाउंट) दी थी और 'अल्टेयर बेसिक' की हरेक प्रतिलिपि पर रॉयल्टी के रूप में 4 के.बी. संस्करण पर 30 डॉलर, 8 के.बी. संस्करण पर 35 डॉलर का भुगतान करने का अनुबंध किया था। जी हाँ, बिल गेट्स वकील के पुत्र थे और इस अनुबंध को तैयार करने में उनके पिता ने महत्त्वपूर्ण भूमिका निभाई थी। इस अनुबंध में 1.80 हजार डॉलर की सीमा रखी गई थी और एम.आई.टी.एस. को 'अल्टेयर बेसिक' के उपयोग के लिए दस वर्षों का विशिष्ट एक्सक्लूसिव लाइसेंस जारी किया गया था। इतना ही नहीं, बिल गेट्स ने 'अल्टेयर बेसिक' के निरंतर विकास के लिए अल्बुक्वेर्क जिला शिक्षा के स्वामित्व वाले 'पी.ड़ी.पी.-10' मेनफ्रेम कंप्यूटर-समय की लागत को भी एम.आई.टी.एस. पर ही थोप दिया था।

जी हाँ, बिल गेट्स ने इस समझौते में यह भी सुनिश्चित किया था कि कानूनी विवाद की स्थिति में अंतिम निर्णय माइक्रोसॉफ्ट के पक्ष में ही आए, ताकि

एम.आई.टी.एस. किसी भी रूप में 'अल्टेयर बेसिक' का दुरुपयोग न कर सके। जैसे उस समझौते में यह भी लिखवाया गया था कि एम.आई.टी.एस. माइक्रोसॉफ्ट के कारोबार को प्रोत्साहित करेगी और उसके लिए 'उत्तम कोशिश' करेगी। यदि एम.आई.टी.एस. किसी अन्य कंपनी को 'अल्टेयर बेसिक' का सब-लाइसेंस जारी करेगी तो उसकी आय का आधा हिस्सा माइक्रोसॉफ्ट को भुगतान करेगी। इसके साथ ही बिल गेट्स ने यह भी सुनिश्चित किया था कि एम.आई.टी.एस. अपना कंप्यूटर बेचने के चक्कर में 'अल्टेयर बेसिक' की नकल या चोरी को प्रोत्साहित न कर सके। इसलिए समझौते में जोर देकर कहा गया था कि 'अल्टेयर बेसिक' की प्रतिलिपि बेचने से पहले एम.आई.टी.एस. अपने हरेक ग्राहक से 'गोपनीयता समझौते' (कॉन्फिडेंशियलिटी एग्रीमेंट) पर भी हस्ताक्षर कराएगी। इस प्रकार बिल गेट्स ने एम.आई.टी.एस. को दोनों तरफ से बाँध लिया था। एक यह कि एम.आई. टी.एस. नियमित रूप से 'अल्टेयर बेसिक' की हरेक प्रति की बिक्री का प्रमाण माइक्रोसॉफ्ट को प्रस्तुत करेगी और दूसरा यह कि कोई भी ग्राहक इसकी नकल नहीं होने देगा।

इस प्रकार बिल गेट्स ने एम.आई.टी.एस. को दोनों तरफ से बाँध लिया था। एक यह कि एम.आई. टी.एस. नियमित रूप से 'अल्टेयर बेसिक' की हरेक प्रति की बिक्री का प्रमाण माइक्रोसॉफ्ट को प्रस्तुत करेगी और दूसरा यह कि कोई भी ग्राहक इसकी नकल नहीं होने देगा।

इस प्रकार वर्ष 1975 की गरमियों में पॉल एलन की निगरानी में एम.आई.टी.एस. के कार्यालय के पास किराए की एक छोटी सी दुकान से माइक्रोसॉफ्ट का परिचालन शुरू हुआ था। वैसे तो बिल गेट्स अस्थायी तौर पर अल्बुक्वेर्क आए थे, लेकिन वह अपने साथ हॉर्वर्ड विश्वविद्यालय के मोंटे डेविडऑफ और लेकसाइड स्कूल के अपने एक अन्य साथी चेरिस लार्सन को भी सहयोग के लिए ले आए थे। जल्दी ही, माइक्रोसॉफ्ट का कार्यालय एलन व गेट्स के दो बेडरूमवाले अपार्टमेंट से चलाया जाने लगा था। इस बीच बिल गेट्स हॉर्वर्ड में रहते हुए ही सॉफ्टवेयर का विकास करते रहे और बीच-बीच में अल्बुक्वेर्क आते-जाते रहते थे। जब वर्ष 1976 के अंत में माइक्रोसॉफ्ट का कारोबार 1 लाख डॉलर के राजस्व को पार कर गया था, तब बिल गेट्स ने हॉर्वर्ड विश्वविद्यालय की

पढ़ाई को छोड़ने का फैसला किया था और जनवरी 1977 में अल्बुक्वेर्क में स्थायी रूप से रहना शुरू किया था।

शुरुआत में बिल गेट्स व पॉल एलन की प्रबंधन-शैली थोड़ी ढीली थी। हर फैसले में दोनों भाग लेते थे और यह याद रखना मुश्किल था कि किसने क्या किया ? उनकी भूमिकाओं में यदि कोई अंतर था तो यह था कि पॉल एलन लगभग हमेशा ही प्रौद्योगिकी व नए उत्पादों के बारे में अधिक ध्यान देते थे, जबकि बिल गेट्स व्यापार संबंधी वार्त्ताओं, अनुबंधों व सौदों में अधिक रुचि लेते थे; लेकिन जैसे-जैसे वे आगे बढ़े थे, उन लोगों ने बहुत कुछ सीखा था, चाहे वह लोगों की भरती करने का विषय हो या किराए पर जगह लेने का, पॉल व बिल हर छोटे-बड़े मुद्दे पर आपस में बहस किया करते थे, जो कभी-कभी छह या आठ घंटे तक भी जारी रह सकती थी। वैसे उन दोनों के बीच बड़ी असहमतियाँ बहुत कम थीं, लेकिन तनाव का कारण बहुत छोटा था— बिल हमेशा ही सुबह में पॉल को यह कहने के लिए फोन करते थे कि यह समय आने का था और इस सामग्री पर काम करना था, लेकिन पॉल देर तक सोए रहते थे। वास्तविकता यह थी कि पॉल देर रात तक काम करते रहते थे, जबकि बिल अपनी मेज के नीचे सो जाया करते थे। इन छोटे-मोटे तनावों के बीच उन दोनों के लिए ही जीवन 'काम करना' था। वैसे तो वे कभी-कभार बीच में फिल्म देखने भी चले जाया करते थे, लेकिन वापस लौटकर फिर से काम पर जुट जाते थे। यह क्रम दिन-रात जारी रहता था। कभी-कभी जब कोई ग्राहक भी मिलने आता था तो वे लोग इतने थके होते थे कि वे उनके सामने ही सो जाया करते थे। कार्यालय की आंतरिक बैठक के समय भी बिल फर्श पर लेट जाया करते थे, क्योंकि माथापच्ची करने के लिए उन्हें ऐसा करना पसंद आता था और वह बीच में ही सो जाया करते थे।

> *शुरुआत में बिल गेट्स व पॉल एलन की प्रबंधन-शैली थोड़ी ढीली थी। हर फैसले में दोनों भाग लेते थे और यह याद रखना मुश्किल था कि किसने क्या किया ? उनकी भूमिकाओं में यदि कोई अंतर था तो यह था कि पॉल एलन लगभग हमेशा ही प्रौद्योगिकी व नए उत्पादों के बारे में अधिक ध्यान देते थे"*

लेकिन बिल गेट्स अपने व्यवसाय को नियंत्रित करने के मामले में कितना अधिक सावधान व कठोर थे, यह इस घटना से प्रमाणित होता है कि वह 'अल्टेयर बेसिक' की चोरी व नकल करनेवाले कंप्यूटर उत्साहियों के बहुत बड़े समुदाय को खुली चेतावनी देने से भी नहीं कतराए थे और अंततः उन्हें नियंत्रित भी कर लिया था। हुआ यह था कि जब एम.आई.टी.एस. का प्रचार वाहन सिलिकॉन वैली के पालो आल्टो पहुँचा था तो वहाँ पर आयोजित मार्केटिंग सेमिनार में पास के दूसरे शहर मेलनो पार्क में सक्रिय 'होमब्रियु कंप्यूटर क्लब' के कई सदस्य भी पहुँचे थे। वहाँ की गहमागहमी में 'अल्टेयर बेसिक' की नमूना प्रतिलिपि का पंचटेप गायब हो गया था, जो क्लब के एक सदस्य को दिया गया था। बिल गेट्स को बाद में पता चला था कि क्लब की अगली बैठक में 'अल्टेयर बेसिक' की 50 से अधिक प्रतियाँ सदस्यों में बाँटी गई थीं। चूँकि 'अल्टेयर 8800' को (दो डायनेमिक रैम बोर्ड, एक आई/ओ सीरियल इंटरफेस बोर्ड एवं अल्टेयर बेसिक सहित) 995 डॉलर में बेचा जा रहा था, लेकिन सिलिकॉन वैली के अधिकांश ग्राहक कंपलीट पैकेज के स्थान पर 439 डॉलर में केवल 'अल्टेयर 8800' की किट ही खरीद रहे थे। वे रैम बोर्ड बाजार से खरीद लेते और 'अल्टेयर बेसिक' की अधिकारिक प्रतिलिपि 'होमब्रियु कंप्यूटर क्लब' के किसी से उधार ले लेते।

लेकिन बिल गेट्स अपने व्यवसाय को नियंत्रित करने के मामले में कितना अधिक सावधान व कठोर थे, यह इस घटना से प्रमाणित होता है कि वह 'अल्टेयर बेसिक' की चोरी व नकल करनेवाले कंप्यूटर उत्साहियों के बहुत बड़े समुदाय को खुली चेतावनी देने से भी नहीं कतराए थे और अंततः उन्हें नियंत्रित भी कर लिया था।

ऐसे एम.आई.टी.एस. व माइक्रोसॉफ्ट के हित आपस में टकराने लगे थे। जैसा कि बिल गेट्स को पहले से ही अंदेशा था, एम.आई.टी.एस. 'अल्टेयर 8800' का किट बेचकर अपनी आय बढ़ा रहा था, जबकि 'अल्टेयर बेसिक' की मूल प्रतिलिपि कम बिकने के कारण उसके खाते में आनेवाली आय अपेक्षाकृत कम हो रही थी। बिल गेट्स को समझते देर नहीं लगी थी कि जब तक कंप्यूटर उत्साहियों को यह नहीं समझाया जाता है कि सॉफ्टवेयर मुफ्त का माल नहीं थी, तब तक माइक्रोसॉफ्ट

के लिए अपने व्यवसाय की दिशा में आगे बढ़ पाना संभव नहीं होगा और यदि इस काम में अधिक देर तक ढिलाई बरती गई तो बाजार में कई प्रतिस्पर्धी खड़े हो सकते थे। जी हाँ, बिल गेट्स किसी भी कीमत पर ऐसा होने देने के लिए तैयार नहीं थे और उन्होंने खुला पत्र लिखकर कंप्यूटर उत्साहियों को कानूनी कारवाई की धमकी दे दी थी। बिल गेट्स की दुश्मनों को मैदान में जीवित न छोड़ने की व्यवसाय-रणनीति को समझने और उनकी व्यावसायिक कुशलता एवं दूरदृष्टि की एक झलक प्राप्त करने के लिए इस 'खुला पत्र' के एक-एक शब्द को ध्यान से पढ़ना आवश्यक है।

"मेरे लिए फिलहाल सबसे महत्त्वपूर्ण बात यह है कि शौकिया बाजार में अच्छे सॉफ्टवेयर कोर्स, पुस्तकों व सॉफ्टवेयर की भी कमी है। अच्छे सॉफ्टवेयर व प्रोग्रामिंग को समझनेवाले स्वामियों के बिना शौकिया कंप्यूटर बेकार है। क्या शौकिया बाजार के लिए गुणवत्तापूर्ण सॉफ्टवेयर लिखी जाएगी?"

3 फरवरी, 1976 को 'शौकीनों के लिए खुला पत्र' शीर्षक से जारी किए गए उस पत्र का अनुवादित मूल पाठ इस प्रकार है—

"मेरे लिए फिलहाल सबसे महत्त्वपूर्ण बात यह है कि शौकिया बाजार में अच्छे सॉफ्टवेयर कोर्स, पुस्तकों व सॉफ्टवेयर की भी कमी है। अच्छे सॉफ्टवेयर व प्रोग्रामिंग को समझनेवाले स्वामियों के बिना शौकिया कंप्यूटर बेकार है। क्या शौकिया बाज़ार के लिए गुणवत्तापूर्ण सॉफ्टवेयर लिखी जाएगी?"

लगभग एक साल पहले पॉल एलन और खुद मैंने शौकिया बाजार के विस्तार होने की उम्मीद में मोंटे डेविडऑफ को काम पर रखा था और अल्टेयर बेसिक का विकास किया। हालाँकि शुरुआती कार्य में केवल दो महीने लगे थे, लेकिन डॉक्यूमेंटेशन में सुधार तथा 'बेसिक' में विशेषताएँ जोड़ने के लिए हम में से तीनों ने पिछले साल अधिकांश खर्च किया है। अब हमारे पास 4 के.बी., 8 के.बी., विस्तारित रोम और डिस्क बेसिक हैं। हमारे द्वारा उपयोग किए गए कंप्यूटर समय की लागत 40,000 डॉलर से अधिक है। ज़ो कहते हैं कि वे 'बेसिक' का उपयोग कर रहे हैं, उन सैकड़ों लोगों से मिली सभी प्रतिक्रियाएँ सकारात्मक रही हैं, जबकि दो आश्चर्यजनक बातें स्पष्ट दिख रही हैं—1. इनमें से अधिकांश उपयोगकर्ताओं ने कभी भी 'बेसिक' को खरीदा नहीं है (सभी अल्टेयर स्वामियों

में से 10 प्रतिशत से कम ने 'बेसिक' खरीदा है) और 2. हमें शौकीनों को की गई बिक्री से जो रॉयल्टी की राशि प्राप्त हुई है, वह 'अल्टेयर बेसिक' पर खर्च किए गए समय को 2 डॉलर प्रति घंटा से भी कम मूल्य का बनाती है।

ऐसा क्यों है ? जैसा कि शौकीनों के बहुमत को पता होना चाहिए, आप में से अधिकतर अपने सॉफ्टवेयर चोरी करते हैं। हार्डवेयर के लिए भुगतान जरूर करना चाहिए, लेकिन सॉफ्टवेयर साझा करने जैसी कोई चीज है। उस पर काम करनेवाले लोगों को भुगतान मिला कि नहीं, कौन परवाह करता है!

ऐसा क्यों है ? जैसा कि शौकीनों के बहुमत को पता होना चाहिए, आप में से अधिकतर अपने सॉफ्टवेयर चोरी करते हैं। हार्डवेयर के लिए भुगतान जरूर करना चाहिए, लेकिन सॉफ्टवेयर साझा करने जैसी कोई चीज है। उस पर काम करनेवाले लोगों को भुगतान मिला कि नहीं, कौन परवाह करता है!

क्या यह उचित है ? आप सॉफ्टवेयर चोरी करके यह एक काम नहीं करते हैं कि आप अपनी जो कुछ समस्याएँ रही हों, उनके लिए एम.आई.टी.एस. में वापस आएँ। एम.आई. टी.एस. सॉफ्टवेयर बेचकर धन नहीं कमाती है। हमें भुगतान की जाने वाली रॉयल्टी, निर्देशिका (मैन्युअल), टेप और कर्मचारी व्यय उसे लाभ-हानि संतुलित परिचालन बनाता है। आप एक काम जरूर कर रहे हैं, अच्छी सॉफ्टवेयर को लिखे जाने से रोक रहे हैं। कौन पेशेवर काम को 'कुछ भी नहीं के लिए' करने में समर्थ हो सकता है ? कौन शौकीन प्रोग्रामिंग करने, सारी गलतियों को ढूँढ़ने, अपने उत्पाद के दस्तावेजीकरण में तीन व्यक्तियों के एक वर्ष का समय लगा सकता है और मुफ्त में बाँट सकता है ? तथ्य यह है कि सॉफ्टवेयर के शौक में इतना सारा पैसा निवेश करनेवाला हमारे अलावा कोई नहीं है। हमने 6,800 बेसिक लिखा है और 8,080 ए.पी.एल. (एक कंप्यूटर कार्यक्रम भाषा) और 6,800 ए.पी.एल. लिख रहे हैं, लेकिन शौकीनों को यह सॉफ्टवेयर उपलब्ध कराने के लिए बहुत कम प्रोत्साहन है। बिलकुल सीधे तौर पर आप जो चीज कर रहे हैं, वह चोरी है।

'अल्टेयर बेसिक' को फिर से बेचनेवाले लोगों के बारे में क्या कहेंगे—क्या वे शौकिया-प्रक्रिया सामग्री (हॉबी सॉफ्टवेयर) पर पैसे नहीं कमा रहे हैं? हाँ,

लेकिन जैसा कि हमें सूचित किया गया है कि वे अंत में गायब हो सकते हैं। वे ऐसे लोग हैं, जो शौकीनों को एक बुरा नाम दे रहे हैं और वे किसी भी क्लब की बैठक में दिखें तो उन्हें बाहर निकाल दिया जाना चाहिए।

कोई भुगतान करना चाहता है या फिर सुझाव या टिप्पणी, मैं किसी भी एक पत्र की सराहना करूँगा। बस, मुझे (1180 अल्वाराडो एसई, # 114, अल्बुक्वेर्क, न्यू मेक्सिको, 87108) पर लिखें। मुझे सबसे ज्यादा खुशी होगी कि मैं दस प्रोग्रामर की भरती कर सकूँ और शौकिया बाजार में अच्छे सॉफ्टवेयर की झड़ी लगा सकूँ।"

बिल गेट्स, सामान्य साझीदार, माइक्रोसॉफ्ट

यह पहला अवसर था, जब बिल गेट्स ने इस खुले पत्र के माध्यम से सॉफ्टवेयर इंडस्ट्री में माइक्रोसॉफ्ट की अग्रणी भूमिका की घोषणा की थी और नकल करनेवाले प्रतिस्पर्धियों को 'चोर' कहकर उन्हें कंप्यूटर शौकीनों के समुदाय से बाहर निकलने का आह्वान किया था। हालाँकि दूसरों की रचना को 'चोरी' कर कमाई करनेवालों ने इसे अनसुना किया था, लेकिन बिल गेट्स ने स्पष्ट कर दिया था कि सॉफ्टवेयर का भी हार्डवेयर की ही तरह 'मूल्य' होता है और कोई भी कम-से-कम माइक्रोसॉफ्ट के सॉफ्टवेयर को उसके 'अंकित मूल्य' का भुगतान किए बिना चुराने का दु:साहस न करे। बिल गेट्स के इस कदम ने पर्सनल कंप्यूटर (पी.सी.) के पहले चरण में ही भविष्य के बाजार की रणभूमि तैयार कर दी थी।

इस रणभूमि में दूसरे योद्धा के पदार्पण में अधिक समय नहीं लगा था। वर्ष 1976 के आरंभ में स्टीव जॉब्स ने स्टीव वोज्निअक के साथ मिलकर 'एप्पल-I' जारी किया था, जो 'अल्टेयर 8800' की तुलना में न केवल अधिक सक्षम था, बल्कि उसके साथ 'एप्पल बेसिक' को नि:शुल्क दिया गया था।

इस रणभूमि में दूसरे योद्धा के पदार्पण में अधिक समय नहीं लगा था। वर्ष 1976 के आरंभ में स्टीव जॉब्स ने स्टीव वोज्निअक के साथ मिलकर 'एप्पल-I' जारी किया था, जो 'अल्टेयर 8800' की तुलना में न केवल अधिक सक्षम था, बल्कि उसके साथ 'एप्पल बेसिक' को नि:शुल्क दिया गया था। जी हाँ, स्टीव जॉब्स ने

बिल गेट्स के खुले पत्र से गरमाए हुए बाजार को अपने पक्ष में आकर्षित करने की रणनीतिक कोशिश की थी, और 'एप्पल-I' को संपूर्ण उत्पाद के रूप में प्रस्तुत किया था, जिसमें सॉफ्टवेयर उसका अविभाज्य अंग था, जैसे मानव शरीर व उसके हृदय को अलग-अलग करके जीवंत रूप में प्रस्तुत नहीं किया जा सकता है, वैसे तथ्य तो यही था कि यह स्टीव जॉब्स की अद्‌भुत विपणन रणनीति (मार्केटिंग स्ट्रेटेजी) की पहली प्रस्तुति थी, क्योंकि उसने सॉफ्टवेयर की लागत को भी हार्डवेयर में ही समाहित कर दिया था और जैसे कि शरीर में हृदय दिखाई नहीं देता, वैसे ही 'एप्पल-I' को सजीव मानव के रूप में प्रस्तुत कर दिया था, ताकि उपभोक्ता को पी.सी. 'संपूर्ण उत्पाद' समझे, न कि हार्डवेयर व सॉफ्टवेयर के दो समांतर उत्पाद के रूप में।

> *यहाँ ध्यान देने की आवश्यकता है कि स्टीव जॉब्स ने एप्पल को संपूर्ण व्यवसाय के रूप में प्रस्तुत कर बिल गेट्स को भी खुली चुनौती देने की कोशिश की थी कि वह माइक्रोसॉफ्ट के 'आधे उत्पाद' को, जो उपभोक्ता को खुली आँखों से दिखाई नहीं देता, बाजार में अधिक दिनों तक टिकाए नहीं रख सकते थे"*

यहाँ ध्यान देने की आवश्यकता है कि स्टीव जॉब्स ने एप्पल को संपूर्ण व्यवसाय के रूप में प्रस्तुत कर बिल गेट्स को भी खुली चुनौती देने की कोशिश की थी कि वह माइक्रोसॉफ्ट के 'आधे उत्पाद' को, जो उपभोक्ता को खुली आँखों से दिखाई नहीं देता, बाजार में अधिक दिनों तक टिकाए नहीं रख सकते थे, लेकिन स्टीव जॉब्स ने 'एप्पल' की सॉफ्टवेयर को उसके लिए ही 'विशिष्ट' (एक्सक्लूसिव) बनाकर भले ही 'विशिष्ट बाजार' बनाने की दिशा में ऐतिहासिक कदम बढ़ाया था, उसने पी.सी. के शेष बाजार को बिल गेट्स व माइक्रोसॉफ्ट के साम्राज्य-विस्तार के लिए पूरी तरह खुला छोड़ दिया था। जी हाँ, यदि स्टीव जॉब्स ने 'एप्पल बेसिक' को 'अल्टेयर बेसिक' के रूप में खुले बाजार में प्रस्तुत किया होता तो शायद बिल गेट्स को पी.सी. उद्योग का अजेय योद्धा बन पाने का अवसर ही नहीं मिल पाता। स्टीव जॉब्स से दूसरी गलती यह हो गई थी कि उसने बच्चा दिखनेवाले बिल गेट्स को सचमुच में 'बच्चा' ही समझ लिया था, क्योंकि वह 'एप्पल-II' की आश्चर्यजनक

सफलता के साथ पी.सी. क्रांति का सर्वमान्य महारथी प्रमाणित होने के नशे में चूर हो रहा था, लेकिन बच्चे जैसे दिखनेवाला बिल गेट्स ने अपने सबसे खतरनाक प्रतिद्वंद्वी को बहुत अच्छी तरह से पहचान लिया था और घात लगाकर हमला करने की रणनीति के साथ तत्काल ही स्टीव जॉब्स से घनिष्ठता बढ़ानी शुरू कर दी थी। जब तक स्टीव जॉब्स को यह समझ में आया था कि उसने स्वयं ही बिल गेट्स को आशीर्वाद देकर अपना सबसे खतरनाक प्रतिद्वंद्वी बन जाने का अवसर प्रदान किया था, तब तक बहुत देर हो चुकी थी। स्टीव जॉब्स स्वयं अपनी ही कंपनी के सत्ता-संघर्ष का शिकार बन गए थे और बिल गेट्स ने बिना किसी चुनौती के उनके सिर से पी.सी. क्रांति के महारथी का ताज छीन लिया था।

स्टीव जॉब्स स्वयं अपनी ही कंपनी के सत्ता-संघर्ष का शिकार बन गए थे और बिल गेट्स ने बिना किसी चुनौती के उनके सिर से पी.सी. क्रांति के महारथी का ताज छीन लिया था।

लेकिन बिल गेट्स के लिए सफलता की राह इतनी आसान भी नहीं थी। जब उसने कंप्यूटर शौकीनों के नाम खुला-पत्र जारी किया था तो कंप्यूटर-शौकीनों के एक अन्य समूह 'माइक्रो-8 कंप्यूटर यूजर ग्रुप' (लोमपोक, शांता बारबरा काउंटी, कैलिफोर्निया) के हैल सिंगर ने 28 मार्च, 1976 को जारी अपने समूह के समाचार-पत्रक में 'एम.आई.टी.एस. के एड रॉबर्ट्स को खुला पत्र' प्रकाशित कर दिया था। हैल ने रॉबर्ट्स को चेतावनी दी थी कि एम.आई.टी.एस. ने 395 डॉलर में पर्सनल कंप्यूटर (पी.सी.) उपलब्ध कराने का वादा किया था, लेकिन 'अल्टेयर 8800' को काम करने योग्य कंप्यूटर प्रणाली बनाने की कुल लागत 1,000 डॉलर थी। हैल ने एम.आई.टी.एस. के झूठे विज्ञापन के विरुद्ध न्यायालय में जाने या फिर फेडरल ट्रेड कमीशन से शिकायत करने की बात की थी; लेकिन विशेष रूप से बिल गेट्स के लिए चिंता की बात यह थी कि हैल ने उस पत्र में उस अफवाह का भी उल्लेख किया था, जिसमें यह कहा जा रहा था कि बिल गेट्स ने हॉर्वर्ड विश्वविद्यालय के कंप्यूटर पर 'अल्टेयर बेसिक' विकसित किया था। हैल ने तर्क दिया था कि विश्वविद्यालय का कंप्यूटर संघीय सरकार द्वारा वित्त-पोषित था, इसलिए अमेरिकी करदाताओं द्वारा पहले से ही भुगतान किए जा चुके संसाधन का उपयोग कर विकसित हुए सॉफ्टवेयर पर

माइक्रोसॉफ्ट का संपूर्ण स्वामित्व कैसे संभव हो सकता था और उपभोक्ताओं को उसके लिए दोबारा क्यों भुगतान करना चाहिए था?

जी हाँ, यह बिल गेट्स के लिए गंभीर चुनौती थी। वैसे तो अपनी भोली-भाली सूरत से उन्होंने विश्वविद्यालय प्रशासन का क्षमादान प्राप्त कर लिया था, लेकिन इस विवाद के बाद उन्हें 'बेसिक' पर आधारित दुभाषिया (इंटरप्रेटर) के शुरुआती संस्करण (पूरा 'अल्टेयर बेसिक' नहीं) को सार्वजनिक क्षेत्र में डालने के लिए सहमत होना पड़ा था। इस घटना ने बिल गेट्स को और अधिक खतरनाक बना दिया था और उन्होंने कंप्यूटर शौकीनों के समूहों की आड़ में सॉफ्टवेयर्स की चोरी करनेवालों को हतोत्साहित करने और माइक्रोसॉफ्ट के व्यावसायिक हितों की सुरक्षा के लिए अभेद्य कानूनी किला विकसित कर लिया था।

हैल ने तर्क दिया था कि विश्वविद्यालय का कंप्यूटर संघीय सरकार द्वारा वित्त-पोषित था, इसलिए अमेरिकी करदाताओं द्वारा पहले से ही भुगतान किए जा चुके संसाधन का उपयोग कर विकसित हुए सॉफ्टवेयर पर माइक्रोसॉफ्ट का संपूर्ण स्वामित्व कैसे संभव हो सकता था और उपभोक्ताओं को उसके लिए दोबारा क्यों भुगतान करना चाहिए था?

लेकिन बिल गेट्स ने किस प्रकार चीते की चाल में यह सबकुछ किया था, यह जानना भी बहुत आवश्यक है। इस बीच जब एम.आई.टी.एस. ने 'मोटोरोला-6800' सीपीयू/माइक्रो-प्रोसेसर पर आधारित पी.सी. 'एम.आई.टी.एस. 680 बी' को बाजार में उतारने की तैयारियाँ शुरू की थीं तो उसके साथ 8-इंच फ्लॉपी डिस्क को भी जोड़ने का फैसला किया था। नए पी.सी. के लिए, 'अल्टेयर 8800' के लिए 'इंटेल-8080' पर आधारित दुभाषिया 'अल्टेयर बेसिक' को 'मोटोरोला-6800' के अनुकूल बनाना था, साथ ही 8-इंच फ्लॉपी डिस्क के लिए डिस्क ड्राइव की प्रक्रिया सामग्री भी विकसित करनी थी, जिसे हॉवर्ड में रहते हुए बिल गेट्स ने लिखना शुरू कर दिया था। दो-तीन सप्ताह के अंदर गेट्स ने न केवल उस प्रोग्रामर सॉफ्टवेयर की रचना कर ली थी, बल्कि उसे कंप्यूटर पर चालू भी कर 'डिस्क बेसिक' नाम दिया था।

इसी क्रम में अप्रैल 1976 में कंपनी ने मार्क मैकडोनॉल्ड को प्रोग्रामर के रूप

में अपना पहला स्थायी कर्मचरी नियुक्त किया था। उसने नेशनल कैश रजिस्टर (एन.सी.आर.) के लिए विशेष सॉफ्टवेयर लिखना शुरू किया था, जिसे 'स्टैंड एलोन डिस्क बेसिक' नाम दिया गया था। मई 1976 में माइक्रोसॉफ्ट ने अपने दूसरे कर्मचारी रिचर्ड वेईलैंड को महाप्रबंधक (जनरल मैनेजर) के रूप में नियुक्त किया था। याद रहे कि एलन का सहपाठी मित्र वेईलैंड लेकसाइड प्रोग्रामर्स ग्रुप का एक सक्रिय सदस्य था, जो सन् 1971 में लेकसाइड स्कूल में पढ़ाई पूरी होने के बाद स्टैनफोर्ड यूनिवर्सिटी चला गया था। उसके बाद बिल गेट्स ने ए.पी.एल. (ए प्रोग्रामिंग लैंग्वेज) सॉफ्टवेयर का लेखन शुरू किया था। तब अगस्त में माइक्रोसॉफ्ट ने तीसरे प्रोग्रामर स्टीव वुड को रखा था, जिसने फोरट्रान पर सॉफ्टवेयर के विकास का काम शुरू किया। इस बीच जब पॉल एलन ने एम.आई.टी.एस. के कर्मचारी के रूप में काम करते हुए बेसिक इंटरप्रेटर के लिए अन्य संभावित पी.सी. निर्माताओं को 'ओ.ई.एम.' (ओरिजिनल इक्विपमेंट मैन्युफैक्चरर) लाइसेंस के लिए लाना शुरू कर दिया था तो अल्बुक्वेर्क में एम.आई.टी.एस. के कार्यालय के पास ही माइक्रोसॉफ्ट ने छोटी-सी दुकान किराए पर लेकर अपना पहला कार्यालय खोला था।

सन् 1971 में लेकसाइड स्कूल में पढ़ाई पूरी होने के बाद स्टैनफोर्ड यूनिवर्सिटी चला गया था। उसके बाद बिल गेट्स ने ए.पी.एल. (ए प्रोग्रामिंग लैंग्वेज) सॉफ्टवेयर का लेखन शुरू किया था। तब अगस्त में माइक्रोसॉफ्ट ने तीसरे प्रोग्रामर स्टीव वुड को रखा था, जिसने फोरट्रान पर सॉफ्टवेयर के विकास का काम शुरू किया।

अब माइक्रोसॉफ्ट ने नोरिसटाउन (पेंसिल्वेनिया) स्थित 'एम.ओ.एस. टेक्नोलॉजी इंक' (बाद में सी.एस.जी./कमोडोर सेमीकंडक्टर ग्रुप द्वारा अधिगृहीत) के 'एम.ओ.एस. 6502' के लिए 'बेसिक' पर आधारित दुभाषिया पर काम शुरू किया था, जिसके अंतर्गत एक एडिटर को भी शामिल किया गया था। ध्यान रहे कि 'एप्पल-II' सहित अन्य बाजार में आए अन्य पी.सी. में 'एमओ.एस.-6502' सी.पी.यू./माइक्रो-प्रोसेसर का उपयोग किया था। अक्तूबर 1976 में कमोडोर ने एम.ओ.एस. टेक्नोलॉजी को खरीद लिया था और अपने 'कमोडोर पी.ई.टी./पर्सनल

इलेक्ट्रॉनिक ट्रांजेक्टर' के लिए माइक्रोसॉफ्ट द्वारा 'एम.ओ.एस. 6502' के लिए तैयार किए जा रहे 'बेसिक' पर आधारित दुभाषिया को अपना लिया था। कमोडोर ने 'माइक्रोसॉफ्ट एम.ओ.एस. 6502' नामक इस दुभाषिया को सी.डी.-रोम (कॉम्पैक्ट डिस्क रीड ओनली मेमोरी) में डालकर हरेक 'पी.ई.टी.' की मशीन के साथ बेचना शुरू किया था। अक्तूबर में जनरल इलेक्ट्रिक ने भी 'माइक्रोसॉफ्ट 8080 बेसिक' खरीदा था। इस प्रकार, माइक्रोसॉफ्ट के बढ़ते कारोबार को ध्यान में रखते हुए नवंबर 1976 में पॉल एलन भी एम.आई.टी.एस. की नौकरी छोड़कर पूर्णकालिक रूप से माइक्रोसॉफ्ट में शामिल हो गए थे। कारोबार के पहले साल में जब माइक्रोसॉफ्ट ने 1 लाख डॉलर का राजस्व अर्जित कर लिया था तो बिल गेट्स के लिए अपने माता-पिता को समझाकर हॉर्वर्ड की पढ़ाई को बीच में छोड़ देना संभव हो गया था और फिर जनवरी 1977 में पॉल एलन एवं अन्य साथियों के साथ बिल गेट्स ने अल्बुक्वेर्क में रहना शुरू कर दिया था।

कारोबार के पहले साल में जब माइक्रोसॉफ्ट ने 1 लाख डॉलर का राजस्व अर्जित कर लिया था तो बिल गेट्स के लिए अपने माता-पिता को समझाकर हॉर्वर्ड की पढ़ाई को बीच में छोड़ देना संभव हो गया था और फिर जनवरी 1977 में पॉल एलन एवं अन्य साथियों के साथ बिल गेट्स ने अल्बुक्वेर्क में रहना शुरू कर दिया था।

अब यहाँ भी बिल गेट्स ने साबित किया था कि वह स्वभाव से ही 'निर्दयी प्रतिस्पर्धी' व 'जीत का आदी' थे, जब उसने पॉल एलन की तुलना में 10 प्रतिशत अधिक स्वामित्व हिस्सेदारी झटककर कंपनी पर 20 प्रतिशत अधिक स्वामित्व अधिकार यानी उसके 60 प्रतिशत हिस्से पर कब्जा कर लिया था और बाद में और अधिक 4 प्रतिशत हिस्सेदारी भी झटक ली थी। जी हाँ, पॉल एलन भले ही बिल गेट्स को अपना अभिन्न मित्र समझने की मूर्खता कर रहा हो, लेकिन वह वकील का बेटा था और यह भी जानता था कि प्रौद्योगिकी की समझ व कुशलता के मामले में पॉल एलन उस पर भारी पड़ता था, इसलिए उसने माइक्रोसॉफ्ट पर अपने संपूर्ण वर्चस्व की दिशा में पॉल एलन को न केवल अपने आंतरिक प्रतिद्वंद्वी के रूप में लक्षित कर कर लिया था, बल्कि अपनी राह में रोड़ा बनने से पहले ही कंपनी से बाहर निकालकर

अपना रास्ता साफ करने लेने का कानूनी जाल बुन दिया था। इस मामले में वह कितना चतुर हो सकता था, इसके बारे में हम पहले ही बहुत कुछ पढ़ चुके हैं।

वर्ष 1976 के अंत तक एम.आई.टी.एस. का बिक्री राजस्व 60 लाख डॉलर के स्तर पर चला गया था तो कर्मचारियों की संख्या बढ़कर 23J हो चुकी थी। एम.आई.टी.एस. के संस्थापक व सी.ई.ओ. एड रॉबर्ट्स कारोबार के तनाव को झेल पाने की स्थिति में नहीं था। कंप्यूटर शौकीनों द्वारा 'अल्टेयर बेसिक' की चोरी और माइक्रोसॉफ्ट द्वारा उसे रोकने के लिए बढ़ते दबाव के अलावा घरेलू कंप्यूटर बाजार में प्रतिस्पर्धा तेज होती जा रही थी। अब तक के जीवन में रॉबर्ट्स ने संघर्ष-ही-संघर्ष देखा था। वह मूल रूप से वैज्ञानिक व आविष्कारक था। उसमें लगातार बढ़ते कारोबार की परेशानियों से निपटने की कुशलता नहीं थी। अब तक वह ऊब चुका था और शांत जीवन जीने के रास्ते ढूँढ़ रहा था। ऐसे में 3 दिसंबर, 1976 को उसने 'परटेक कंप्यूटर कॉरपोरेशन' द्वारा एम.आई.टी.एस. को 60 लाख डॉलर में खरीदने की सहमति के समझौते पर हस्ताक्षर किया था। रॉबर्ट्स को इसमें से 20 लाख डॉलर मिला था और शेष राशि 500 अन्य हिस्सेदारों में बाँटी गई थी।

> *वर्ष 1976 के अंत तक एम.आई.टी.एस. का बिक्री राजस्व 60 लाख डॉलर के स्तर पर चला गया था तो कर्मचारियों की संख्या बढ़कर 230 हो चुकी थी। एम.आई.टी.एस. के संस्थापक व सी.ई.ओ. एड रॉबर्ट्स कारोबार के तनाव को झेल पाने की स्थिति में नहीं था।*

वैसे तो कंपनी के हस्तांतरण की प्रक्रिया मई 1977 में पूरी हुई थी, लेकिन वर्ष की शुरुआत से परटेक ने कंपनी को अपने तरीके से चलाना शुरू कर दिया था। परटेक ने 26 अल्टेयर कंप्यूटर भंडारों के माध्यम से पी.सी. की थोक बिक्री को बढ़ाने की रणनीति अपनाई थी और शौकिया या घरेलू उपभोक्ताओं को अनदेखा करना शुरू कर दिया था। वैसे तो नवंबर में पॉल एलन के छोड़ने के बाद से एम.आई.टी.एस. और माइक्रोसॉफ्ट के बीच तनाव बढ़ता जा रहा था, लेकिन कारोबारी जरूरतों को ध्यान में रखते हुए व्यावहारिक मित्रता को टूटने नहीं दिया गया था, लेकिन अब वह भावना भी नहीं बची थी। माइक्रोसॉफ्ट का अपना कारोबार भी काफी फैल चुका था और एम.आई.टी.एस.

पर उसकी निर्भरता भी खत्म हो चुकी थी। अब हर हाल में माइक्रोसॉफ्ट को अपने कारोबार को बचाना और लगातार आगे बढ़ाना था। अब बिल गेट्स ने एम.आई. टी.एस. के नए प्रबंधन से दो-दो हाथ करने का मन बना लिया था। नए प्रबंधन का ध्यान हर हाल में ज्यादा-से-ज्यादा कंप्यूटर बेचने में था, न कि सॉफ्टवेयर बेचने में। परटेक के प्रबंधकों ने एम.आई.टी.एस. एवं माइक्रोसॉफ्ट के समझौते को ध्यान से पढ़ा नहीं था, इसलिए उन्होंने एक तरह से जान-बूझकर माइक्रोसॉफ्ट के हितों को अनदेखा करना शुरू कर दिया था। ऐसे में बिल गेट्स ने एम.आई. टी.एस. को समझौता खत्म करने की पूर्व कानूनी सूचना भेज दी थी और इसका आधार समझौते के अनुसार माइक्रोसॉफ्ट के कारोबार को प्रोत्साहित नहीं करना और उसके लिए उत्तम कोशिश न करने को बनाया था। परटेक के अधिकारियों ने मामले को लटकाने के लिए न्यायालय का रास्ता चुना था, लेकिन उत्तम कोशिश की धारा के आधार पर न्यायालय ने सितंबर 1977 में माइक्रोसॉफ्ट के पक्ष में फैसला कर दिया था। इसके साथ ही एम.आई.टी.एस. का विशिष्ट लाइसेंस रद्द हो गया था और दूसरी कंपनियों को उप लाइसेंस जारी कर आधी कमाई का उसका अधिकार खत्म हो गया था।

इस कानूनी जीत के माध्यम से बिल गेट्स ने कंप्यूटर शौकीनों के साथ समूचे पी.सी. बाजार को परोक्ष रूप से सूचित कर दिया था कि माइक्रोसॉफ्ट के सॉफ्टवेयर लाइसेंस का 'अनुचित उपयोग' करना संभव नहीं था।

इस कानूनी जीत के माध्यम से बिल गेट्स ने कंप्यूटर शौकीनों के साथ समूचे पी.सी. बाजार को परोक्ष रूप से सूचित कर दिया था कि माइक्रोसॉफ्ट के सॉफ्टवेयर लाइसेंस का 'अनुचित उपयोग' करना संभव नहीं था। बाजार में स्पष्ट संकेत गया था कि माइक्रोसॉफ्ट कुछ छात्रों द्वारा संचालित बचकानी कंपनी नहीं थी, बल्कि उसके पीछे सिएटल का प्रतिष्ठित, धनी व कानूनी परिवार भी था। इससे भी बड़ी बात यह हुई थी कि माइक्रोसॉफ्ट का राष्ट्रीय स्तर पर प्रचार हुआ था और अधिक अच्छे मूल्य पर नए कारोबार की झड़ी लगनी शुरू हो गई थी। इस कानूनी लड़ाई के बीच माइक्रोसॉफ्ट ने अब बेसिक आधारित दुभाषिया (इंटरप्रेटर) से आगे बढ़कर अन्य कंप्यूटर प्रोग्रामिंग लैंग्वेज—कोबोल, फोरट्रान व पास्कल में भी सॉफ्टवेयर

का तेजी से विस्तार शुरू किया था। जुलाई 1977 में इस शृंखला की पहली भाषा 'फोरट्रान 80' को 500 डॉलर की कीमत पर जारी किया गया था। अगस्त 1977 में एप्पल कंप्यूटर ने 21 हजार डॉलर की एकमुश्त राशि पर सात वर्षों के लिए माइक्रसॉफ्ट द्वारा विकसित 'एम.ओ.एस. 6502 बेसिक' इंटरप्रेटर का लाइसेंस खरीदा था।

रोचक तथ्य यह है 'एमओ.एस. 6502 बेसिक' को माइक्रोसॉफ्ट ने लगभग एक वर्ष पहले ही मार्क मैकडोनॉल्ड व रिचर्ड वेईलैंड के माध्यम से लिखवाया था, लेकिन जब इसका प्रस्ताव लेकर बिल गेट्स एप्पल संस्थापक स्टीव जॉब्स के पास पहुँचा थे तो जॉब्स ने इसे यह कहकर टाल दिया था कि उसके पास अपना 'एप्पल बेसिक' था, लेकिन जब अप्रैल 1977 में 'वेस्ट कोस्ट कंज्यूमर इलेक्ट्रॉनिक्स एक्सपो' (सैन फ्रांसिस्को, कैलिफोर्निया) में 'एप्पल-II' के अनावरण और जून में बिक्री शुरू होने के बाद अधिकांश ग्राहकों ने 'फ्लोटिंग पॉइंट' संबंधी समस्याओं की शिकायत की थी, तब स्टीव जॉब्स को माइक्रोसॉफ्ट से सहायता की जरूरत महसूस हुई थी और इस सौदे के माध्यम से बिल गेट्स को स्टीव जॉब्स से घनिष्ठता बढ़ाने का अवसर मिल गया था। लाइसेंस प्राप्त करने के बाद एप्पल के रैंडी विगिंटन (मैक संबंधी कई सॉफ्टवेयर्स के रचनाकार) ने माइक्रोसॉफ्ट के 'एम.ओ.एस. 6502 बेसिक' में कई अन्य विशिष्टताओं को शामिल किया था और उसे 'एप्पल-सॉफ्ट' नाम दिया था।

लाइसेंस प्राप्त करने के बाद एप्पल के रैंडी विगिंटन (मैक संबंधी कई सॉफ्टवेयर्स के रचनाकार) ने माइक्रोसॉफ्ट के 'एम.ओ.एस. 6502 बेसिक' में कई अन्य विशिष्टताओं को शामिल किया था और उसे 'एप्पल-सॉफ्ट' नाम दिया था।

इस बीच माइक्रोसॉफ्ट को सेमीकंडक्टर कंपनी 'टेक्सास इंस्ट्रूमेंट्स इंक' (डलास, टेक्सास) से उसकी पी.सी. शृंखला 'टीआई-99/4ए' के लिए बेसिक इंटरप्रेटर विकसित करने का बड़ा काम मिला था, जो उसके द्वारा ही विकसित नई सी.पी.यू./माइक्रो-प्रोसेसर शृंखला 'टीआई-990' पर आधारित था। पॉल एलन ने इसके लिए भी नए सिम्युलेटर का विकास किया था। इसके लिए बिल गेट्स

ने अपने परिचित हॉर्वर्ड अध्यापक बॉब ग्रीनबर्ग को अनुबंधित किया था। बाद में वर्ष 1978 में माइक्रोसॉफ्ट के नौवें स्थायी कर्मचारी के रूप में आए प्रोग्रामर बॉब वालास ने भी 'टीआई-बेसिक' के विकास में महत्त्वपूर्ण भूमिका निभाई थी। अन्य बेसिक इंटरप्रेटर की तुलना में 'टीआई-बेसिक' आम कंप्यूटर उपयोगकर्ताओं के लिए ज्यादा आसान था, क्योंकि उसमें कई नई विशेषताएँ जोड़ी गई थीं।

इसके साथ ही माइक्रोसॉफ्ट को एन.सी.आर. कॉरपोरेशन (डुलुथ, जॉर्जिया) के 'एन.सी.आर. 8200' टर्मिनल के लिए बेसिक का 'डिस्क' संस्करण विकसित करने का बड़ा काम मिला था। यह काम मार्क मैकडोनॉल्ड को सौंपा गया था, जिसने 'फैट' (FAT—फाइल एलोकेशन टेबल) के माध्यम से डिस्क फॉर्मेट की नई अवधारणा का विकास किया था। याद रहे कि 'एन.सी.आर. कॉरपोरेशन' उपभोक्ता लेन-देन प्रौद्योगिकी (कंज्यूमर ट्रांजेक्शन टेक्नोलॉजी) की अग्रणी कंपनी है, जिसका प्रमुख उत्पाद 'ए.टी.एम.' (आटोमैटिक टेलर मशीन) है, जैसा कि हमने पहले भी पढ़ा है, माइक्रोसॉफ्ट ने कमोडोर इंटरनेशनल (टोरंटो, ओंटारियो, कनाडा) की 8-बिट पी.सी. शृंखला 'पी.ई.टी.' (पर्सनल इलेक्ट्रॉनिक ट्रांजेक्टर) के लिए भी एम.ओ.एस. टेक्नोलॉजी इंक के 'एम.ओ.एस. 6502' माइक्रो-प्रोसेसर पर आधारित बेसिक इंटरप्रेटर की स्रोत संकेत लिपि (सोर्स कोड) विकसित की थी, जिसे कमोडोर ने अधिगृहीत किया था। बिल गेट्स ने कमोडोर को इसकी 3 डॉलर प्रति इकाई का प्रस्ताव दिया था, लेकिन कमोडोर के संस्थापक जैक ट्रामिएल ने 25 हजार डॉलर की एकमुश्त राशि पर सात वर्षों का लाइसेंस हासिल किया था और उक्त सोर्स कोड के माध्यम से अपने स्तर पर 'कमोडोर बेसिक' का विकास किया था। माइक्रोसॉफ्ट को अगला बड़ा अनुबंध ट्रेंडी कॉरपोरेशन/रेडियो शैक कॉरपोरेशन से मिला था। नवंबर 1977 में 'जिलोग जेड-80' माइक्रो-प्रोसेसर पर आधारित पी.सी.

बिल गेट्स ने कमोडोर को इसकी 3 डॉलर प्रति इकाई का प्रस्ताव दिया था, लेकिन कमोडोर के संस्थापक जैक ट्रामिएल ने 25 हजार डॉलर की एकमुश्त राशि पर सात वर्षों का लाइसेंस हासिल किया था और उक्त सोर्स कोड के माध्यम से अपने स्तर पर 'कमोडोर बेसिक' का विकास किया था।

शृंखला 'टीआरएस-80 का लेवल-I' को बाजार में उतारा था। उसे अमेरिकी इलेक्ट्रॉनिक्स खुदरा भंडार शृंखला रेडियो-शैक के माध्यम वितरित किया गया था।

इस प्रकार, बिल गेट्स ने पॉल एलन की अद्‌भुत प्रौद्योगिकी दूरदृष्टि का दोहन करते हुए पी.सी. बाजार में तेजी से फैल जाने की आक्रामक व्यवसाय रणनीति को लागू किया था। चूँकि एम.आई.टी.एस. का भविष्य लड़खड़ाने लगा था और उपर्युक्त ग्राहकों का अल्बुक्वेर्क से कोई लेना-देना नहीं था, इसलिए माइक्रोसॉफ्ट के कार्यालय को वहाँ पर बनाए रखना निरर्थक था। यहाँ भी बिल गेट्स ने रणनीतिक फैसला किया था। वैसे तो पी.सी. क्रांति का केंद्र सिलिकॉन वैली था, लेकिन गेट्स व एलन दोनों ने उससे बहुत दूर (839 मील) बिलकुल उलटी दिशा में अपने गृह नगर सिएटल के आसपास में ही माइक्रोसॉफ्ट का कार्यालय बनाने का फैसला किया था। जी हाँ, यह केवल अपने गृह नगर में रहने की नहीं, बल्कि माइक्रोसॉफ्ट की गतिविधियों को मुख्य प्रतिस्पर्धियों की नजरों से दूर रखने और अपेक्षाकृत सस्ते मानव संसाधन को आकर्षित की रणनीति थी।

उसके तुरंत बाद जून 1978 में बिल गेट्स ने एशियाई बाजार में माइक्रोसॉफ्ट के उत्पादों की बिक्री के लिए जापानी उद्यमी जुहिको निशि की ए.एस.सी.आई.आई. कॉरपोरेशन के साथ मिलकर 'ए.एस.सी.आई.आई.-माइक्रोसॉफ्ट' का गठन किया था, जो बाद में माइक्रोसॉफ्ट-जापान में बदल गया था।

उसके तुरंत बाद जून 1978 में बिल गेट्स ने एशियाई बाजार में माइक्रोसॉफ्ट के उत्पादों की बिक्री के लिए जापानी उद्यमी जुहिको निशि की ए.एस.सी.आई.आई. कॉरपोरेशन के साथ मिलकर 'ए.एस.सी.आई.आई.-माइक्रोसॉफ्ट' का गठन किया था, जो बाद में माइक्रोसॉफ्ट-जापान में बदल गया था। इस प्रकार, बिल गेट्स ने दिसंबर 1978 में माइक्रोसॉफ्ट के बिक्री राजस्व को 10 लाख डॉलर के पार पहुँचा दिया था, जो दो वर्ष पहले दिसंबर 1976 में केवल 1 लाख डॉलर की सीमा पार कर सका था, जब बिल गेट्स ने हॉर्वर्ड की पढ़ाई छोड़ने का ऐतिहासिक फैसला किया था, लेकिन अभी भी माइक्रोसॉफ्ट के कुल कर्मचारियों की संख्या 12 ही थी। जी हाँ, अब तक

अमेरिका सहित विश्व के अन्य देशों में 3 लाख से अधिक पी.सी. पर माइक्रोसॉफ्ट की 'बेसिक' कार्यक्रम भाषा पर आधारित दुभाषिया (इंटरप्रेटर) स्थापित किया जा चुका था। इसके साथ ही माइक्रोसॉफ्ट ने अन्य कार्यक्रम भाषाओं में भी तेजी से विकास किया था और वह कंप्यूटर भाषा-आधारित सॉफ्टवेयर विकसित करनेवाली सबसे बड़ी तथा सबसे संभावनाशील कंपनी बन गई थी। अब बिल गेट्स को पंख लग गए थे और उन्होंने वर्ष 1979 में राजस्व को 20 लाख डॉलर (असल में लगभग 24 लाख डॉलर) हो जाने के अपने अनुमान के आधार पर 15 नए (प्रोग्रामर्स) को नियुक्त कर लिया था।

इस बीच जब वर्ष 1979 की गरमियों में उस समय के बहुचर्चित अमेरिकी अरबपति रॉस पिरोट ने माइक्रोसॉफ्ट को खरीदने में रुचि दिखाई थी तो न केवल बिल गेट्स व पॉल एलन के मुँह में पानी आ गया था, बल्कि दोनों के परिवारवाले भी खुश हो रहे थे कि उनके बच्चों को इस खतरनाक कारोबार से मुक्ति मिलेगी और वे चैन से वापस विश्वविद्यालय जाकर अपनी पढ़ाई पूरी कर सकेंगे। रॉस पिरोट ने भी 23 वर्ष के शातिर उद्यमी को 'बच्चा' समझ लेने की गलती कर ली थी और बिल गेट्स ने उनके अनुमान से बहुत कम कीमत को विनम्रतापूर्वक अस्वीकार कर दिया था, क्योंकि वह माइक्रोसॉफ्ट की व्यवसाय संभावनाओं को लेकर आश्वस्त थे।

रॉस पिरोट ने भी 23 वर्ष के शातिर उद्यमी को 'बच्चा' समझ लेने की गलती कर ली थी और बिल गेट्स ने उनके अनुमान से बहुत कम कीमत को विनम्रतापूर्वक अस्वीकार कर दिया था, क्योंकि वह माइक्रोसॉफ्ट की व्यवसाय संभावनाओं को लेकर आश्वस्त थे।

इस बीच जब पॉल एलन व बिल गेट्स 16 बिट के 'इंटेल 8086' माइक्रो-प्रोसेसर को प्रदर्शित करने के लिए पहली बार नेशनल कंप्यूटर कॉन्फ्रेंस (4-7 जून, 1979; मोंटवले, न्यू जर्सी) में हिस्सा लेने गए थे तो विशेष रूप से पॉल एलन बहुत खुश था कि माइक्रोसॉफ्ट अपने क्षेत्र में सबसे आगे चल रहा था, लेकिन वह विजिकैल्क (VISI-CALC/विजिबल कैलकुलेटर) नामक एकाउंटिंग एप्लीकेशन को 'एप्पल II' पर संचालित होते देखकर हैरान रह गए थे, क्योंकि माइक्रोसॉफ्ट ने अब तक अपनी गतिविधियों को केवल कंप्यूटर प्रोग्रामिंग लैंग्वेज तक ही सीमित

रखा हुआ था और कंप्यूटर एप्लीकेशन के विकास की दिशा में पहला कदम भी नहीं बढ़ाया था, जो पर्सनल कंप्यूटर की दशा व दिशा बदलने वाला था। पॉल एलन व बिल गेट्स के लिए सबसे आश्चर्यजनक सूचना यह थी कि 'विजिकैल्क' का विकास सिएटल के पड़ोस में स्थित हॉर्वर्ड बिजनेस स्कूल के छात्र डैनियल सिंगर 'डैन' ब्रिकलिन ले के नेतृत्व में किया गया था, जिसने उससे पहले 'मैसाचुसेट्स इंस्टीट्यूट ऑफ टेक्नोलॉजी' (एम.आई.टी.) से कंप्यूटर सांइस एंड इलेक्ट्रिकल इंजीनियरिंग में स्नातक किया था। दोनों हैरान थे कि सिलिकॉन वैली में बैठे स्टीव जॉब्स को न केवल इस ऐप की अद्भुत संभावना का पता चल गया था, बल्कि उसने एप्पल-II इसे 'ब्रह्मास्त्र' भी बना लिया था!

वह विश्व का सबसे पहला परस्पर संवाद करने वाला कंप्यूटर ऐप, जो एकाउंटिंग के लिए आँकड़ों का सारणीबद्ध रूप में संगठन, विश्लेषण व भंडारण करता था, जिसे संक्षेप में 'इंटरेक्टिव एकाउंटिंग स्प्रेडशीट' कहा जाता है, 'एप्पल-II' के लिए विकसित ऐप ने ही पर्सनल कंप्यूटर (पी.सी.) को कंप्यूटर उत्साहियों के शौक को गंभीर बिजनेस टूल बनाया था।

जी हाँ, वह विश्व का सबसे पहला परस्पर संवाद करने वाला कंप्यूटर ऐप, जो एकाउंटिंग के लिए आँकड़ों का सारणीबद्ध रूप में संगठन, विश्लेषण व भंडारण करता था, जिसे संक्षेप में 'इंटरेक्टिव एकाउंटिंग स्प्रेडशीट' कहा जाता है, 'एप्पल-II' के लिए विकसित ऐप ने ही पर्सनल कंप्यूटर (पी.सी.) को कँप्यूटर उत्साहियों के शौक को गंभीर बिजनेस टूल बनाया था। याद रहे कि 'विजिकैल्क' ऐप के दम पर वर्ष 1979 में 35,000 में एप्पल-II की बिक्री हुई थी, जो वर्ष 1981 में 2.10 लाख के स्तर पर पहुँच गई थीं। इस बीच एप्पल-II की विश्वव्यापी लोकप्रियता को भुनाते हुए स्टीव जॉब्स 12 दिसंबर, 1980 को 'प्रारंभिक सार्वजनिक प्रस्ताव' (आई.पी.ओ.) लाया था, जो वर्ष 1956 में फोर्ड मोटर कंपनी के बाद का सबसे बड़ा आई.पी.ओ. था। इस आई.पी.ओ. ने स्टीव जॉब्स सहित 300 लोगों को तत्काल करोड़पति बना दिया था, जो ऐतिहासिक कीर्तिमान है। इस चमत्कारी अनुप्रयोग के कारण सफल हुए 'एप्पल-II' के कारण

हो मेनफ्रेम कंप्यूटर की महारथी कंपनी आई.बी.एम. को अपने भविष्य की चिंता हुई थी और वह 'आई.बी.एम. पी.सी.' लाने के लिए बाध्य हुई थी।

यहाँ पर इस ऐतिहासिक घटना का वर्णन इसलिए किया जा रहा है कि आप बिल गेट्स के हार जाने के बाद भी हार न मानने वाले जन्मजात स्वभाव को ठीक प्रकार से समझ सकें और अब आपको बिल गेट्स के निर्दयी प्रतिस्पर्धी व जीत का आदी होने का एक और प्रमाण मिलेगा कि उन्होंने इस स्पष्ट हार को कैसी धुआँधार जीत में बदल दिया था!

याद रहे कि उस समय तक इस तरह के विशिष्ट व्यावसायिक कार्यक्रम केवल बहुत महँगे मेनफ्रेम कंप्यूटर और उससे कम महँगे मिनी कंप्यूटर के लिए ही लिखे जा रहे थे, लेकिन विजिकैल्क पहला कार्यक्रम था"

याद रहे कि उस समय तक इस तरह के विशिष्ट व्यावसायिक कार्यक्रम केवल बहुत महँगे मेनफ्रेम कंप्यूटर और उससे कम महँगे मिनी कंप्यूटर के लिए ही लिखे जा रहे थे, लेकिन विजिकैल्क पहला कार्यक्रम था, जो पर्सनल कंप्यूटर (पी.सी.) के लिए लिखा गया था, अर्थात् इसकी सफलता ने 'मेनफ्रेम' व 'मिनी' दोनों ही कंप्यूटर प्रणालियों के व्यावसायिक भविष्य को अंधकारमय बनाना निश्चित कर दिया था, लेकिन इससे पहले पॉल एलन व बिल गेट्स ने इस दिशा में इसलिए भी कदम नहीं बढ़ाया था कि यह कंप्यूटर प्रोग्रामिंग का बिलकुल ही अलग क्षेत्र था। वे दोनों इस क्षेत्र में जाने से इसलिए भी कतराते रहे थे, क्योंकि वे माइक्रोसॉफ्ट का सारा ध्यान कंप्यूटर प्रोग्रामिंग लैंग्वेज पर केंद्रित रखे हुए थे, ताकि उस क्षेत्र में प्रामाणिक बढ़त स्थापित हो सके, लेकिन अब पी.सी. प्रक्रिया–सामग्री बाजार पर अपनी संपूर्ण बढ़त बनाए रखने के लिए माइक्रोसॉफ्ट के लिए यह मजबूरी बन गई थी कि वह ऐप के क्षेत्र में आगे बढ़े और अपनी भूमिका को महत्त्वपूर्ण बनाए।

पॉल एलन ने अपनी आत्मकथा में लिखा है—"ऐप्स के सॉफ्टवेयर क्षेत्र में जाने को टालने के लिए माइक्रोसॉफ्ट में हमारे पास अच्छे बहाने थे। क्षेत्र प्रतिस्पर्धी तथा काफी बिखरा हुआ था और बिल व मैंने तय किया हुआ था कि हम किसी बाजार में तब तक प्रवेश नहीं करेंगे, जब तक हमें पता न चल जाए कि हम उसमें नंबर वन हो सकेंगे; और चूँकि हमारे प्रोग्रामर भाषा संबंधी अनुबंधों को पूरा करने में

तनाव में थे, ऐसे में यह देखना कठिन था कि हम एक बिलकुल ही नए क्षेत्र में कैसे गोता लगाएँगे? फिर भी, जब मैं 'वर्ड मास्टर' को 'वर्ड स्टार' के रूप में पूरी तरह से बदलते हुए देखा करता था, जो व्यापक रूप से स्वीकार किया गया अपनी तरह का पहला ऐप था तो मुझे पीड़ा होती थी। मैं अपने भीतर जानता था कि 'शब्द-प्रसंस्करण' (वर्ड प्रोसेसिंग) एक प्रमुख राजस्व स्रोत बन जाएगा। क्या हमारी नाव छूट रही थी? विजिकैल्क हमारे लिए उठ खड़े होने की एक अलग पुकार थी।"

वास्तव में, माइक्रोसॉफ्ट की मुश्किल यह थी कि 'एप्पल-II' की बिक्री लगातार बढ़ती जा रही थी, लेकिन पर्सनल कंप्यूटर (पी.सी.) बाजार में आए इस क्रांतिकारी उछाल में उसे न तो अपनी कोई प्रत्यक्ष भूमिका सीधी दिख रही थी और न ही वह उस उछाल से किसी प्रकार के लाभ की उम्मीद ही कर सकती थी। वैसे तो 'एप्पल-II' में जो इंटरप्रेटर 'एप्पल-सॉफ्ट' काम कर रहा था, उसकी सोर्स-कोड को माइक्रोसॉफ्ट ने ही विकसित किया था, लेकिन स्टीव जॉब्स ने उस सोर्स-कोड का लाइसेंस एकमुश्त राशि में खरीद लिया था और उसके ऊपर अपना 'एप्पल सॉफ्ट' विकसित कर लिया था। इतना ही नहीं, माइक्रोसॉफ्ट के पास जो अन्य भाषाएँ भी थीं, वे इस पर काम नहीं कर सकती थीं; क्योंकि उन सभी का विकास विशिष्ट रूप से डिजिटल रिसर्च की उस समय की लोकप्रिय ऑपरेटिंग सिस्टम 'सीपी/एम' (कंप्यूटर प्रोग्राम फॉर माइक्रो कंप्यूटर) ऑपरेटिंग सिस्टम (ऑपरेटिव सिस्टम) के लिए किया गया था, जो 8 बिट के माइक्रो-प्रोसेसर 'इंटेल-8080' पर आधारित था, लेकिन 'एप्पल-II' में 'एमओ.एस.-6502' माइक्रो-प्रोसेसर का उपयोग किया गया था, जो 'सीपी/एम' के लिए अनुकूल नहीं था।

> *मैं अपने भीतर जानता था कि 'शब्द-प्रसंस्करण' (वर्ड प्रोसेसिंग) एक प्रमुख राजस्व स्रोत बन जाएगा। क्या हमारी नाव छूट रही थी? विजिकैल्क हमारे लिए उठ खड़े होने की एक अलग पुकार थी।*

हाँ, माइक्रोसॉफ्ट के पास सैद्धांतिक रूप से एक रास्ता था कि वह फोरट्रान, कोबोल, पास्कल एवं अन्य कंप्यूटर प्रोग्रामिंग लैंग्वेज में 'एप्पल-II' के लिए 'संकलक' (कंपाइलर) विकसित कर सकती थी, लेकिन मुश्किल यह थी कि यदि माइक्रोसॉफ्ट अपने कई कार्यक्रम निर्माताओं (प्रोग्रामर) को भी लगाती, तब भी

'संकलक' की संकेत-लिपियों के लेखन में वर्षों लग जाते। स्पष्ट है, इस काम में न केवल भारी लागत आती, वरन् जब तक यह तैयार हो पाता, तब तक बाजार का समीकरण ही बदल गया होता—और उस समय इतना बड़ा जोखिम उठा पाने की माइक्रोसॉफ्ट की क्षमता ही नहीं थी। ऐसे में माइक्रोसॉफ्ट के 'आइडिया मैन' पॉल एलन के सामने सबसे बड़ी चुनौती यह थी कि वह कंपनी के मौजूदा संसाधनों का उपयोग कर कम-से-कम समय में कोई कारगर व मौलिक आविष्कार करें, जो बाजार में कंपनी की न केवल वैज्ञानिक धमक बनाए, बल्कि राजस्व का स्रोत भी बन सके।

चौंकिए मत! बिल गेट्स माइक्रोसॉफ्ट के व्यवसाय-रणनीतिकार थे, जो प्रौद्योगिकी दूरदृष्टि के लिए पॉल एलन पर ही निर्भर करते आ रहे थे और अब भी वह यही कर रहे थे; लेकिन एलन के लिए यह काम आसान नहीं था और इस बारे में सोचते हुए कुछ महीने निकल चुके थे।

चौंकिए मत! बिल गेट्स माइक्रोसॉफ्ट के व्यवसाय-रणनीतिकार थे, जो प्रौद्योगिकी दूरदृष्टि के लिए पॉल एलन पर ही निर्भर करते आ रहे थे और अब भी वह यही कर रहे थे; लेकिन एलन के लिए यह काम आसान नहीं था और इस बारे में सोचते हुए कुछ महीने निकल चुके थे। अचानक उन्हें एक विचार कौंधा था—क्यों न 'एप्पल-II' को एक अनुकूल प्रणाली में बदल दिया जाए? लेकिन कैसे? यदि एप्पल में इंटेल-8080 सर्किट बोर्ड लगा दिया जाए तो मशीन फ्लॉपी डिस्क के माध्यम सीपी/एम को चालू कर देगी और उसके ऊपर माइक्रोसॉफ्ट की कोई भी भाषा चल सकती थी! यह 'जुगाड़' बाजार से कोई भी सीपी/एम अनुकूल माइक्रो-प्रोसेसर खरीदकर काफी कम समय में तैयार किया जा सकता था। जब यह विचार एलन ने गेट्स के सामने रखा तो उन्हें आश्चर्य हुआ था कि कहीं यह एलन की व्याकुलता तो नहीं थी, क्योंकि उन्होंने इस समाधान के लिए हार्डवेयर बनाने का प्रस्ताव किया था, लेकिन वह सहमत हो गए थे, क्योंकि इससे संकट का सामना करना संभव था; लेकिन इस प्रस्ताव पर कार्यान्वयन शुरू हुआ तो एलन के हाथ-पाँव भी फूलने लगे थे, क्योंकि 'इंटेल-8080 सर्किट बोर्ड' को डिजाइन करने का व्यावहारिक अनुभव नहीं था। तभी अचानक एलन को टिम

पटेरसन की याद आई थी, जो इस काम का विशेषज्ञ था। जब पटेरसन ने बताया था कि यह संभव हो सकता था तो एलन की जान में जान आई थी।

पटेरसन उस काम पर जुट गया था और कुछ दिनों बाद वह एलन के पास एक सर्किट बोर्ड लेकर आया था। उस सर्किट बोर्ड में 'इंटेल 8080' का सस्ता विकल्प 'जेड-80' माइक्रो-प्रोसेसर का इस्तेमाल किया गया था। इस कार्ड को 'एप्पल-II' के प्लास्टिक ढक्कन को उठाकर सी.पी.यू. से जुड़े उसके विस्तार-खाँचा (एक्सपेंशन स्लॉट) में आसानी से घुसाया जा सकता था। उस कार्ड के 'एप्पल-II' में घुसाने के बाद उसमें पहले से ही मौजूद 'एम.ओ.एस. 6502' माइक्रो-प्रोसेसर' बाहरी उपकरणों (डिस्प्ले, की-बोर्ड, प्रिंटर) को चालू रखता था, अन्यथा निलंबित सजीवता (सस्पेंडेड एनीमेशन) की स्थिति में चला जाता था, अर्थात् माइक्रोसॉफ्ट के पास 'एप्पल-II' को लगभग पूरी तरह सीपी/एम ओ.एस. संचालित कंप्यूटर में बदल देनेवाला उपकरण तैयार हो गया था। यह 'एप्पल-II' का हृदय प्रत्यारोपण (हार्ट ट्रांसप्लांट) करने वाला जुगाड़ था, जिसके बारे में एप्पल संस्थापक स्टीव जॉब्स ने कभी सोचा भी न था। इस कार्ड को 'जेड 80 सॉफ्टकार्ड' नाम दिया गया था; लेकिन इस कार्ड का खतरनाक पहलू यह था कि 'एप्पल-II' में लगाए जाने के बाद कुछ समय तक तो सबकुछ ठीक रहता था, लेकिन बाद में उसमें पहले से स्थापित माइक्रो-प्रोसेसर को पूरी तरह से ध्वस्त कर देता था और खुद उसकी जगह ले लेता था। इसे मार्च 1980 में सैन फ्रांसिस्को में आयोजित 'वेस्ट कोस्ट कंप्यूटर फेयरी' में उतारा गया था। जल्दी ही 'जेड-80 सॉफ्टकार्ड' एप्पल-II के लगभग 75 हजार स्वामियों के लिए वरदान साबित हुआ था, क्योंकि वे केवल 349 डॉलर में प्रस्तुत किए गए इस उपकरण को खरीदकर सीपी/एम ओ.एस. व बेसिक इंटरप्रेटर पर आधारित सभी सोफ्टवेयर के पैकेज का उपयोग कर सकते थे, जबकि अलग-अलग खरीदने पर उसकी लागत 5,000 डॉलर से ऊपर आती थी।

पटेरसन उस काम पर जुट गया था और कुछ दिनों बाद वह एलन के पास एक सर्किट बोर्ड लेकर आया था। उस सर्किट बोर्ड में 'इंटेल 8080' का सस्ता विकल्प 'जेड-80' माइक्रो-प्रोसेसर का इस्तेमाल किया गया था।

जी हाँ, बिल गेट्स ने 'जेड 80 सॉफ्टकार्ड' को पॉल एलन के अद्भुत आविष्कार के रूप में प्रचारित किया था और वर्ष 1981 में उसकी कुल 80 लाख डॉलर मूल्य की 25 हजार इकाइयों को बेच डाला था। बिक्री की यह तेज रफ्तार अगले दो वर्षों तक भी बनी रही थी; लेकिन नकलों के बाजार में आ जाने के बाद उसकी बिक्री सामान्य हो गई थी। ऐसे में, एलन को लगा था कि यह सही मौका था, जब वह गेट्स पर 64-36 हिस्सेदारी को बदलकर अपने लिए अधिक हिस्सेदारी की माँग कर सकता था, जैसा कि गेट्स ने 'अल्टेयर-बेसिक' में अपने विशेष योगदान के तर्क के आधार पर अपनी अधिक हिस्सेदारी के लिए एलन को समझा लिया था। हिस्सेदारी-अनुपात में थोड़े से अंतर से बात बन सकती थी और गेट्स पर एलन का विश्वास अधिक पक्का हो सकता था; लेकिन एलन यह नहीं जानते थे कि भले ही गेट्स बाजार में उनकी प्रशंसा करें, लेकिन वह अंदर-ही-अंदर उनकी प्रौद्योगिकी संबंधी अद्भुत प्रतिभा से ईर्ष्या करते रहे थे और उन्हें कंपनी के भीतर अपना सबसे बड़ा प्रतिद्वंद्वी भी मानते थे। स्पष्ट है कि एलन के हिस्सेदारी बढ़ाने संबंधी प्रस्ताव पर गेट्स ने रूखा-सा जवाब दिया था। बिल गेट्स तो 'निर्दयी प्रतिस्पर्धी' थे, चाहे वह बाहर बाजार का विषय हो या फिर माइक्रोसॉफ्ट के आंतरिक वर्चस्व का; वह तो जीतने के आदी थे तो भला वह एलन के स्वामित्व अधिकार को बढ़ाने के प्रस्ताव को कैसे स्वीकार कर सकते थे? लेकिन पॉल एलन स्वभाव से भावुक थे, वह सोच भी नहीं सकते थे कि बिल गेट्स उनसे ईर्ष्या भी कर सकते थे। ऐसे में इस क्रूर सत्य ने एलन के हृदय को मर्मांतक चोट पहुँचाई थी, जिसकी टीस आगे खतरनाक रूप धारण करने वाली थी। इस संबंध में पॉल एलन ने अपनी आत्मकथा 'आइडिया मैन' में जो कुछ लिखा है, वह बिल गेट्स की निर्दयता को स्पष्ट करने के लिए काफी है—

बिल गेट्स ने 'जेड 80 सॉफ्टकार्ड' को पॉल एलन के अद्भुत आविष्कार के रूप में प्रचारित किया था और वर्ष 1981 में उसकी कुल 80 लाख डॉलर मूल्य की 25 हजार इकाइयों को बेच डाला था। बिक्री की यह तेज रफ्तार अगले दो वर्षों तक भी बनी रही थी; लेकिन नकलों के बाजार में आ जाने के बाद उसकी बिक्री सामान्य हो गई थी।

"...जब मैंने अपना मामला उठाया था, बिल को कोई फर्क नहीं पड़ा था। उसने कहा था, 'मैं फिर कभी भी इस बारे में दुबारा बात नहीं करना चाहता। इसे मत उठाओ।' उस क्षण मेरे अंदर कुछ मर-सा गया था। मुझे लगा कि हमारी हिस्सेदारी निष्पक्षता पर आधारित थी; लेकिन अब मैंने देखा कि बिल का स्वार्थ दूसरे विचारों को लाँघ गया था। जितना हो सकता था, उसने मेरी उतनी हिस्सेदारी को झपट लिया था और उसे पकड़कर बैठ गया था। वह वैसा कुछ था, जो मुझे स्वीकार नहीं था। उस समय मैंने बिल से यह प्रकट नहीं किया था। मैंने उसे निगल लिया था और सोचा कि ठीक है, लेकिन एक दिन मैं यहाँ से बाहर हो जाऊँगा!"

...जब मैंने अपना मामला उठाया था, बिल को कोई फर्क नहीं पड़ा था। उसने कहा था, 'मैं फिर कभी भी इस बारे में दुबारा बात नहीं करना चाहता। इसे मत उठाओ।' उस क्षण मेरे अंदर कुछ मर-सा गया था।

इस बीच नवंबर 1979 में माइक्रोसॉफ्ट ने 'वेक्टर इंटरनेशनल' (हासरोडे, बेल्जियम) के साथ मिलकर यूरोपीय देशों की अभिकर्ता कंपनी 'वेक्टर माइक्रोसॉफ्ट' का गठन किया था, जिसके माध्यम से उसे रॉयल फिलिप्स (एम्सटर्डम, नीदरलैंड्स), इंटरनेशनल कंप्यूटर लिमिटेड (अब फुजित्सु सर्विसेज, लंदन, यू.के.), आर-2-ई (पेरिस, फ्रांस) जैसे बड़े ओ.ई.एम. (ओरिजिनल इक्विपमेंट मैन्युफैक्चरर) के साथ-साथ कई अन्य बड़े ग्राहक भी मिले थे। 'सॉफ्ट कार्ड' के आने के बाद सी.पी./एम आधारित 8-बिट पर्सनल कंप्यूटर (पी.सी.) बाजार की प्रोग्रामिंग लैंग्वेज संबंधी सॉफ्टवेयर बाजार-खंड में माइक्रोसॉफ्ट का नियंत्रण हो गया था और उसने तेजी से उभरते पी.सी. बाजार में अपने लिए सुरक्षित किला बना लिया था। अब व्यापार-विस्तार के लिए माइक्रोसॉफ्ट को सामान्य प्रशासन (जनरल एडमिनिस्ट्रेशन) को सँभालनेवाले कुशल प्रबंधक की भी जरूरत आ पड़ी थी। न तो बिल गेट्स को प्रबंधन का कोई अनुभव था और न ही एलन को। वैसे तो स्टीव वुड ने अब तक महाप्रबंधक की भूमिका को अच्छी तरह से सँभाले रखा था, लेकिन उसकी पृष्ठभूमि भी प्रोग्रामर की ही थी।

ऐसे में बिल गेट्स ने माइक्रोसॉफ्ट पर संपूर्ण नियंत्रण की दूरगामी रणनीति को ध्यान में रखते हुए 'व्यूह रचना' शुरू की थी। पॉल एलन को हटाने के लिए

समानांतर सत्ता समीकरण का होना अनिवार्य था, ताकि उस पर माइक्रोसॉफ्ट की प्रौद्योगिकी निर्भरता को कम किया जा सके। इस भूमिका के लिए बिल गेट्स ने अपने हॉर्वर्ड के सहपाठी स्टीव बामर को लाने का मन बना लिया था, लेकिन उन्होंने पॉल एलन को यही समझाया था कि जिस तरह उसने (एलन) प्रौद्योगिकी पहलुओं को सँभाल रखा था, उसी तरह कोई होना चाहिए, जो व्यापारिक गतिविधियों से संबंधित रोजाना के कामकाज को सँभाल ले, ताकि उसे (बिल गेट्स को) बड़े रणनीतिक फैसलों पर ध्यान केंद्रित करने का समय मिल सके, फिर उसने बामर की विशेषताएँ गिनाई थीं और एलन को अपने एकपक्षीय निर्णय पर सहमत हो जाने के लिए समझा लिया था। इतना ही नहीं, गेट्स ने बामर को स्टेनफोर्ड से पढ़ाई छुड़वाकर माइक्रोसॉफ्ट में शामिल करने के नाम पर 5 प्रतिशत स्वामित्व हिस्सेदारी प्रदान करने के लिए एलन को सहमत हो जाने पर बाध्य कर दिया था।

> *पॉल एलन को हटाने के लिए समानांतर सत्ता समीकरण का होना अनिवार्य था, ताकि उस पर माइक्रोसॉफ्ट की प्रौद्योगिकी निर्भरता को कम किया जा सके।*

अप्रैल 1980 में जब यह तय हुआ था, तब एलन व्यावसायिक दौरे पर जाने की जल्दी में थे। कुछ दिनों बाद जब वह वापस आए तो उसे कार्यालय के लोगों से पता चला था कि बिल गेट्स ने बामर को 7.5 प्रतिशत हिस्सेदारी का प्रस्ताव कर दिया था। विशेष रूप से प्रोग्रामिंग विभाग के कई वरिष्ठ लोग गुस्से में थे कि एक गैर-प्रौद्योगिक व्यक्ति को प्रौद्योगिकी में इतना बड़ी स्वामित्व हिस्सेदारी दी जा रही थी! स्पष्ट है, एलन को भी यह बहुत बुरा लगा था।

ऐसे में जब एलन ने विश्वासघात का प्रश्न उठाया था तो बिल गेट्स जानते थे कि वह पकड़े जा चुके थे और अब वह धमकी के माध्यम से अपना रास्ता नहीं निकाल सकते थे, यहाँ तक कि वह एलन से आँख भी नहीं मिला पा रहे थे, फिर उन्होंने एलन से कहा था, "देखो, हमें स्टीव को लाना ही होगा। मैं अपने हिस्से से अतिरिक्त अंकों को पूरा करूँगा।" इस पर एलन ने हामी भर दी थी और गेट्स ने वैसा ही किया था। इस प्रकार बिल गेट्स ने 11 जून, 1980 को स्टीव बामर को बिजनेस मैनेजर के रूप में माइक्रोसॉफ्ट में नियुक्त कर लिया था। वैसे तो बामर कंपनी का 30वाँ स्थायी कर्मचारी था, लेकिन तत्काल ही सभी ने उसे बिल गेट्स

के बाद सबसे शक्तिशाली अधिकारी के रूप में स्वीकार करना शुरू कर दिया था।

वैसे तो पॉल एलन ने प्रकट रूप से बामर की नियुक्ति को स्वीकार कर लिया था, लेकिन इस घटना ने उनके हृदय की मर्मांतक पीड़ा को कभी न भर पानेवाले नासूर में बदल दिया था। उन्होंने तो बिल गेट्स के हिस्सेदारी न बढ़ाने के समय से ही बाहर हो जाने का फैसला कर लिया था, लेकिन वह इतनी भी जल्दी में नहीं थे कि माइक्रोसॉफ्ट को बीच मझधार में छोड़ दे। पिछले अध्याय में हमने पढ़ा है कि जब 'आई.बी.एम. पीसी' की ऑपरेटिंग सिस्टम (ओ.एस.) विकसित करने का ऐतिहासिक अवसर आया था तो पॉल एलन ने ही 'आई.बी.एम. पी.सी. डॉस' और बाद में माइक्रोसॉफ्ट की अपनी स्वतंत्र परिचालन प्रणाली 'एम.एस. डॉस' विकसित करने में अहम भूमिका निभाई थी और ऐसा इसलिए भी संभव हुआ था कि पॉल एलन ने बहुत पहले ही भविष्य की संभावनाओं को ध्यान में रखते हुए 16 बिट के 'इंटेल 8086' माइक्रो-प्रोसेसर पर दुभाषिया विकसित कर लिया था। अब सॉफ्ट कार्ड द्वारा एप्पल-II के बाजार में माइक्रोसॉफ्ट की धमक बनाने के बाद पॉल एलन ने वर्ष 1979 से ही ग्राफिक यूजर इंटरफेस (जी.यू.आई.) पर आधारित एप्लीकेशंस को विकसित करने के दूरदर्शी विचार पर आगे बढ़ने के लिए बिल पर दबाव बनाना शुरू कर दिया था। कुछ वर्षों बाद इन्हीं एप्लिकेशन का संपूर्ण संकुलन 'माइक्रोसॉफ्ट विंडोज' के रूप में सामने आने वाला था और उसके दम पर माइक्रोसॉफ्ट पी.सी.-सॉफ्टवेयर बाजार का एकमात्र बादशाह बन सका था।

वैसे तो पॉल एलन ने प्रकट रूप से बामर की नियुक्ति को स्वीकार कर लिया था, लेकिन इस घटना ने उनके हृदय की मर्मांतक पीड़ा को कभी न भर पानेवाले नासूर में बदल दिया था। उन्होंने तो बिल गेट्स के हिस्सेदारी न बढ़ाने के समय से ही बाहर हो जाने का फैसला कर लिया था, लेकिन वह इतनी भी जल्दी में नहीं थे कि माइक्रोसॉफ्ट को बीच मझधार में छोड़ दे।

याद रहे कि अब तक जिन दूरदर्शी प्रौद्योगिकीय विचारों के दम पर माइक्रोसॉफ्ट को बढ़त मिली थी, उनमें से लगभग सभी आधारभूत रूप से पॉल

एलन के अध्ययनशील स्वभाव के ही परिणाम थे। अपनी आदतों के अनुसार पॉल एलन अब भी 'इलेक्ट्रॉनिक न्यूज' व 'कंप्यूटर डिजाइन' पढ़ते थे और नियमित तौर पर यूनिवर्सिटी ऑफ वाशिंगटन के कंप्यूटर विज्ञान पुस्तकालय में जाया करते थे। तभी एलन की नजर 'जेरॉक्स पालो आल्टो रिसर्च सेंटर' (जेरॉक्स पार्क) द्वारा अगस्त 1979 में जारी शोध-पत्र 'आल्टो : ए पर्सनल कंप्यूटर' पर पड़ी थी। ज़ी हाँ, यह एक आश्चर्यजनक तथ्य है कि फोटोकॉपी मशीन के लिए प्रसिद्ध कंपनी जेरॉक्स कॉरपोरेशन पर्सनल कंप्यूटर (पी. सी.) संबंधी अनुसंधान में सबसे आगे निकल गई थी और उसकी शोध संस्था 'जेरॉक्स पार्क' ने 1 मार्च, 1973 को 'जेरॉक्स आल्टो' शृंखला का पहला कंप्यूटर तैयार कर लिया था, जिस पर सबसे पहले माउस से संचालित ग्राफिक यूजर इंटरफेस (जी.यू.आई.) का उपयोग किया गया था। 'आल्टो' को पहला 'पर्सनल कंप्यूटर' (पी.सी.) भी माना जाता है, क्योंकि उसे केवल एक व्यक्ति के उपयोग के लिए तैयार किया गया था, हालाँकि वह घरेलू उपयोग के लिए नहीं बनाया गया था। उस समय जेरॉक्स बहुत बड़ी कंपनी थी। उसका सारा ध्यान फोटोकॉपी मशीन व उससे संबंधित प्रौद्योगिकी के विकास पर केंद्रित था। यही कारण था कि जेरॉक्स का शीर्ष प्रबंधन अपनी ही अनुसंधान संस्था द्वारा विकसित की जा रही क्रांतिकारी कंप्यूटर प्रौद्योगिकियों की बाजार की संभावनाओं का आकलन नहीं कर पाया था।

उसका सारा ध्यान फोटोकॉपी मशीन व उससे संबंधित प्रौद्योगिकी के विकास पर केंद्रित था। यही कारण था कि जेरॉक्स का शीर्ष प्रबंधन अपनी ही अनुसंधान संस्था द्वारा विकसित की जा रही क्रांतिकारी कंप्यूटर प्रौद्योगिकियों की बाजार की संभावनाओं का आकलन नहीं कर पाया था।

वैसे तो वर्ष 1973 में 'जेरॉक्स आल्टो' शृंखला का पहला कंप्यूटर बाजार में प्रस्तुत किया गया था, तब ही पॉल एलन ने उसकी क्रांतिकारी संभावनाओं का अनुमान लगा लिया था और उसके बारे बिल गेट्स को भी बताया था; लेकिन तब वे लोग माइक्रोसॉफ्ट की स्थापना के बारे में सोच भी नहीं पाए थे। इतना ही नहीं, अगस्त 1979 में भी जब 'जेरॉक्स आल्टो' द्वारा की गई आधारभूत क्रांतियों के बारे

में विस्तृत शोध-पत्र जारी किया था, तब भी पर्सनल कंप्यूटर (पी.सी.) के निर्माता प्रौद्योगिकीय रूप से उतने विकसित नहीं हो सके थे कि 'जेरॉक्स आल्टो' के पद-चिह्नों पर चलने का साहस जुटा सकें। इसका सबसे बड़ा कारण था कि 'जेरॉक्स आल्टो' भले ही एक व्यक्ति द्वारा उपयोग किया जा सकनेवाला पी.सी. था, लेकिन उसकी गिनती मेनफ्रेम व मिनी कंप्यूटर की तरह वाणिज्यिक कंप्यूटर में की जाती थी। घरेलू कंप्यूटर ग्राहकों की खरीद-क्षमता को ध्यान में रखते हुए इसे 'जेरॉक्स कॉरपोरेशन. ही आगे विकसित कर सकता था, लेकिन उसने ऐसा नहीं किया था। हाँ, शोधपत्र प्रकाशित होने के बाद पॉल एलन के अलावा अगर किसी दूरद्रष्टा को पर्सनल कंप्यूटर जगत् में 'जेरॉक्स आल्टो' में उपयोग हुए माउस आधारित 'जी.यू.आई.' की क्रांतिकारी संभावनाओं के बारे में समझ आई थी तो वह था एप्पल संस्थापक स्टीव जॉब्स।

शोधपत्र प्रकाशित होने के बाद पॉल एलन के अलावा अगर किसी दूरद्रष्टा को पर्सनल कंप्यूटर जगत् में 'जेरॉक्स आल्टो' में उपयोग हुए माउस आधारित 'जी.यू.आई.' की क्रांतिकारी संभावनाओं के बारे में समझ आई थी तो वह था एप्पल संस्थापक स्टीव जॉब्स।

जेरॉक्स आल्टो संबंधी शोध-पत्र को पढ़ते ही एलन को स्पष्ट रूप से यह दिखाई देना लगा था कि आनेवाले समय में जल्दी ही जी.यू.आई.-आधारित अनुप्रयोगों का पी.सी. बाजार में धूम मचाने वाला था। यही कारण था कि उसने इस काम को शुरू करने के लिए बिल गेट्स पर दबाव बनाना शुरू कर दिया था। जी हाँ, किसी भी नए विचार पर काम शुरू करने के लिए गेट्स को सहमत कर पाना ही एलन की सबसे बड़ी समस्या रही थी। बिल गेट्स ने इसको भी यह कहकर टाल दिया था कि अभी यह विचार परिपक्व नहीं है। उलटे गेट्स ने एलन से ही सवाल किया था, "आखिर इस पर आधारित हार्डवेयर कौन बनाएगा और यदि हार्डवेयर बन भी गया तो उसकी कीमत क्या होगी?" यदि इस प्रकार के सवाल किसी आम आदमी की ओर से आए हुए होते तो उचित होता, लेकिन बिल गेट्स माइक्रोसॉफ्ट का मुखिया था और उसके सामने विचार रखनेवाला स्वयं को कई बार साबित कर चुका प्रौद्योगिकी दूरद्रष्टा पॉल एलन था, लेकिन बिल की आदत ही ऐसी थी। वह भी ऐसा जान-बूझकर नहीं

करता था, बस, उससे वैसा हो जाता था। जी हाँ, बिल गेट्स का यह स्वभाव ही उसे दूसरों को अपने से आगे बढ़ने देना स्वीकार नहीं कर पाता था और यही स्वभाव उसे 'जीत का आदी' और उसके लिए 'निर्दयी प्रतिस्पर्धी' बनाता था।

उस समय यह विषय वैसे भी टल गया था कि इस बीच आई.बी.एम. के 'प्रोजेक्ट चेस' का भी काम आ गया था और पॉल एलन का सारा ध्यान 'आई. बी.एम. पी.सी. डॉस' में केंद्रित हो गया था; लेकिन सितंबर 1980 में जब 'जेरॉक्स पार्क' का एक वरिष्ठ प्रोग्रामर चार्ल्स सिमोन्यी माइक्रोसॉफ्ट में साक्षात्कार देने आया था तो बिल गेट्स के व्यस्त होने के कारण स्टीव बामर ने उसे एलन के पास भेज दिया था। सिमोन्यी विशुद्ध अनुसंधान के उबाऊ माहौल से निकलकर व्यावहारिक उत्पाद के विकास के क्षेत्र में आने को व्याकुल था। चूँकि सिमोन्यी माइक्रोसॉफ्ट को कंप्यूटर कार्यक्रम-भाषा आधारित सॉफ्टवेयर की विकासकर्ता कंपनी ही समझता था, इसलिए साक्षात्कार के क्रम में कंप्यूटर कार्यक्रम भाषाओं से संबंधित अपने विचार को ही एलन के सामने रख रहा था, लेकिन अपने सामने सिमोन्यी के बायोडाटा में उसके अनुभवों की लंबी सूची देखकर एलन हैरान था। एलन ने दो महीने पहले ही जी.यू. आई. की दिशा में पहला कदम बढ़ाने के लिए 'वर्ड प्रोसेसर अनुप्रयोग', जो बाद में 'माइक्रोसॉफ्ट वर्ड' के रूप में सामने आया था, के विकास का प्रस्ताव रखा था। स्पष्ट है कि एलन को उससे संबंधित योग्य व्यक्ति की तलाश थी। अब योग्य व्यक्ति एलन के सामने बैठा था।

सिमोन्यी विशुद्ध अनुसंधान के उबाऊ माहौल से निकलकर व्यावहारिक उत्पाद के विकास के क्षेत्र में आने को व्याकुल था। चूँकि सिमोन्यी माइक्रोसॉफ्ट को कंप्यूटर कार्यक्रम-भाषा आधारित सॉफ्टवेयर की विकासकर्ता कंपनी ही समझता था, इसलिए साक्षात्कार के क्रम में कंप्यूटर कार्यक्रम भाषाओं से संबंधित अपने विचार को ही एलन के सामने रख रहा था"

जी हाँ, सिमोन्यी ने ही 'जेरॉक्स पार्क' में 'ब्रावो' की विकास परियोजना का नेतृत्व किया था, जो विश्व का सबसे पहला वर्ड-प्रोसेसर अनुप्रयोग था, जिसकी सॉफ्टवेयर की रचना 'जैसा देखो, वैसा पाओ संपादक' (व्हाट यू सी इज व्हाट

यू गेट एडिटर) से की गई थी। इस संपादन प्रणाली के माध्यम से विषय-सामग्री (कंटेंट) के पाठ (टेक्स्ट) और उसके चित्र-रूप (ग्राफिक) को उसी स्वरूप में संपादित किया जा सकता था, जैसा कि वह मुद्रित (प्रिंट) या प्रदर्शित (डिस्प्ले) किए जाने के बाद तैयार उत्पाद के रूप में दिख सकता था। सिमोन्यी वर्ष 1981 की शुरुआत में माइक्रोसॉफ्ट में शामिल हुआ था। इस बीच पॉल एलन ने 'जेरॉक्स पार्क. का दौरा भी किया था और सिमोन्यी की 'ब्रावो' परियोजना के व्यावहारिक नमूनों को काम करते देखा था। 'जेरॉक्स पार्क' का प्रबंधन सिमोन्यी को छोड़ना नहीं चाहता था और उसके कई सहकर्मी भी उसके फैसले पर आश्चर्य कर रहे थे। उस समय किसी के लिए भी यह अनुमान लगाना बहुत मुश्किल था कि महज अगले छह वर्षों में माइक्रोसॉफ्ट अपने से करीब 73 साल पुरानी कंपनी 'जेरॉक्स कॉरपोरेशन' (1908) के कुल कारोबार से ऊपर चली जाएगी और बाद में उससे कई गुना आगे बढ़ जाएगी। ऐसे में सिमोन्यी ने माइक्रोसॉफ्ट जैसी शुरुआती कंपनी में आने का जोखिम उठाया था। उसे कंपनी में हिस्सेदारी भी दी गई थी और उसने 'माइक्रोसॉफ्ट वर्ड', 'माइक्रोसॉफ्ट ऑफिस', 'माइक्रोसॉफ्ट पॉवरपॉइंट' जैसे क्रांतिकारी एप्लिकेशन संबंधी सॉफ्टवेयर के समूह के विकास का नेतृत्व किया था, जिसके दम पर माइक्रोसॉफ्ट संपूर्ण पी.सी. सॉफ्टवेयर डेवलपर के रूप में स्थापित हो सकी थी और यह सब माइक्रोसॉफ्ट के 'आइडिया मैन' पॉल की प्रौद्योगिकी दूरदृष्टि के कारण संभव हुआ था।

उस समय किसी के लिए भी यह अनुमान लगाना बहुत मुश्किल था कि महज अगले छह वर्षों में माइक्रोसॉफ्ट अपने से करीब 73 साल पुरानी कंपनी 'जेरॉक्स कॉरपोरेशन' (1908) के कुल कारोबार से ऊपर चली जाएगी और बाद में उससे कई गुना आगे बढ़ जाएगी।

इस बीच स्टीव बामर के आने के साथ माइक्रोसॉफ्ट में कर्मचारियों की संख्या ज्यों ही 35 के पार हुई थी, उसका आंतरिक संतुलन बिगड़ना शुरू हो गया था। आई.बी.एम. पी.सी. का बाजार गरम होने के साथ ही अमेरिकी राष्ट्रीय संचार माध्यमों का ध्यान माइक्रोसॉफ्ट की ओर गया था। वैसे तो सह-संस्थापक व प्रौद्योगिकी प्रमुख होने के कारण पॉल एलन को भी महत्त्व मिल रहा था, लेकिन

अध्यक्ष के नाते बिल गेट्स को अधिक प्रचार मिल रहा था और वह पी.सी. उद्योग में शक्तिशाली उद्यमी के रूप में उभर रहे थे। चूँकि एलन का मुख्य कार्य माइक्रोसॉफ्ट की प्रोग्रामिंग की प्रक्रिया को सँभालाना था, इसलिए कंपनी प्रोग्रामरों को लगता था कि उनके बीच 'अपने जैसा' कोई है, जो कंपनी के फैसले को प्रभावित करने की क्षमता रखता है। यदि कोई अप्रत्याशित समस्या आती तो वे बिल गेट्स या स्टीव बामर की बजाय पॉल एलन को वह समस्या बताने में अधिक सहज महसूस करते थे। पॉल एलन को भी अपनी रुचि का प्रौद्योगिकी संबंधी काम करने में ही अच्छा लगता था और उसने कभी भी व्यापारिक मामले में गेट्स को कोई चुनौती देने की कोशिश नहीं की थी। वैसे तो गेट्स भी कोई भी बड़ा फैसला बिना एलन से विचार-विमर्श किए नहीं लेते थे, लेकिन स्टीव बामर के आने के बाद यह प्रक्रिया कमजोर होने लगी थी और बड़े व्यापारिक मामले में भी गेट्स ने एलन से सलाह लेना काफी कम कर दिया था।

वैसे तो गेट्स भी कोई भी बड़ा फैसला बिना एलन से विचार-विमर्श किए नहीं लेते थे, लेकिन स्टीव बामर के आने के बाद यह प्रक्रिया कमजोर होने लगी थी और बड़े व्यापारिक मामले में भी गेट्स ने एलन से सलाह लेना काफी कम कर दिया था।

…और यहीं से दोनों के बीच दूरियाँ बढ़नी शुरू हो गई थीं। यहाँ यह उल्लेख करना जरूरी है कि माइक्रोसॉफ्ट की सबसे बड़ी ताकत यही थी कि यहाँ दोनों संस्थापकों में से कोई भी विशेषज्ञ नहीं था, बल्कि वे सामान्य वर्ग के थे। हाँ, गेट्स की कारोबारी समझ बेहतर थी तो एलन रचनात्मक सोच व प्रौद्योगिक दूरदृष्टि के मामलों में उनसे काफी आगे थे। ऐसे में दो सामान्य लोगों की विशेष जोड़ी ही माइक्रोसॉफ्ट को अन्य प्रौद्योगिकी कंपनियों की तुलना में अधिक मजबूत बनाए हुई थी। उदाहरण के लिए, एप्पल को ही लें तो वहाँ स्टीव जॉब्स महान् विचारक व विपणनकर्ता था, जबकि स्टीव वोज्निअक मनमौजी हार्डवेयर डिजाइनर। ऐसे में दोनों के बीच वैचारिक असंतुलन स्वाभाविक था; लेकिन गेट्स का यह स्वभाव कि उनके अलावा सभी कामचोर हैं या गलत हैं, उनके असामान्य गुस्से के रूप में फूटता था। पुराने लोगों को उनके स्वभाव का पता था और वे उसे दिल से नहीं लगाते थे, लेकिन अध्यक्ष

का व्यवहार नए लोगों को आतंकित करने लगा था।

बिल गेट्स के समकालीन स्टीव जॉब्स के बारे में भी यह बात कुख्यात रही है कि वह व्यवहार के मामले में बहुत रूखा था और अपनी सार्वजनिक छवि की परवाह नहीं करता था कि कोई उसके बारे क्या सोचता है; लेकिन बिल गेट्स का स्वभाव जॉब्स जैसा कतई नहीं था। गेट्स के स्वभाव के बारे में पॉल एलन ने अपनी आत्मकथा 'आइडिया मैन' में लिखा है—

"बिल अलग था। वह सख्त, लेकिन उचित दिखना चाहता था। वह कठोर व निर्दयी हो सकता था, लेकिन उसमें गर्मजोशी वाला एवं मानवीय पक्ष भी है और किसी को भी संदेह नहीं था कि उसकी ज्यादतियाँ स्वाभाविक थीं, चाहे अच्छी हों या बुरी। किसी बैठक में जब वह अचानक गुस्से में आ जाता था तो यह कभी भी सिर्फ प्रभाव डालने के लिए नहीं होता था। माइक्रोसॉफ्ट के वरिष्ठ इस अभ्यास को जानते थे, लेकिन नए कर्मचारियों को आघात पहुँचता था। बिल उन लोगों के संकेतों को चूक जाता था, जो कठोर चुप्पियों व ठंडी हताशा में प्रतिक्रियाएँ जाहिर करते थे।

बिल अलग था। वह सख्त, लेकिन उचित दिखना चाहता था। वह कठोर व निर्दयी हो सकता था, लेकिन उसमें गर्मजोशी वाला एवं मानवीय पक्ष भी है और किसी को भी संदेह नहीं था कि उसकी ज्यादतियाँ स्वाभाविक थीं, चाहे अच्छी हों या बुरी।

"जब वह आपे से बाहर होता था तो अकसर उसे पता नहीं चलता था। जब कोई छोड़ने की धमकी देता था तो बिल उसे व्यक्तिगत तौर पर लेता था और उस व्यक्ति का मन बदलने के लिए जो भी उसके वश में होता, करता था। शायद उसने यह कभी नहीं विचार किया था कि वह मुझे भी खो सकता है। जब कभी भी हमारे बीच भिड़ंत हुई, मेरी तीव्रता व रक्तचाप बढ़ जाता था और उसका नुकसान होता था। कुछ लोग अपने गुस्से को बाहर निकालना जानते हैं, एक साँस लेते हैं और उसे जाने देते हैं; लेकिन मैं उनमें से एक नहीं था। मेरा डूबता मनोबल मेरे खुद के काम करने के उत्साह को निचोड़ देता था, जो बिल के अगले हमले में तलहटी में जा सकता था।"

बिल गेट्स के इस स्वभाव से स्टीव बामर और अन्य उच्चाधिकारी भी

दुःखी थे; लेकिन उन लोगों के लिए वह बॉस था और वे उसकी तुनक को बरदाश्त करने को मजबूर थे। उनका उससे कोई भावुक रिश्ता नहीं था। पॉल एलन गेट्स की असामान्य व्यापारिक प्रतिभा को ध्यान में रखकर पहले ही कम हिस्सेदारी पर समझौता कर चुका था; लेकिन गेट्स द्वारा कंपनी के बड़े फैसलों में नजरअंदाज करना और बात-बात पर तुनकनेवाला रवैया एलन को अपमानित करने जैसा लगने लगा था। ऐसा स्वाभाविक भी था। गेट्स भले ही ज्यादा स्वामित्व वाली हिस्सेदारी और सबसे बड़े पद पर चले गए हों, लेकिन कंपनी की स्थापना में एलन का भी बराबर का योगदान रहा था। इतना ही नहीं, उम्र में बड़ा होने के बावजूद एलन ने कभी भी गेट्स को छोटा नहीं महसूस होने दिया, बल्कि उसे आगे बढ़कर कंपनी की कमान सँभालने का मौका दिया। स्पष्ट है कि एलन को स्वयं को अनदेखा किया जाना और वह भी बाहरी लोगों के सामने, बहुत बुरा लगता था। एलन ने अपनी आत्मकथा में अपनी पीड़ा को बिना किसी दुर्भावना के इस प्रकार व्यक्त किया है—

अब मेरी भूमिका कम होती जा रही थी। बिल ने नियमित तौर पर मुझे ढूँढ़ना बंद कर दिया था और मैंने उसके पास मिलने जाना कम और कम कर दिया था। भावुकतापूर्ण दुहाई के लिए काफी गुस्से व घमंड में मैं कभी भी अंदर नहीं गया और बिल को सीधे तौर पर कहा कि 'कुछ दिन तुम्हारे साथ काम करना नरक में होने जैसा लगता है।'

"अब मेरी भूमिका कम होती जा रही थी। बिल ने नियमित तौर पर मुझे ढूँढ़ना बंद कर दिया था और मैंने उसके पास मिलने जाना कम और कम कर दिया था। भावुकतापूर्ण दुहाई के लिए काफी गुस्से व घमंड में मैं कभी भी अंदर नहीं गया और बिल को सीधे तौर पर कहा कि 'कुछ दिन तुम्हारे साथ काम करना नरक में होने जैसा लगता है।' इसलिए मेरी शिकायतें अनकही व अनसुलझे तौर पर सिर पर लटकी हुई थीं। जब हम 'डॉस 2.0' को लेकर लड़ पड़े थे, हमारी साझेदारी उधार-समय पर चल रही थी।"

एलन अपने मन की भड़ास को ज्यों-के-त्यों गेट्स तक पहुँचाना चाहते थे। वह जानते थे कि यदि वह शिकायतों को लेकर गेट्स के पास जाएँगे तो वह अपने

जवाबी तर्कों व हाजिर-जवाबी से उसे अनसुना कर देंगे। ऐसे में अपनी बात बिना किसी विचलन के सीधे पहुँचाने के लिए एलन ने 1 जून, 1982 को बिल गेट्स को एक पत्र लिखने का फैसला किया था। एलन ने अपनी आत्मकथा 'आइडिया मैन' में उस पत्र के कुछ प्रमुख अंश इस प्रकार उजागर किए हैं—

"करीब दो माह पहले मैं दर्दनाक निष्कर्ष पर आ गया था कि मेरे लिए माइक्रोसॉफ्ट छोड़ने का समय आ गया था। स्टीव (बामर) ने आश्वस्त किया था कि मुझे इस विषय पर तुमसे विचार-विमर्श के लिए इंतजार करना चाहिए, जब तुम अपने दौरे के बीच में रहो, जैसा कि मैं निश्चित हूँ कि तुम महसूस करोगे कि मेरे फैसले का आधारभूत कारण है। मैं गाली-गलौज से धमकाने या निंदा-भाषणों को अब और नहीं सहन कर सकता, जो कि मेरे द्वारा लगभग किसी भी विवादित विषय पर विचार-विमर्श करने की हरेक कोशिश में झलकता है। तुम मौखिक रूप से जिस तरह के पर्सनल हमले करते हो, वह अकेले मेरे मामले में सैकड़ों घंटों की उत्पादकता को हानि पहुँचता है···पिछले कुछ वर्षों में इन व दूसरी घटनाओं का नतीजा है कि हमारी मित्रता और एक साथ काम करने की हमारी क्षमता—दोनों धीरे-धीरे ध्वस्त होती रही हैं; शुरुआती दिनों की हमारी गहरी मित्रता काफी पहले जा चुकी है।"

करीब दो माह पहले मैं दर्दनाक निष्कर्ष पर आ गया था कि मेरे लिए माइक्रोसॉफ्ट छोड़ने का समय आ गया था। स्टीव (बामर) ने आश्वस्त किया था कि मुझे इस विषय पर तुमसे विचार-विमर्श के लिए इंतजार करना चाहिए, जब तुम अपने दौरे के बीच में रहो, जैसा कि मैं निश्चित हूँ कि तुम महसूस करोगे कि मेरे फैसले का आधारभूत कारण है।

लेकिन इस पत्र को सहृदयता से लेने के स्थान पर बिल गेट्स ने माइक्रोसॉफ्ट पर अपने वर्चस्व की रणनीति को और अधिक तेजी से लागू करना शुरू कर दिया था। इस घटना के तीन सप्ताह बाद ही 25 जून, 1982 को बिल गेट्स ने जिम टाउनी को कंपनी का पहला अध्यक्ष व मुख्य परिचालन अधिकारी (प्रेसिडेंट एंड चीफ ऑपरेटिंग ऑफिसर) नियुक्त कर दिया था और उसके तथा अपने बीच निकट संवाद के बहाने से टाउनी को अपने ठीक सामनेवाले एलन के कार्यालय में बिठा

दिया था। वैसे तो एलन की तुलना में टाउनी की उम्र दस वर्ष अधिक थी और वह इससे पहले 'टेकट्रॉनिक्स इन्कॉरपोरेशन' में उपाध्यक्ष व महाप्रबंधक भी रहा था, लेकिन कंपनी में गेट्स के बाद दूसरे सबसे बड़े हिस्सेदार व सह-संस्थापक होने के नाते यह बैठक व्यवस्था स्पष्ट रूप से एलन को अपमानित करने और छोटा दिखाने की कोशिश थी। टाउनी की उम्र व वरिष्ठता का सम्मान करते हुए और उससे भी ऊपर व्यावहारिकता की आवश्यकता को सहजता से स्वीकार करते हुए एलन ने कोई आपत्ति नहीं की थी और अपने स्वाभाविक कार्यालय को छोड़ दिया था तथा नीचे हॉल में चला गया था।

जैसा कि सबको पहले से ही पता था कि टाउनी में गेट्स के गुस्सैल स्वभाव को झेल पाने की क्षमता नहीं थी, इसलिए वह नाइक्रोसॉफ्ट में एक साल भी पूरा नहीं कर सका था। दूसरी ओर, बिल के कार्यालय से एलन के कार्यालय की महज 20 मीटर की दूरी अंदर-ही-अंदर बढ़ती जा रही थी। कंपनी की मुख्य गतिविधियों से एलन लगातार दूर होते जा रहे थे। शायद इस बात को दोनों जान रहे थे कि यह बढ़ती दूरी अब कभी भी कम न हो सकेगी। वैसे तो किसी ने भी मुँह से एक-दूसरे को कुछ भी नहीं कहा था, लेकिन बिल ने एलन के हृदय में जो मर्मांतक चोट पहुँचाई थी, वह अब उनकी जान तक ले लेने वाली बन गई थी।

जैसा कि सबको पहले से ही पता था कि टाउनी में गेट्स के गुस्सैल स्वभाव को झेल पाने की क्षमता नहीं थी, इसलिए वह माइक्रोसॉफ्ट में एक साल भी पूरा नहीं कर सका था। दूसरी ओर, बिल के कार्यालय से एलन के कार्यालय की महज 20 मीटर की दूरी अंदर-ही-अंदर बढ़ती जा रही थी। कंपनी की मुख्य गतिविधियों से एलन लगातार दूर होते जा रहे थे।

12 सितंबर, 1982 को बिल गेट्स के साथ पॉल एलन भी यूरोप के दौरे पर निकले थे। लंदन के बाद वे म्यूनिख पहुँचे थे, जहाँ बीयर पीने के बाद पहली बार एलन को अपने अंदर कुछ गड़बड़ होने का अहसास हुआ था, लेकिन जब 20 सितंबर को दोनों पेरिस के लिए रवाना हुए तो एलन बुरी तरह थक गए थे और उनके शरीर ने ठीक से काम करना बंद कर दिया था। ऐसा लग रहा था मानो

फ्लू हो गया हो, लेकिन बुखार का अता-पता नहीं था! एलन ने किसी तरह एक संवाददाता सम्मेलन में भाग लिया था और उसके बाद उनकी हिम्मत नहीं हुई। उन्हें लगा था कि मामला गंभीर है और फौरन सिएटल के लिए उड़ान ले ली थी और अपने डॉक्टर के पास पहुँच गए थे। प्रारंभिक जाँच से यह पता चल सका था कि एलन को 'लिंफोमा', एक तरह का ब्लड कैंसर था, लेकिन आगे और गहन जाँच के बाद अगली सुबह बेहतर खबर आई थी कि वह 'हॉज्किन' था, लिंफोमा की शुरुआती अवस्था। उसके बाद एलन को अगले छह सप्ताह तक हर सप्ताह में पाँच दिन का रेडिएशन कोर्स पूरा करना पड़ा था।

दो महीने में पॉल एलन का वजन 20 पौंड कम हो गया था। वह अधिकांश समय अपने माता-पिता व बहन के साथ गाना सुनते, आराम करते बिता रहे थे। इलाज की आधी प्रक्रिया पूरी होने के बाद गरदन पर उभर आई 'कैंसर' की गाँठ का आकार घटना शुरू हो गया था। वैसे वे अभी पूरी तरह निश्चित नहीं हो पाए थे कि बीमारी पूरी तरह से ठीक हो जाएगी।

दो महीने में पॉल एलन का वजन 20 पौंड कम हो गया था। वह अधिकांश समय अपने माता-पिता व बहन के साथ गाना सुनते, आराम करते बिता रहे थे। इलाज की आधी प्रक्रिया पूरी होने के बाद गरदन पर उभर आई 'कैंसर' की गाँठ का आकार घटना शुरू हो गया था। वैसे वे अभी पूरी तरह निश्चित नहीं हो पाए थे कि बीमारी पूरी तरह से ठीक हो जाएगी। इस क्रम में निश्चित रूप से बिल गेट्स ने अधिकांश समय उनके आसपास रहने की कोशिश की थी। शायद यह बस, लोकाचार ही था। वैसे तो इतनी लंबी मित्रता के कारण बिल गेट्स को भी पॉल एलन से मोह हो गया था, लेकिन उनका मूल स्वभाव 'जीतना' था। माइक्रोसॉफ्ट की अब तक सफलता ने उसे जीत का आदी बना दिया था और भविष्य में माइक्रोसॉफ्ट के माध्यम से विश्व-विजेता का सपना लगातार अधिक ठोस होता गया था। वर्चस्व उनका जन्मजात स्वभाव था और अधिवक्ता पिता की व्यावहारिक बुद्धि ने उन्हें निर्दयी प्रतिस्पर्धी भी बना दिया था। ऐसे में बिल गेट्स को पॉल एलन के साथ मित्रता के बाकी बचे मोह को भी निर्दयता से त्याग देना ही उसे माइक्रोसॉफ्ट पर एकाधिकार दिला सकता था

और उसने ऐसा ही किया था। यही कारण था कि बीमार एलन के समय बिताने के क्रम में उन्होंने एक बार फिर ऐसा कुछ बोल दिया था कि एलन का उत्साह बुरी तरह टूट गया था और मृत्यु के मुँह से धीरे-धीरे मुक्त हो रहे एलन ने जितना जल्दी हो सके, माइक्रोसॉफ्ट को छोड़ने का फैसला कर लिया था।

इस संबंध में एलन ने अपनी आत्मकथा 'आइडिया मैन' में लिखा है—

"फिर से रेडिएशन शुरू करने के बाद एक दिन मैं बिल के कार्यालय में एम.एस.-डॉस के राजस्व के बारे में बात कर रहा था। हमारी एकमुश्त शुल्क की रणनीति ने हमें अनेक बाजारों में स्थापित होने में मदद की थी, लेकिन मुझे लगा था कि हमने इसे बहुत लंबे समय से पकड़ रखा था। एक मामला सामने था—हमने 'एप्पल-सॉफ्ट बेसिक' के लाइसेंस के लिए 21 हजार डॉलर का शुल्क प्राप्त किया था। 20 लाख 'एप्पल-II' बिक जाने के बाद वह हमें 2 सेंट प्रति कॉपी पड़ा था। मैंने कहा, 'हमें डॉस के लिए रॉयल्टी शुरू करना होगा।' बिल ने उत्तर दिया था, मानो वह एक मंदबुद्धि बच्चे से बोल रहा हो, 'हमें जो आज बाजार हिस्सेदारी मिली है, उसके बारे में तुम कैसे सोचते हो?' तब स्टीव (बामर) अपनी सामान्य तीव्रता के साथ बिल की तरफदारी में आ खड़ा हुआ था। यह 'एक' के मुकाबले 'दो' जैसा था, जबकि मैं उस समय 'आधे' आदमी के बराबर भी नहीं था। (माइक्रोसॉफ्ट ने बाद में प्रति लाइसेंस देना शुरू किया था, जिससे उसके राजस्व में अरबों डॉलर की वृद्धि हुई थी।)...इस घटना के थोड़े ही दिनों बाद मैंने स्टीव (बामर) से कहा था कि शायद मैं स्वयं की कंपनी शुरू करूँगा! मैंने बिल को कह दिया था कि माइक्रोसॉफ्ट में एक पूर्णकालिक अधिकारी के रूप में मेरा समय शायद बहुत कम बचा है और मुझे लगा था कि मैं अपने आप में अधिक खुश रहूँगा।"

फिर से रेडिएशन शुरू करने के बाद एक दिन मैं बिल के कार्यालय में एम.एस.-डॉस के राजस्व के बारे में बात कर रहा था। हमारी एकमुश्त शुल्क की रणनीति ने हमें अनेक बाजारों में स्थापित होने में मदद की थी, लेकिन मुझे लगा था कि हमने इसे बहुत लंबे समय से पकड़ रखा था।

बिल गेट्स निर्दयी होने के साथ-साथ कितने चतुर भी थे, इसका प्रमाण इस

तथ्य से मिलता है कि उन्होंने उस समय पॉल एलन की बातों पर किसी प्रकार की कोई प्रतिक्रिया नहीं दी थी। वह एलन को बहुत ही अच्छी तरह से जानते थे। तब यह बात आई-गई हो गई-सी लग रही थी। चूँकि एलन की रेडिएशन चिकित्सा चल ही रही थी, इसलिए बिल ने एलन द्वारा 'माइक्रोसॉफ्ट हार्डवेयर ग्रुप' शुरू करने के प्रस्ताव को हरी झंडी दे दी थी। याद रहे कि इस हार्डवेयर ग्रुप के अंतर्गत 'माइक्रोसॉफ्ट-माउस' के मूल प्रारूप (प्रोटोटाइप) पर काम शुरू हुआ था। इस माउस का उपयोग चार्ल्स सिमोन्यी द्वारा विकसित किए जा रहे 'जी.यू.आई. (ग्राफिकल यूजर इंटरफेस) अनुप्रयोग समूह' यानी 'माइक्रोसॉफ्ट वर्ड', 'माइक्रोसॉफ्ट ऑफिस', 'माइक्रोसॉफ्ट पॉवरपॉइंट' को संचालित के लिए किया जाना था। वैसे तो माइक्रोसॉफ्ट को जापानी कंपनी 'ऐल्प्स इलेक्ट्रिकल समूह' के लिए भी माउस विकसित करने का काम मिला था, लेकिन इस क्षेत्र में वास्तविक सफलता वर्ष 1985 में मिली थी, जब जी.यू.आई. आधारित ऑपरेटिंग सिस्टम 'माइक्रोसॉफ्ट-विंडोज' को बाजार में उतारा गया था। इस क्रम में भी एप्पल के स्टीव जॉब्स के एक बटनवाले माउस के स्थान पर पॉल एलन ने दो बटनवाले माउस की व्यावहारिकता की वकालत की थी, जो बाद में एक तरह का मानक बन गया था। जी हाँ, पॉल एलन गंभीर बीमारी की अवस्था में भी, जबकि वह पहले ही माइक्रोसॉफ्ट को छोड़ देने का निर्णय कर चुके थे, कंपनी के भविष्य के हित के लिए बिल गेट्स से संबंधित परियोजना को आगे बढ़ाने के लिए लड़ रहे थे।

इस माउस का उपयोग चार्ल्स सिमोन्यी द्वारा विकसित किए जा रहे 'जी.यू.आई. (ग्राफिकल यूजर इंटरफेस) अनुप्रयोग समूह' यानी 'माइक्रोसॉफ्ट वर्ड', 'माइक्रोसॉफ्ट ऑफिस', 'माइक्रोसॉफ्ट पॉवरपॉइंट' को संचालित के लिए किया जाना था।

लेकिन दिसंबर के अंतिम सप्ताह में एक ऐसी घटना घटी थी, जिसके बारे में पॉल एलन ने कभी भी सोचा न था। 31 दिसंबर, 1982 का दिन पॉल एलन के लिए माइक्रोसॉफ्ट में पूर्णकालिक अधिकारी के रूप में अंतिम दिन बना था और 18 फरवरी, 1983 को माइक्रोसॉफ्ट से उनका त्याग-पत्र वैधानिक हो गया था।

मौत के चंगुल से बचकर आए पॉल एलन के साथ किस क्रूरता के साथ

व्यवहार किया गया था, इसके बारे में स्वयं पॉल एलन ने अपनी आत्मकथा 'आइडिया मैन' में लिखा है— "दिसंबर 1982 के अंत में एक शाम मैंने बिल के कार्यालय में बिल व स्टीव (बामर) को गुस्से में बोलते हुए सुना था और उसे सुनने के लिए बाहर ही रुक गया था। बातचीत के सार को समझना आसान था। वे उत्पादन में मेरी हाल की कमी का रोना रो रहे थे और यह विचार-विमर्श कर रहे थे कि किस प्रकार वे स्वयं अपने लिए और दूसरों के लिए शेयर ऑप्शन जारी कर माइक्रोसॉफ्ट में मेरी हिस्सेदारी को कमजोर बना सकते थे। यह स्पष्ट था कि वे लोग इस बारे में कुछ समय से विचार करते आ रहे थे...खड़े रहकर और अधिक सुनने में असमर्थ मैं गुस्से में अंदर गया था और दोनों पर चिल्लाया था, 'यह अविश्वसनीय है! यह हमेशा के तुम्हारे वास्तविक चरित्र को प्रदर्शित करता है।' मैं उन दोनों को बोल रहा था, बिल को सीधे घूर रहा था। रँगे हाथ पकड़े जाने से वे गूँगे से हो गए थे। वे कुछ बोलते, उससे पहले मैं एकदम पलटा और निकल गया। घर की ओर कार चलाते हुए मैंने अपने मस्तिष्क में उनके संवाद को दोबारा चलाया था और यह मुझे बहुत अधिक जघन्य लगा। मैंने कंपनी शुरू करने में सहायता की थी और अब भी प्रबंधन का एक सक्रिय सदस्य था—निस्संदेह बीमारी के चलते सीमित और अब मेरा हिस्सेदार व मेरा सहकर्मी मुझे चीर देने का षड्यंत्र कर रहे थे। यह स्पष्ट रूप से स्वार्थ-लोलुपता व अवसरवाद था।"

यह स्पष्ट था कि वे लोग इस बारे में कुछ समय से विचार करते आ रहे थे...खड़े रहकर और अधिक सुनने में असमर्थ मैं गुस्से में अंदर गया था और दोनों पर चिल्लाया था, 'यह अविश्वसनीय है! यह हमेशा के तुम्हारे वास्तविक चरित्र को प्रदर्शित करता है।'

जी हाँ, बिल गेट्स कितना अधिक स्वार्थ-लोलुप था, कितना बड़ा अवसरवादी था, पॉल एलन को अब पता चला था! अब भी बिल गेट्स ने स्टीव बामर के माध्यम से पॉल को समझा-बुझाकर अँधेरे में रखने की कोशिश की थी, लेकिन जब उसको अहसास हो गया कि अब उसकी कोशिशें सफल नहीं होंगी तो वह अपना नुकसान बचाने के जुगाड़ में जुट गया था। याद रहे कि जब वर्ष 1981 में माइक्रोसॉफ्ट का विधिवत् गठन हुआ था तो उसमें बिल ने अपने पक्ष

में यह प्रावधान भी जोड़ दिया था कि गंभीर मतभेद की स्थिति में वह हिस्सेदार के स्वामित्व अधिकार को खरीद सकता था। ऐसे में जब त्याग-पत्र देने के बाद जनवरी 1983 में एलन ने बिल से उसके कार्यालय में भेंट की थी, तब बिल ने उससे कहा भी था कि अब उसके लिए कंपनी में इतनी बड़ी हिस्सेदारी बनाए रखना उचित नहीं था और उसने 5 डॉलर प्रति स्वामित्व हिस्सेदारी (शेयर ऑफ स्टॉक) को खरीद लेने का प्रस्ताव भी किया था, लेकिन एलन ने स्पष्ट कर दिया था कि वह 10 डॉलर से नीचे किसी भी प्रस्ताव पर विचार नहीं करेगा। ध्यान रहे कि पीछे भी एक अधिकारी से बिल गेट्स ने दबाव बनाकर 3 डॉलर की दर से उसकी स्वामित्व-हिस्सेदारियों को खरीद लिया था और अब वह एलन के मामले में भी उसी दबाव रणनीति को अपनाना चाहते थे, लेकिन एलन की स्थिति अलग थी। वह कोई कर्मचारी नहीं थे, बल्कि कंपनी के सह-संस्थापक-हिस्सेदार-निदेशक थे और उक्त अधिकारी की तरह किसी प्रतिस्पर्धी कंपनी में भी नहीं जा रहे थे।

ध्यान रहे कि पीछे भी एक अधिकारी से बिल गेट्स ने दबाव बनाकर 3 डॉलर की दर से उसकी स्वामित्व-हिस्सेदारियों को खरीद लिया था और अब वह एलन के मामले में भी उसी दबाव रणनीति को अपनाना चाहते थे, लेकिन एलन की स्थिति अलग थी।

ऐसे में बिल के भारी दबाव के बाद भी एलन ने न केवल अपना हिस्सा बेचने से मना कर दिया था, बल्कि 18 फरवरी, 1983 को विधिवत् त्याग-पत्र दे देने के बाद निदेशक मंडल में अपना स्थान सुरक्षित रखा था। इतना ही नहीं, निदेशक मंडल की बैठक में कंपनी में उनके पर्सनल योगदान को ध्यान में रखते हुए एलन को बहुमत से वाईस चेयरमैन चुन लिया गया था और उस अवसर पर एलन ने भविष्य में भी कंपनी में योगदान करने की आशा व्यक्त की थी। बिल गेट्स ने यहाँ भी अपनी स्वाभाविक धूर्तता को बनाए रखा था और मौन बने रहे थे। उन्होंने अगले कुछ समय के लिए माइक्रोसॉफ्ट मुख्यालय में एलन के कार्यालय को बनाए रखा था, लेकिन छह महीने बाद उसका सारा सामान उसके पते पर भेज दिया था। जी हाँ, बिल गेट्स इतना 'निर्दयी प्रतिस्पर्धी' थे कि वह माइक्रोसॉफ्ट मुख्यालय में एलन का कोई भी अस्तित्व सहन नहीं कर सकते

थे और इस प्रकार उन्होंने एलन के माइक्रोसॉफ्ट के साथ सीधे संबंध का हमेशा के लिए अंत कर दिया था और तब जाकर उसके हमेशा जीतने के आदी स्वभाव को शांति मिली थी।

आप भले ही बिल गेट्स के इस सफलता-सूत्र से सहमत न हों, भले ही आप उनके 'निर्दयी प्रतिस्पर्धी' व 'जीत का आदी' होने की प्रवृत्ति से घृणा भी करें, लेकिन इसी सूत्र ने उनकी ऐतिहासिक सफलता को सुनिश्चित किया था। हाँ, इस स्वभाव के चलते उन्होंने स्टीव जॉब्स के साथ विश्वासघात कर मैकिंटोश की 'जी.यू.आई.' आधारित ऑपरेटिंग सिस्टम की नकल कर 'माइक्रोसॉफ्ट विंडोज' बाजार में उतारा था और पी.सी. बाजार में माइक्रोसॉफ्ट के एकाधिकार को स्थापित किया था। इसी स्वभाव के कारण इंटरनेट युग में पिछड़ने के बाद बिल गेट्स ने बाजार में भयंकर मार-काट की थी और लगभग अधिकांश प्रतिस्पर्धियों का सफाया कर दिया था। इसी स्वभाव के कारण बिल गेट्स को अमेरिकी न्याय विभाग के अविश्वास मुकदमे का अपमान भी सहना पड़ा था, लेकिन उनका स्वभाव सुधरने के बदले और अधिक ठोस रूप ही ग्रहण करता चला गया था। अविश्वास मुकदमे की सुनवाई के क्रम में एक समय ऐसा भी आया था, जब यह स्पष्ट होने लगा था कि माइक्रोसॉफ्ट छिन्न-भिन्न हो जाएगा; लेकिन बिल गेट्स अब और अधिक धूर्त बन चुके थे। अब उन्होंने अपने राजनीतिक विरोधियों को भी खरीद लेने की कला विकसित कर ली थी और भारी कीमत पर प्रतिस्पर्धी कंपनियों को खरीदकर माइक्रोसॉफ्ट के विरुद्ध किसी भी कानूनी बाधा को हमेशा के लिए खत्म कर लिया था।

□

4

कुशल लोगों की भरती कर अस्तित्व बचाना

पॉल एलन ने स्वयं के रहते ही माइक्रोसॉफ्ट की आगामी प्रौद्योगिकी यात्रा का व्यापक प्रारूप तैयार कर दिया था। अब व्यावसायिक कार्यान्वयन की बारी थी, जिसमें बिल गेट्स को पॉल एलन जैसे किसी दूरदर्शी की आवश्यकता नहीं थी। अब बिल गेट्स को आवश्यकता थी; कुशल सेनापतियों के नेतृत्व में विभिन्न सैनिक वाहिनियों की, जो विभिन्न मोरचों पर माइक्रोसॉफ्ट की विजय-यात्रा को सुनिश्चित करें। जी हाँ, कुशल लोगों की भरती कर बिल गेट्स ने न केवल माइक्रोसॉफ्ट के अस्तित्व को बचाए रखने की नेतृत्व कला विकसित की थी, बल्कि उसे ऐतिहासिक ऊँचाइयों पर पहुँचाया था।

पॉल एलन के त्याग-पत्र के कुछ ही समय बाद जून 1983 में जेम्स टाउनी ने बिल गेट्स के गुस्सैल व तानाशाही व्यवहार से तंग आकर त्याग-पत्र दे दिया था। लगभग दो माह बाद बिल गेट्स ने अध्यक्ष एवं मुख्य परिचालन अधिकारी (प्रेसीडेंट एंड सी.ओ.ओ.) के पद पर जॉन शिरली (45 वर्ष) को बिठा दिया था। अब बिल गेट्स ने चेयरमैन के साथ-साथ एलन का कार्यकारी उपाध्यक्ष (एग्जीक्यूटिव वाइस प्रेसीडेंट) का पद भी अपने ही पास रख लिया था और इस तरह माइक्रोसॉफ्ट के सॉफ्टवेयर डेवलपमेंट पर भी उनका ही संपूर्ण नियंत्रण स्थापित हो गया था।

चूँकि जॉन शिरली उनसे पहले 'टेंडी कॉरपोरेशन' में कंप्यूटर व्यापार का उपाध्यक्ष (वाइस प्रेसीडेंट-कंप्यूटर मर्चेंडाइजिंग) रहा था, इसलिए उसके पास बिक्री, उत्पादन एवं अंतरराष्ट्रीय परिचालन का अच्छा अनुभव था। बिल गेट्स को शिरली के रूप में कुशल सेनापति मिल गया था। अगले लगभग सात वर्षों के

कार्यकाल में शिरली ने माइक्रोसॉफ्ट जैसी युवा कंपनी को पेशेवर व्यावसायिक कुशलता के साथ आगे बढ़ाया था। 'माइक्रोसॉफ्ट विंडोज' ऑपरेटिंग सिस्टम के शुभारंभ, माइक्रोसॉफ्ट के रेडमंड (किंग काउंटी, वाशिंगटन) मुख्यालय परिसर के विकास और प्रारंभिक सार्वजनिक प्रस्ताव (आई.पी.ओ.) के साथ माइक्रोसॉफ्ट को ऐतिहासिक ऊँचाई प्रदान करने शिरली ने बिल गेट्स के साथ महत्त्वपूर्ण भूमिका निभाई थी। यही कारण है कि शिरली को माइक्रोसॉफ्ट के वित्तीय व प्रबंधकीय आधारभूत संरचना के वास्तुकार का श्रेय दिया जाता है। शिरली के सात वर्षों के कार्यकाल (वर्ष 1983 से 1990) के बीच माइक्रोसॉफ्ट का राजस्व 5 करोड़ डॉलर से बढ़कर 1.18 अरब डॉलर हो गया था और कर्मचारी सेना का आकार 476 से बढ़कर 5,635 हो गया था।

वैसे तो शिरली के बाद बिल गेट्स ने बोइंग के पूर्व कार्यकारी माइकल आर. हॉलमैन को उसके पद पर बिठाया था, लेकिन शिरली को निदेशक मंडल में बनाए रखते हुए उसका सलाहकार बना दिया था। ऐसे में जब दो वर्षों में बिल गेट्स ने हॉलमैन को तथाकथित वित्तीय अनियमितताओं के कारण पद से हटाया था तो माइक्रोसॉफ्ट के व्यावसायिक परिचालन पर कोई असर नहीं हुआ था। उसके बाद बिल गेट्स ने अध्यक्ष व मुख्य परिचालन अधिकारी के कार्य को कई हिस्सों में बाँट दिया था और चेयरमैन व मुख्य कार्यकारी अधिकारी (चेयरमैन ऐंड सी.ई.ओ.) के अगले आठ वर्ष स्वयं ही माइक्रोसॉफ्ट का संचालन करते रहे थे। अविश्वास मुकदमे के सार्वजनिक दबाव में वैसे बिल गेट्स ने अपने सहपाठी मित्र स्टीव बामर को सी.ई.ओ. के पद पर बिठा दिया था, लेकिन स्वयं के लिए 'चीफ सॉफ्टवेयर आर्किटेक्ट' पद का सृजन कर माइक्रोसॉफ्ट की प्रौद्योगिकी गतिविधियों का नियंत्रण अपने ही हाथों में ले लिया था और चेयरमैन के रूप में निदेशक मंडल पर उसका वर्चस्व पहले की ही तरह बना रहा था।

वैसे तो शिरली के बाद बिल गेट्स ने बोइंग के पूर्व कार्यकारी माइकल आर. हॉलमैन को उसके पद पर बिठाया था, लेकिन शिरली को निदेशक मंडल में बनाए रखते हुए उसका सलाहकार बना दिया था।

लेकिन यह यात्रा बिल गेट्स के लिए आसान नहीं रही थी। उसने जॉन शिरली

की सूझ-बूझ से माइक्रोसॉफ्ट की वित्तीय व प्रबंधकीय आधारभूत संरचना को बहुत ही सावधानी से ठोस रूप प्रदान किया था। जैसा कि हमने ऊपर पढ़ा है, पॉल एलन ने अपने रहते ही माइक्रोसॉफ्ट की प्रौद्योगिकीय आधारभूत संरचना का विकास कर दिया था, इसलिए इस दिशा में शिरली या बिल गेट्स को कुछ विशेष करने की आवश्यकता नहीं पड़ी थी, लेकिन त्याग-पत्र की स्थिति आने से पहले पॉल एलन ने माइक्रोसॉफ्ट की दिशा को कैसे परिभाषित किया, यह जानना भी आवश्यक है।

अगस्त 1981 में एप्पल के संस्थापक स्टीव जॉब्स ने अपने बहुचर्चित 'मैकिनटोश कंप्यूटर' के लिए कुछ एप्लिकेशंस के विकास के लिए माइक्रोसॉफ्ट से संपर्क किया था। कुछ महीनों बाद अक्तूबर में जॉब्स के बुलावे पर 'मैकिनटोश' का साक्षत् प्रदर्शन देखने के लिए पॉल एलन व बिल गेट्स ने सिलिकॉन वैली स्थित एप्पल मुख्यालय की यात्रा की थी।

वास्तव में, अगस्त 1981 में एप्पल के संस्थापक स्टीव जॉब्स ने अपने बहुचर्चित 'मैकिनटोश कंप्यूटर' के लिए कुछ एप्लिकेशंस के विकास के लिए माइक्रोसॉफ्ट से संपर्क किया था। कुछ महीनों बाद अक्तूबर में जॉब्स के बुलावे पर 'मैकिनटोश' का साक्षत् प्रदर्शन देखने के लिए पॉल एलन व बिल गेट्स ने सिलिकॉन वैली स्थित एप्पल मुख्यालय की यात्रा की थी। फिर 22 जनवरी, 1982 को माइक्रोसॉफ्ट एवं एप्पल के बीच चार एप्लिकेशंस—'माइक्रोसॉफ्ट मल्टीप्लान' (इलेक्ट्रॉनिक स्प्रेडशीट प्रोग्राम), 'माइक्रोसॉफ्ट चार्ट' (बिजनेस ग्राफिक प्रोग्राम), 'माइक्रोसॉफ्ट फाइल' (डेटाबेस प्रोग्राम), 'माइक्रोसॉफ्ट एक्सेल' (इंटीग्रेटेड इलेक्ट्रॉनिक स्प्रेडशीट प्रोग्राम) और 'माइक्रोसॉफ्ट वर्ड' (वर्ड प्रोसेसिंग प्रोग्राम) के विकास का अनुबंध किया गया था। इस अनुबंध में एप्पल की ओर से सबसे महत्त्वपूर्ण शर्त यह रखी गई थी कि 'मैकिनटोश' के जारी होने के एक साल पहले माइक्रोसॉफ्ट इन एप्लिकेशंस को किसी अन्य ग्राहक को नहीं देगी, लेकिन बिल गेट्स ने बड़ी चालाकी से स्टीव जॉब्स से इस शर्त की अंतिम समय सीमा जनवरी 1983 निश्चित करवा ली थी। आई.बी.एम. की 'प्रोजेक्ट चेस' परियोजना की तरह ही 'एप्पल मैकिनटोश

परियोजना' को गुप्त-नाम 'सैंड' (SAND— स्टीव्स अमेजिंग न्यू डिवाइस) दिया गया था। 20 जनवरी, 1984 को जब एप्पल मैकिनटोश कंप्यूटर के अनावरण के मौके पर बिल गेट्स भी मौजूद और मैकिनटोश निर्देशिका में स्टीव जॉब्स ने लोटस के मिच कपूर और सॉफ्टवेयर पब्लिशिंग के फ्रेड गिबन के साथ बिल गेट्स का चित्र भी प्रकाशित किया गया था।

जैसा कि हम जानते हैं कि अगस्त 1979 में जेरॉक्स पार्क द्वारा 'आल्टो पर्सनल कंप्यूटर' का शोध-पत्र पढ़ने के बाद से ही पॉल एलन जी.यू.आई. (ग्राफिकल यूजर इंटरफेस) पर काम शुरू करना चाहते थे, लेकिन उसके करीब दो साल बाद उस पर काम शुरू हो सका था और सितंबर 1982 में 'माइक्रोसॉफ्ट विंडोज' का पहला डिजाइन तैयार हो सका था, जिसे शुरुआत में 'इंटरफेस मैनेजर' (अंतराफलक प्रबंधक) कहा गया था। चूँकि इस अंतराफलक (इंटरफेस) पर बड़े-बड़े 'कमांड कोड' (आदेश संकेत लिपि) के स्थान पर 'ग्राफिकल विंडोज' (चित्रात्मक खिड़कियों) का उपयोग हुआ था, इसलिए अंततः इसका नाम 'माइक्रोसॉफ्ट विंडोज' रखा गया।

इस ऐतिहासिक नामकरण के साथ रोलैंड हैनसन का नाम जुड़ा हुआ है। बिल गेट्स ने इस अद्भुत प्रतिभा को वर्ष 1983 की शुरुआत में माइक्रोसॉफ्ट में उपाध्यक्ष—निगमित संचार (वाइस प्रेसिडेंट—कॉरपोरेट कम्युनिकेशन) के रूप में नियुक्त किया था। उसने माइक्रोसॉफ्ट के छवि-निर्माण (ब्रांडिंग) की व्यापक योजना तैयार की थी और कंपनी को बिलकुल नए अंदाज में प्रस्तुत करना शुरू किया था। उसी ने बिल गेट्स को 'इंटरफेस मैनेजर' के स्थान पर इस अद्भुत पी.सी. ऑपरेटिंग सिस्टम को 'माइक्रोसॉफ्ट विंडोज' रखने का सुझाव दिया था। उस नाम को सभी ने एकमत में प्रभावी व आकर्षक माना था। इसी प्रकार रोलैंड ने ही 'मल्टी टूल' को 'माइक्रोसॉफ्ट वर्ड' नाम दिया था। व्हार्टन स्कूल ऑफ बिजनेस

इस ऐतिहासिक नामकरण के साथ रोलैंड हैनसन का नाम जुड़ा हुआ है। बिल गेट्स ने इस अद्भुत प्रतिभा को वर्ष 1983 की शुरुआत में माइक्रोसॉफ्ट में उपाध्यक्ष—निगमित संचार (वाइस प्रेसिडेंट—कॉरपोरेट कम्युनिकेशन) के रूप में नियुक्त किया था।

(पेंसिल्वेनिया विश्वविद्यालय) से एम.बी.ए. की उपाधि प्राप्त करनेवाले रोलैंड ने माइक्रोसॉफ्ट में आने से पहले न्यूट्रोजेना कॉरपोरेशन (अब जॉनसन एंड जॉनसन) में उपाध्यक्ष—अंतरराष्ट्रीय विपणन (वाइस प्रेसीडेंट—इंटरनेशनल मार्केटिंग) के रूप में कार्य किया था। जी हाँ, अपने पाँच साल के कार्यकाल में रोलैंड ने माइक्रोसॉफ्ट की ब्रांड छवि को ऐतिहासिक ऊँचाई प्रदान की थी (वर्ष 1987 के बाद अपनी सलाहकार कंपनी 'सी.आर.एस. एसोसिएट्स' का संचालन करने लगा था)।

बिल गेट्स ने किन परिस्थितियों में 'माइक्रोसॉफ्ट विंडोज' को बाजार में उतारकर कंपनी के अस्तित्व को बचाया था, उसकी एक झलक देखना अत्यावश्यक है। वास्तव में, स्टीव जॉब्स ने अपनी बेटी लिसा के जन्म के बाद वर्ष 1978 में ही 'एप्पल लिसा' के विकास का काम शुरू कर दिया था, जो 19 जनवरी, 1983 को बाजार में उतारा गया था।

बिल गेट्स ने किन परिस्थितियों में 'माइक्रोसॉफ्ट विंडोज' को बाजार में उतारकर कंपनी के अस्तित्व को बचाया था, उसकी एक झलक देखना अत्यावश्यक है। वास्तव में, स्टीव जॉब्स ने अपनी बेटी लिसा के जन्म के बाद वर्ष 1978 में ही 'एप्पल लिसा' के विकास का काम शुरू कर दिया था, जो 19 जनवरी, 1983 को बाजार में उतारा गया था। यह काफी सस्ते में उपलब्ध पहला पी.सी. था, जिसमें 'जेरॉक्स आल्टो' के प्रौद्योगिकी नवाचारों का उपयोग कर उससे उच्च गुणवत्ता के ग्राफिकल यूजर इंटरफेस (जी.यू.आई.) की सुविधा उपलब्ध कराई गई थी, लेकिन एप्पल के आंतरिक सत्ता-संघर्ष के कारण 'लिसा' के बाजार में आने से पहले ही जॉब्स ने 'एप्पल मैकिनटोश' का विकास शुरू कर दिया था, जो 'लिसा' के आने के एक वर्ष बाद ही 24 जनवरी, 1984 को बाजार में उतार दिया गया था।

इस बीच 31 अक्तूबर, 1983 को 'विजि कॉर्प्स' ने जी.यू.आई. पर आधारित 'विजि ऑन एप्लीकेशन मैनेजर' को बाजार में उतार दिया था। यह संपूर्ण ऑपरेटिंग सिस्टम (ओ.एस.) नहीं, वरन् परिचालन योग्य वातावरण (ऑपरेटिव एनवायरनमेंट) था। यह ऑपरेटिंग सिस्टम व एप्लिकेशंस को जोड़नेवाली 'बिचौलिया सॉफ्टवेयर'

का काम करता था। वैसे इसकी कीमत 495 डॉलर थी, लेकिन 'विजि कॉर्प्स' ने इसे अपने स्प्रेडशीट प्रोग्राम 'विजि ऑन कैल्क' (395 डॉलर), चार्ट/ग्राफ प्रोग्राम 'विजि ऑन ग्राफ' (250 डॉलर) एवं वर्ड प्रोसेसर 'विजि ऑन वर्ड' (375 डॉलर) के साथ कुल 1,765 डॉलर में बाजार में प्रस्तुत किया था, लेकिन सॉफ्टवेयर आर्ट्स के साथ कानूनी विवादों से निपटने के लिए 'विजि कॉर्प्स' को वर्ष 1984 के बीच में अपनी 'स्रोत संकेत लिपि' (सोर्स कोड) कंट्रोल डाटा कॉरपोरेशन को बेचना पड़ा। कुछ समय बाद फरवरी 1985 में 'विजि कॉर्प्स' ने अपने अन्य तीनों एप्लिकेशंस की कुल कीमत को घटाकर 990 डॉलर कर अपनी बाजार-रणनीति को सुधारने की कोशिश भी की, लेकिन लोटस 1-2-3 से मुकाबला न कर पाने के चलते कंपनी की वित्तीय स्थिति बिगड़ गई थी और नवंबर 1985 में पलादीन सॉफ्टवेयर ने उसको अधिगृहीत कर स्वयं में विलय कर लिया था।

कुछ समय बाद फरवरी 1985 में 'विजि कॉर्प्स' ने अपने अन्य तीनों एप्लिकेशंस की कुल कीमत को घटाकर 990 डॉलर कर अपनी बाजार-रणनीति को सुधारने की कोशिश भी की, लेकिन लोटस 1-2-3 से मुकाबला न कर पाने के चलते कंपनी की वित्तीय स्थिति बिगड़ गई थी और नवंबर 1985 में पलादीन सॉफ्टवेयर ने उसको अधिगृहीत कर स्वयं में विलय कर लिया था।

जी हाँ, विजिकॉर्प्स का दुर्भाग्य माइक्रोसॉफ्ट का सौभाग्य साबित हुआ था। माइक्रोसॉफ्ट अभी 'विंडोज-1.0' को ठीक से विकसित भी नहीं कर पाई थी कि उसके मनसूबे पर पानी फेरने के लिए 'विजि ऑन' ने बाजार में ताल ठोंकना शुरू कर दिया था। ऐसी स्थिति में और अधिक देर करना माइक्रोसॉफ्ट के लिए खतरनाक सिद्ध हो सकता था; लेकिन बिल गेट्स भला ऐसा कैसे होने दे सकते थे? चूँकि 'मैकिनटोश' को उतारने में स्टीव जॉब्स को अनुमान से अधिक समय लग गया था, इसलिए शर्त की समय-सीमा पूरी होने से 40 दिन पहले ही 10 नवंबर, 1983 को न्यूयॉर्क सिटी के प्लाजा होटल में आयोजित एक समारोह में बिल गेट्स ने घोषणा कर दी थी कि 'माइक्रोसॉफ्ट विंडोज-1.0' आगामी अप्रैल 1984 से बाजार में उपलब्ध हो जाएगा। इतना ही नहीं, गेट्स ने यह भी दावा किया था

कि 'विंडोज 1.0' का मूल्य केवल 250 डॉलर होगा, जबकि उसमें 'विजि ऑन' जैसी सभी विशेषताएँ होंगी। ध्यान रहे कि इस घोषणा से बहुत पहले ही पॉल एलन माइक्रोसॉफ्ट छोड़ चुके थे और बिल गेट्स को अपनी उस घोषणा को पूरा करने में कुल दो वर्ष से अधिक लग गए थे, जब वह 20 नवंबर, 1985 को 'माइक्रोसॉफ्ट विंडोज 1.0' को बाजार में लाने में सक्षम हो सके थे।

प्लाजा होटल में घोषणा से पहले बिल गेट्स ने 'विंडोज 1.0' का बीटा संस्करण आई.बी.एम. के पदाधिकारियों को दिखाया था और उनसे समर्थन की अपेक्षा भी की थी, लेकिन अब तक आई.बी.एम. को यह अहसास होना शुरू हो चुका था कि 'आई.बी.एम. पी.सी. डॉस' की मूल ऑपरेटिंग सिस्टम 'एम.एम.-डॉस' का स्वामित्व न लेकर उसने वर्ष 1981 में बहुत बड़ी गलती की थी।

रोचक तथ्य यह भी है कि बिल गेट्स ने माइक्रोसॉफ्ट के अस्तित्व को बचाने के लिए बड़ी सूझ-बूझ से काम लिया था। वास्तव में, प्लाजा होटल में घोषणा से पहले बिल गेट्स ने 'विंडोज 1.0' का बीटा संस्करण आई.बी.एम. के पदाधिकारियों को दिखाया था और उनसे समर्थन की अपेक्षा भी की थी, लेकिन अब तक आई.बी.एम. को यह अहसास होना शुरू हो चुका था कि 'आई.बी.एम. पी.सी. डॉस' की मूल ऑपरेटिंग सिस्टम 'एम.एम.-डॉस' का स्वामित्व न लेकर उसने वर्ष 1981 में बहुत बड़ी गलती की थी। याद रहे कि माइक्रोसॉफ्ट ने 'एम.एस.-डॉस' के लाइसेंस कई पी.सी. निर्माताओं को जारी कर दिए और आई.बी.एम. पी.सी. की प्रतिस्पर्धा करने के लिए उन सभी ने अपेक्षाकृत बहुत कम मूल्यों पर अपने-अपने पी.सी. बाजार में उतार दिए थे। माइक्रोसॉफ्ट ने ऐसा इसलिए किया था कि उसे रॉयल्टी के रूप में भारी कमाई करने का अवसर मिल गया था। ऐसे में आई.बी.एम. अधिकारियों ने अपनी पुरानी वर्चस्व परंपरा को फिर से स्थापित करने की कोशिश की थी। वास्तव में, बिल गेट्स का प्रस्ताव आने से पहले ही आई.बी.एम. पूर्ण/स्वामित्ववाली ऑपरेटिंग सिस्टम 'टॉप व्यू' के विकास की दिशा में गुपचुप तरीके से कदम बढ़ा चुकी थी। यही कारण था कि आई.बी.एम. अधिकारियों ने गेट्स के प्रस्ताव में कोई रुचि नहीं दिखाई थी। याद

रहे कि बिल गेट्स की घोषणा के लगभग नौ महीनों बाद आई.बी.एम. ने अगस्त 1984 में 'टॉप व्यू' की सार्वजनिक घोषणा की थी, लेकिन फरवरी 1985 में जब वह सामने आया था तो दावे के उलट उसमें जी.यू.आई. की कोई भी विशेषता नहीं थी। वास्तव में आई.बी.एम. ने 'टॉप व्यू' को भी माइक्रोसॉफ्ट द्वारा प्रदान की गई 'डॉस' पर ही आधारित किया था, जो एक साथ कई काम करनेवाले प्रबंधक कार्यक्रम (मल्टीटास्किंग प्रोग्राम मैनेजर) से अधिक कुछ नहीं थी और आई.बी.एम. को दो साल बाद ही 'टॉप व्यू' को बाजार से हटाना पड़ा था।

जी हाँ, जब बिल गेट्स आई.बी.एम. के पास पहुँचे थे, उससे पहले ही उन्होंने आई.बी.एम. की नकारात्मक प्रतिक्रिया का अनुमान लगा लिया था और केवल अनुमान ही नहीं लगाया था, आई.बी.एम. को उसकी बेरुखी का करारा जवाब देने की रणनीति भी बना ली थी। इधर आई.बी.एम. ने बिल गेट्स के प्रस्ताव को ठुकराया था तो दूसरी तरफ 'विंडोज 1.0' के बीटा संस्करण को समर्थन देने के लिए 'कॉम्पैक कंप्यूटर कॉरपोरेशन' (अब हेवलेट पैकार्ड कंपनी), 'जेनिथ डाटा सिस्टम्स' (जेनिथ इलेक्ट्रॉनिक्स) व 'डिजिटल इक्विपमेंट कॉरपोरेशन' (डी.ई.सी.) सामने आ गई थी। ये कंपनियाँ 'एमएस-डॉस' ऑपरेटिंग सिस्टम पर संचालित पी.सी. को अपेक्षाकृत सस्ते में बाजार में उतार चुकी थीं और 'आई.बी.एम. पी.सी.' की गला काट प्रतिस्पर्धा का माहौल बना रही थीं। इससे 'आई.बी.एम. पी.सी.' की शुरुआती धुआँधार सफलता के मार्ग में नित नई चुनौतियाँ खड़ी हो रही थीं तो माइक्रोसॉफ्ट के राजस्व खाते में रॉयल्टी की बारिश हो रही थी। ऐसे में जब तक आई.बी.एम. 'टॉप व्यू' के साथ बाजार में आ सकी थी, 'माइक्रोसॉफ्ट विंडोज' ने उपर्युक्त कंपनियों के माध्यम से अपने लिए सुरक्षित किला बना लिया था। ऐसे में जब 'टॉप व्यू' का पहला संस्करण बाजार में आया था, जो कि अपेक्षा के उलट था तो आई.बी.एम. द्वारा सुधार के नए दावे पर किसी को भी भरोसा नहीं हुआ था।

जब बिल गेट्स आई.बी.एम. के पास पहुँचे थे, उससे पहले ही उन्होंने आई.बी.एम. की नकारात्मक प्रतिक्रिया का अनुमान लगा लिया था और केवल अनुमान ही नहीं लगाया था, आई.बी.एम. को उसकी बेरुखी का करारा जवाब देने की रणनीति भी बना ली थी।

याद रहे कि 'विंडोज 1.0' में भी अनेक प्रकार की कमियाँ थीं; लेकिन वह 'टॉप व्यू' से बहुत आगे थी, क्योंकि चित्रात्मक उपयोगकर्ता अंतराफलक (जी. यू.आई.) जैसी क्रांतिकारी विशेषता थी। निस्संदेह बिल गेट्स ने जी.यू.आई. का क्रांतिकारी विचार स्टीव जॉब्स से चुराया था, जिसने सबसे पहले 'एप्पल लिसा' और उसके बाद 'मैकिनटोश' में इस्तेमाल किया था। चूँकि स्टीव जॉब्स ने इन दोनों ही पी.सी. के लिए माइक्रोसॉफ्ट से कई कार्यक्रम विकसित कराए थे, इसलिए बिल गेट्स को शुरुआती चरण में ही जी.यू.आई. के क्रांतिकारी प्रभाव का पता चल गया था और उसने पॉल एलन द्वारा इस दिशा में बहुत पहले से बनाए जा रहे दबाव की महत्ता को समझकर उस पर काम शुरू कर दिया था। इतना ही नहीं, बिल गेट्स को एप्पल के अंदर के सत्ता-संघर्ष की भी गहरी जानकारी थी और वह स्टीव जॉब्स के 'अति आत्मविश्वासी' स्वभाव की कमजोरियों को भी परख चुका था। बिल गेट्स को पता था कि स्टीव जॉब्स लक्षित समय पर 'मैकिनटोश' को बाजार में नहीं ला सकेगा, क्योंकि वह उस पी.सी. में जी.यू.आई. आधारित अनेक विशेषताओं को एक साथ प्रस्तुत करने की धुन में था। यही कारण था कि बिल गेट्स ने मैकिनटोश संबंधी अनुबंध में 31 दिसंबर, 1983 की समय-सीमा निश्चित करवा ली थी; लेकिन तब स्टीव जॉब्स ने यह अनुमान नहीं लगाया था कि उसके मैकिनटोश को पूरा होने में इतनी देरी होगी और इस समय-सीमा की आड़ में बिल गेट्स उसके साथ 'विश्वासघात' भी कर सकता था, लेकिन बिल गेट्स द्वारा 'विंडोज 1.0' की दिशा में आगे बढ़ना, भले ही वह स्टीव जॉब्स के विचारों की नकल थी, 'विश्वासघात' नहीं कहा जा सकता था, क्योंकि यह माइक्रोसॉफ्ट व बिल गेट्स के लिए अस्तित्व को बचाए रखने का यक्ष-प्रश्न बन गया था।

याद रहे कि 'विंडोज 1.0' में भी अनेक प्रकार की कमियाँ थीं; लेकिन वह 'टॉप व्यू' से बहुत आगे थी, क्योंकि चित्रात्मक उपयोगकर्ता अंतराफलक (जी.यू.आई.) जैसी क्रांतिकारी विशेषता थी। निस्संदेह बिल गेट्स ने जी.यू.आई. का क्रांतिकारी विचार स्टीव जॉब्स से चुराया था, जिसने सबसे पहले 'एप्पल लिसा' और उसके बाद 'मैकिनटोश' में इस्तेमाल किया था।

बात इतनी ही नहीं थी। जनवरी 1983 में 'एप्पल-लिसा' के बाजार में आने के ठीक एक वर्ष के बाद ही जब स्टीव जॉब्स ने 'एप्पल मैकिनटोश' को बाजार में उतारा था तो कंप्यूटर उपयोगकर्ताओं का बहुत बड़ा वर्ग उसकी जी.यू. आई. आधारित विशेषताओं का दीवाना-सा हो गया था। चूँकि स्टीव जॉब्स ने एप्पल को हार्डवेयर के साथ-साथ सॉफ्टवेयर के अभेद्य किले के रूप में विकसित किया था, इसलिए उसकी क्रांतिकारी प्रौद्योगिकियाँ बाजार के लिए उपलब्ध नहीं थीं। विशेष रूप से सामग्री-प्रक्रियाओं के लिए अन्य सभी कंप्यूटर निर्माताओं के लिए माइक्रोसॉफ्ट तथा कुछ अन्य कंपनियों का ही सहारा था। स्पष्ट है कि सभी ने बिल गेट्स द्वारा 'विंडोज 1.0' के बीटा संस्करण को अपनाया था, लेकिन वह संपूर्ण ऑपरेटिंग सिस्टम नहीं, केवल 'परिचालन योग्य वातावरण' (ऑपरेटिव एनवायरमेंट) था और सभी पी.सी. निर्माता स्वाभाविक रूप से उसके संपूर्ण स्थिर संस्करण की प्रतीक्षा कर रहे थे। चूँकि अब बिल गेट्स के पास माइक्रोसॉफ्ट का 'आइडिया मैन' पॉल एलन नहीं था, इसलिए इस दिशा में काम को आगे बढ़ाने में बिल गेट्स के पसीने छूट रहे थे, क्योंकि पॉल एलन के प्रति समर्पित रहे माइक्रोसॉफ्ट के प्रोग्रामर के दल से काम लेना और उन्हें प्रोत्साहित करना उनके लिए संभव नहीं हो पा रहा था। दूसरी ओर, स्टीव जॉब्स ने भी उनके विरुद्ध कानूनी तलवार खींच ली थी।

चूँकि अब बिल गेट्स के पास माइक्रोसॉफ्ट का 'आइडिया मैन' पॉल एलन नहीं था, इसलिए इस दिशा में काम को आगे बढ़ाने में बिल गेट्स के पसीने छूट रहे थे, क्योंकि पॉल एलन के प्रति समर्पित रहे माइक्रोसॉफ्ट के प्रोग्रामर के दल से काम लेना और उन्हें प्रोत्साहित करना उनके लिए संभव नहीं हो पा रहा था। दूसरी ओर, स्टीव जॉब्स ने भी उनके विरुद्ध कानूनी तलवार खींच ली थी।

लेकिन बिल गेट्स के लिए सबसे खतरनाक स्थिति यह उत्पन्न हो गई थी कि उसकी घोषणा के लगभग 16 महीने बीत जाने के बाद 28 जनवरी, 1985 को डिजिटल रिसर्च के 'जेम/1' (ग्राफिकल एनवायरनमेंट मैनेजर/1) के साथ गैरी किल्डाल बाजार में आ धमका था। याद रहे कि यह वही कंपनी थी, जिसकी

लोकप्रिय ऑपरेटिंग सिस्टम 'सीपी/एम' को माइक्रोसॉफ्ट के 'एमएस-डॉस' ने बाजार में धूल चटाने के बाद इतिहास की काल-कोठरी में धकेल दिया था। जैसा कि हम जानते हैं कि ऐसा गैरी किल्डाल की नादानी के कारण ही हुआ था, क्योंकि आई.बी.एम. पी.सी. के 'डॉस' आधारित ऑपरेटिंग सिस्टम विकसित करने के लिए 'प्रोजेक्ट चेस' के दल को गैरी किल्डाल के पास ही भेजा था। फिर भी, गैरी किल्डाल ने अपनी हार का दोषी बिल गेट्स को माना था, क्योंकि उसने कानूनी धमकी से आई.बी.एम. शीर्ष प्रबंधन को डराकर आई.बी.एम. पी.सी. के साथ 'सीपी/एम' को बेचने के लिए बाध्य कर दिया था, लेकिन आई.बी.एम. के अधिकारी बिल गेट्स के पक्ष में थे और 'सीपी/एम' की लोकप्रियता को एमएस-डॉस ने निगल लिया था। अब गैरी किल्डाल 'जेम' के माध्यम से गेट्स से बदला लेने का मनसूबा जुटा रहा था, लेकिन किल्डाल ने एक बार फिर गलती कर दी थी। उसने 'जेम' को केवल 'आई.बी.एम. पी.सी.' पर चलने लायक बनाया था और कॉम्पैक जैसे पी.सी. निर्माताओं से लाइसेंस फी की माँग की थी। लगभग एक वर्ष बाद जब किल्डाल को अपनी इस गलती का अहसास हुआ था तो उसने इस गलती को सुधारा भी था, लेकिन तब तक देर हो चुकी थी और इसका लाभ उठाकर बिल गेट्स ने किल्डाल से नाराज कंप्यूटर निर्माताओं 'को माइक्रोसॉफ्ट विंडोज 1.0' की ओर खींच लिया था।

गैरी किल्डाल ने अपनी हार का दोषी बिल गेट्स को माना था, क्योंकि उसने कानूनी धमकी से आई.बी.एम. शीर्ष प्रबंधन को डराकर आई.बी.एम. पी.सी. के साथ 'सीपी/एम' को बेचने के लिए बाध्य कर दिया था, लेकिन आई.बी.एम. के अधिकारी बिल गेट्स के पक्ष में थे और 'सीपी/एम' की लोकप्रियता को एमएस-डॉस ने निगल लिया था।

लेकिन माइक्रोसॉफ्ट के अस्तित्व की इस सबसे बड़ी चुनौती को बिल गेट्स ने किस तरह ऐतिहासिक विजय के अवसर में बदला था, यह भी उनकी रणनीतिक कुशलता का ही प्रमाण प्रस्तुत करता है। बिल गेट्स के विरोधी उनके इस 'युद्ध कौशल' को उनकी 'धूर्तता' कहते-समझते हैं; लेकिन यही उनकी सफलता का रहस्य है। जब 10 नवंबर, 1983 को प्लाजा होटल में बिल गेट्स ने 'विंडोज 1.0' का बीटा

संस्करण प्रस्तुत किया था तो उसे न तो उस नाम से पुकारा था, न ही उसे 'ऑपरेटिंग सिस्टम' (ओ.एस.) ही कहा था। उन्होंने उसे 'एमएस-डॉस 2.0' के उपकरण संचालक (डिवाइस ड्राइवर) के रूप में प्रस्तुत किया था, जिसके संचालन के लिए दो 'फ्लॉपी डिस्क ड्राइव' एवं 192 के.बी. 'रैम' की आवश्यकता होती थी; लेकिन बिल गेट्स ने इसे संपूर्ण परिचालन प्रणाली के रूप में अप्रैल 1984 में उपलब्ध करा देने का वचन दिया था, जबकि वह अच्छी तरह से जानते थे कि उनके लिए अपने वचन को पूरा कर पाना कठिन ही नहीं, असंभव भी होगा—और ऐसा हुआ भी था।

जब छह महीने बाद अपने घोषित 'वचन' को पूरा करने की बारी आई थी तो बिल गेट्स ने पी.सी. निर्माताओं को फिर से 'मीठी गोली' दे दी थी कि अगले एक वर्ष के भीतर जून 1985 तक वह संपूर्ण ऑपरेटिंग सिस्टम को उपलब्ध करा देगा; लेकिन जब वह समय भी गुजर गया तो बिल गेट्स के विरोधियों ने उस माइक्रोसॉफ्ट की तथाकथित संपूर्ण ऑपरेटिंग सिस्टम का 'वाष्प सामग्री' (वेपरवेयर) कहकर उपहास करना शुरू कर दिया था; लेकिन अब तक बिल गेट्स के रणनीतिक जाल में अधिकांश पी.सी. निर्माता फँस चुके थे और उनके पास प्रतीक्षा करने के अतिरिक्त और कोई विकल्प भी नहीं था; लेकिन बिल गेट्स अपने जीवन की सबसे कठिन परीक्षा के दौर से गुजर रहा था। माइक्रोसॉफ्ट के कार्यक्रम निर्माताओं का दल इस ऑपरेटिंग सिस्टम की जटिल प्रौद्योगिकी समस्याओं के समाधान में दिन-रात जुटा हुआ था और जब 'विंडोज 1.0' को नवंबर 1985 में लाने की तैयारी अंतिम दौर में पहुँची थी तो करीब एक माह पहले अक्तूबर में ही एप्पल के वकीलों ने बिल गेट्स को कानूनी चेतावनी दी थी। इस चेतावनी में दावा किया गया था कि बिल गेट्स 'विंडोज 1.0' के विकास में एप्पल के कॉपीराइट व पेटेंट का उल्लंघन किया था; लेकिन बिल गेट्स अब एक बार फिर से प्रौद्योगिकी जगत् को यह स्मरण दिलाने की पूरी तैयारी कर चुके थे कि वह 'वकील का बेटा' है!

जब छह महीने बाद अपने घोषित 'वचन' को पूरा करने की बारी आई थी तो बिल गेट्स ने पी.सी. निर्माताओं को फिर से 'मीठी गोली' दे दी थी कि अगले एक वर्ष के भीतर जून 1985 तक वह संपूर्ण ऑपरेटिंग सिस्टम को उपलब्ध करा देगा"

और एक बार फिर से भाग्य ने बिल गेट्स का ही साथ दिया था। कानूनी चेतावनी भेजने के लगभग महीने भर के भीतर 17 सितंबर, 1985 को स्वयं स्टीव जॉब्स को ही अपनी कंपनी से त्याग-पत्र देना पड़ गया था और एप्पल के साथ लंबे संबंधों का उल्लेख कर बिल गेट्स को उस कानूनी बाधा को हटा देने का ऐतिहासिक अवसर मिल गया था। जी हाँ, बिल गेट्स एप्पल के आंतरिक सत्ता-समीकरण को बहुत अच्छी तरह समझते थे। स्टीव जॉब्स के त्याग-पत्र के बाद एप्पल के तत्कालीन सी.ई.ओ. जॉन स्कुली के हाथ-पाँव भी उसी तरह फूल रहे थे, जैसा पॉल एलन के त्याग-पत्र के बाद स्वयं बिल गेट्स के साथ हुआ था। ऐसे में, बिल गेट्स के लिए स्कुली की बाँह मरोड़ना बहुत कठिन नहीं था, क्योंकि उसकी प्रौद्योगिकी संबंधी समझ नगण्य ही थी और वह भविष्य में बिल गेट्स से सहायता की भी आशा रखता था। फिर क्या था? आनन-फानन में एप्पल ने माइक्रोसॉफ्ट के साथ गुप्त समझौता कर लिया था और 20 नवंबर, 1985 को बिल गेट्स ने बड़ी धूमधाम के साथ 'विंडोज 1.0' को बाजार में उतार दिया था। सिलिकॉन वैली अभी इस अप्रत्याशित घटना के तथ्यों को ढूँढ़ने की कोशिश ही कर रही थी कि एक दिन बाद 22 नवंबर, 1985 को उस गुप्त समझौते के कानूनी दस्तावेज पर माइक्रोसॉफ्ट की तरफ से बिल गेट्स और एप्पल की ओर से तत्कालीन अध्यक्ष व सी.ई.ओ. जॉन स्कुली ने हस्ताक्षर भी कर दिए थे।

सिलिकॉन वैली अभी इस अप्रत्याशित घटना के तथ्यों को ढूँढ़ने की कोशिश ही कर रही थी कि एक दिन बाद 22 नवंबर, 1985 को उस गुप्त समझौते के कानूनी दस्तावेज पर माइक्रोसॉफ्ट की तरफ से बिल गेट्स और एप्पल की ओर से तत्कालीन अध्यक्ष व सी.ई.ओ. जॉन स्कुली ने हस्ताक्षर भी कर दिए थे।

जी हाँ, ऐसा हैरान कर देनेवाला समझौता बिल गेट्स के लिए संभव था। उस समझौते में माइक्रोसॉफ्ट ने स्वीकार किया था कि उसके संबंधित अनुप्रयोग कार्यक्रमों—माइक्रोसॉफ्ट मल्टीप्लान, माइक्रोसॉफ्ट चार्ट, माइक्रोसॉफ्ट फाइल एवं माइक्रोसॉफ्ट वर्ड के दृश्य-प्रदर्शन (विजुअल डिस्प्ले) में एप्पल के 'लिसा' व 'मैकिनटोश' के जी.यू.आई. आधारित 'दृश्य प्रदर्शन' के कार्यक्रमों का ही दूसरे रूप

में प्रयोग किया गया था। चौंकिए मत, माइक्रोसॉफ्ट की इस स्वीकारोक्ति के बाद भी एप्पल के तत्कालीन शीर्ष प्रबंधन ने उससे क्षति-पूर्ति की माँग नहीं की थी, वरन् उसे पुरस्कृत किया था। इस रहस्यमय समझौते में एप्पल ने माइक्रोसॉफ्ट को वैश्विक स्तर पर मान्य गैर-विशिष्ट (नॉन-एक्सक्लूसिव), स्वामित्व अधिकार शुल्क मुक्त (रायल्टी फ्री), सदा के लिए (फॉर ऑल टाइम) अहस्तांतरणीय लाइसेंस (नॉन-ट्रांसफरेबल लाइसेंस) जारी कर दिया था, अर्थात् एप्पल ने माइक्रोसॉफ्ट को अपने उन चुराए गए कार्यक्रमों, जिन्हें समझौते में 'व्युत्पन्न कार्यों' (डेरिवेटिव वर्क्स) कहा गया था, को वर्तमान व भविष्य दोनों में उपयोग करने का अधिकार दे दिया था। इससे भी आगे बढ़कर एप्पल ने माइक्रोसॉफ्ट को उन तथाकथित व्युत्पन्न कार्यों को तीसरे पक्षों को भी जारी करने का अधिकार दे दिया गया था और सबसे बड़ी बात यह थी कि एप्पल ने उस समझौते में विशेष उल्लेख के साथ 'विंडोज 1.0' के 'दृश्य प्रदर्शन' को भी शामिल कर दिया था। और इस प्रकार बिल गेट्स ने स्टीव जॉब्स के वर्षों के कठिन परिश्रम व महान् स्वप्न को एक झटके में चकनाचूर कर दिया था और अपनी ही कंपनी से निष्कासित स्टीव जॉब्स एप्पल को 'अपने ही हाथों से अपने ही पैरों पर कुल्हाड़ी मार लेने' की इस ऐतिहासिक भूल को करता हुआ देखने के लिए अभिशप्त था।

आप इसे ऐतिहासिक विडंबना भी कह सकते हैं; लेकिन यहीं से बिल गेट्स और माइक्रोसॉफ्ट की ऐतिहासिक विजय-यात्रा शुरू हुई थी। आपको यह जानकर भी हैरानी होगी कि बिल गेट्स ने जिस 'विंडोज 1.0' को उसकी घोषणा के दो वर्षों बाद बाजार में उतारा था, वह भी 'संपूर्ण ऑपरेटिंग सिस्टम' नहीं थी। जी हाँ, वह 'एम.एस.-डॉस' का परिष्कृत विस्तार ही थी। यूँ कहें कि बिल गेट्स ने 'एम.एस.-डॉस' आंतरिक ढाँचे के ऊपर 'लिसा' व 'मैकिनटोश' की चुराई गई जी.यू.आई. प्रणाली को थोड़े से हेर-फेर के साथ बस, चिपका दिया था और इस हेर-फेर को बिल गेट्स ने खूबसूरत-सा नाम दिया था—'एम.एस.-डॉस एग्जीक्यूटिव।' यह एक साधारण 'फाइल मैनेजर' था, जो फाइलों व फोल्डरों को अलग पहचान देने का काम करता था। हाँ, इसके साथ कई अन्य सहायक कार्यक्रमों को भी जोड़ा गया था, जैसे कि 'विंडो कैलकुलेटर', 'माइक्रोसॉफ्ट कैलेंडर' आदि। चूँकि बिल गेट्स ने एप्पल से गुप्त समझौते के साथ ही 'विंडोज 1.0' की सभी संभावित बाधाओं व प्रतिस्पर्धा संभावनाओं को पूरी तरह समाप्त कर लिया था, इसलिए

पी.सी. निर्माताओं के लिए इसे स्वीकार करना बाध्यता बन गई थी और बिल गेट्स के लिए माइक्रोसॉफ्ट के एकाधिकारवादी साम्राज्य के विस्तार करने का ऐतिहासिक अवसर मिल गया था।

उसके बाद ही बिल गेट्स ने रेडमोंड में 88 एकड़ के एक बड़े भूखंड पर विशाल मुख्यालय परिसर का निर्माण शुरू किया था। जब 26 फरवरी, 1986 को माइक्रोसॉफ्ट इस परिसर में स्थानांतरित हुआ था, तब तक उसके कर्मचारियों की संख्या 900 से कुछ ऊपर थी। अब बिल गेट्स ने प्रतिवर्ष औसतन 1,000 की दर से अपनी सेना का विस्तार किया था। चार वर्षों बाद वर्ष 1990 में माइक्रोसॉफ्ट के कुल कर्मचारियों की संख्या 5,000 के ऊपर चली गई। आवश्यकता के अनुसार भवनों के साथ-साथ परिसर के क्षेत्रफल में विस्तार होता चला गया था। अगले बारह वर्षों (वर्ष 2012) में माइक्रोसॉफ्ट परिसर ने लगातार विस्तार करते हुए उप-नगर का स्वरूप ले लिया था। उसके भीतर करीब 500 एकड़ में 125 दफ्तर भवनों, पार्कों, खेल के मैदानों तथा अन्य सुविधाओं का निर्माण किया गया था और इस परिसर में काम करनेवाले माइक्रोसॉफ्ट कर्मचारियों की संख्या करीब 41 हजार हो चुकी थी।

इस बीच मुख्यालय परिसर के निर्माण के साथ-साथ बिल गेट्स ने माइक्रोसॉफ्ट के प्रारंभिक सार्वजनिक प्रस्ताव (आई.पी.ओ.) की तैयारियाँ भी तेज कर दी थीं। जी हाँ, बिल गेट्स इस ऐतिहासिक अवसर को इतना अधिक भुना लेना चाहते थे कि उन्हें फिर से अस्तित्व के संघर्ष के लिए कभी भी मजबूर न होना पड़े। 'नैस्डेक' में सूचीकरण के साथ 14 मार्च, 1986 को माइक्रोसॉफ्ट का आई.पी.ओ. लाया गया था। प्रति स्वामित्व हिस्सेदारी (शेयर ऑफ स्टॉक) 21 डॉलर के प्रस्ताव मूल्य पर इसकी बिक्री शुरू हुई थी, जो 27.75 डॉलर पर बंद हुई थी। इस आई.पी.ओ. में माइक्रोसॉफ्ट की कुल 27.95 लाख साझा स्वामित्व हिस्सेदारियों को सार्वजनिक किया गया था, जिसमें साझीदारों की स्वामित्व-हिस्सेदारियों की संख्या केवल 7.95 लाख थी। बिल गेट्स ने माइक्रोसॉफ्ट के एकाधिकारवादी साम्राज्य के विस्तार के लिए इस आई.पी.ओ. के माध्यम से एक झटके में 51.97 डॉलर की ब्याज-मुक्त पूँजी जुटा ली थी। इस आई.पी.ओ. में बिल गेट्स ने 80,000, पॉल एलन ने 2,00,000 और स्टीव बामर ने 30,000 स्वामित्व हिस्सेदारियों की बिक्री की थी और अब माइक्रोसॉफ्ट में उनकी स्वामित्व हिस्सेदारियाँ क्रमशः 44.8

प्रतिशत, 24.9 प्रतिशत एवं 6.8 प्रतिशत रह गई थीं।

जी हाँ, पॉल एलन जानते थे कि पी.सी. सामग्री प्रक्रिया बाजार में माइक्रोसॉफ्ट का एकाधिकार स्थापित हो चुका था और उसकी आय में लगातार भारी उछाल आने वाला था, इसलिए उन्होंने अपने आवश्यकता भर की ही पूँजी जुटाई थी। याद रहे कि आनेवाले 16 वर्षों में, यानी वर्ष 1987 से 2003 तक माइक्रोसॉफ्ट के शेयर को कुल नौ बार 'विभाजित' (स्प्लिट) किया गया था, यानी 1986 में आई.पी.ओ. के वक्त खरीदे एक शेयर के वर्ष 2003 में 288 शेयर बन गए थे। इससे कुछ बड़े हिस्सेदारों को अरबपति-खरबपति होने का अवसर मिला था तो 12 हजार से अधिक आम शेयरधारक भी करोड़पति बन गए थे। मान लें कि आपने 14 मार्च, 1986 को माइक्रोसॉफ्ट का एक शेयर खुली कीमत 21 डॉलर में खरीदा होता और उसे 26 मार्च, 1999 को 178.13 डॉलर प्रति शेयर के ऐतिहासिक उच्च भाव में बेचा होता तो आपको 51,301.44 डॉलर की प्राप्ति हुई होती। यदि आपने इसे 1 दिसंबर, 2008 को ऐतिहासिक निम्न भाव 14.87 डॉलर प्रति शेयर पर बेचा तो भी आपको 4,282.56 डॉलर मिले होते।

बिल गेट्स ने माइक्रोसॉफ्ट के एकाधिकारवादी साम्राज्य के विस्तार के लिए इस आई.पी.ओ. के माध्यम से एक झटके में 51.97 डॉलर की ब्याज-मुक्त पूँजी जुटा ली थी। इस आई.पी.ओ. में बिल गेट्स ने 80,000, पॉल एलन ने 2,00,000 और स्टीव बामर ने 30,000 स्वामित्व हिस्सेदारियों की बिक्री की थी और अब माइक्रोसॉफ्ट में उनकी स्वामित्व हिस्सेदारियाँ क्रमश: 44.8 प्रतिशत, 24.9 प्रतिशत एवं 6.8 प्रतिशत रह गई थीं।

लेकिन रोचक तथ्य यह भी है कि माइक्रोसॉफ्ट के लिए इस ऐतिहासिक आई.पी.ओ. को लाना आसान नहीं था। सबसे बड़ी रुकावट स्वयं बिल गेट्स ही थे, जिनकी सोच थी कि सार्वजनिक हो जाने के बाद कंपनी की व्यावसायिक गोपनीयता खत्म हो जाएगी और उनके लिए कंपनी को आगे बढ़ा पाना मुश्किल होगा। वास्तव में, उस समय की अन्य प्रौद्योगिकी कंपनियों की तरह बिल गेट्स पूँजी बाजार में आने के पक्ष में नहीं थे, क्योंकि कंपनी के पास

अपने व्यवसाय से ही अच्छी आय हो रही थी। माइक्रोसॉफ्ट में केवल एक ही उद्यम पूँजी (वेंचर कैपिटल) कंपनी 'टेक्नोलॉजी वेंचर्स इन्वेस्टर' ने निवेश कर रखा था, जिसकी हिस्सेदारी शीर्ष तीनों साझीदारों से बहुत कम केवल 6.1 प्रतिशत ही थी और उसकी ओर से कोई दबाव भी न था, लेकिन माइक्रोसॉफ्ट बड़ी हो चुकी थी। गेट्स ने प्रतिभाशाली कर्मचारियों को आकर्षित करने के लिए उन्हें 'स्वामित्व हिस्सेदारी विकल्प' (शेयर ऑप्शन) बाँट रखे थे और वर्ष 1987 तक ऐसे कर्मचारियों की संख्या 500 से अधिक हो जाने वाली थी। ऐसे में ज्यादा दिनों तक माइक्रोसॉफ्ट के लिए इसे निजी कंपनी के रूप में चला पाना विधि-सम्मत नहीं था।

लेकिन रोचक तथ्य यह भी है कि माइक्रोसॉफ्ट के लिए इस ऐतिहासिक आई.पी.ओ. को लाना आसान नहीं था। सबसे बड़ी रुकावट स्वयं बिल गेट्स ही थे, जिनकी सोच थी कि सार्वजनिक हो जाने के बाद कंपनी की व्यावसायिक गोपनीयता खत्म हो जाएगी और उनके लिए कंपनी को आगे बढ़ा पाना मुश्किल होगा।

इसलिए अप्रैल 1985 में बिल गेट्स को जॉन शिंरली (प्रेसिडेंट व सी.ओ.ओ.) एवं डेविड एफ. मर्कुआर्द (टेक्नोलॉजी वेंचर्स इन्वेस्टर) की सलाह माननी पड़ी थी और तीनों ने आई.पी.ओ. की लंबी प्रक्रिया को शुरू करने का फैसला किया था; लेकिन गेट्स संभावित निवेशकों के प्रश्नों का सामना करने से पहले न केवल 'विंडोज 1.0' को बाजार में लाना चाहते थे, अपितु आई.बी.एम. के साथ ओ.एस.-2 का समझौता भी करना चाहते थे। अगस्त 1985 में आई.बी.एम. के साथ समझौता हो चुका था और अब 'विंडोज' का काम भी पूरा होने वाला था। ऐसे में 28 अक्तूबर, 1985 को बिल गेट्स के तीसवें जन्मदिन समारोह के बाद जब माइक्रोसॉफ्ट के निदेशक मंडल की बैठक हुई तो उसमें सर्वसम्मति से फ्रैंक गौडेट (सी.एफ.ओ., चीफ फाइनेंशियल ऑफिसर) को आई.पी.ओ. की तैयारी का उत्तरदायित्व सौंप दिया गया था।

याद रहे कि बिल गेट्स ने फ्रैंक गौडेट को लगभग एक वर्ष पहले सितंबर 1984 में सी.एफ.ओ. नियुक्त किया था। आई.पी.ओ. की भारी सफलता सहित माइक्रोसॉफ्ट की शुरुआती वित्तीय सफलताओं का श्रेय भी फ्रैंक गौडेट को ही दिया

जाता है। फ्रैंक गौडेट का वॉल स्ट्रीट के दिग्गजों एवं वित्तीय संस्थाओं के प्रमुखों के साथ जीवंत संबंध था। वैसे तो 57 वर्ष की उम्र में अप्रैल 1992 में उसका कैंसर के चलते निधन हो गया था, लेकिन उनके कार्यकाल में वर्ष 1985 के अंत में माइक्रोसॉफ्ट ने 14 करोड़ डॉलर के राजस्व पर 2.40 करोड़ डॉलर का शुद्ध लाभ अर्जित किया था। यह लगातार बढ़ता गया था और वर्ष 1992 के अंत में 2.8 अरब डॉलर के राजस्व पर माइक्रोसॉफ्ट का शुद्ध लाभ 70.80 करोड़ डॉलर हो गया था।

इस प्रकार, कुशल लोगों की भरती कर बिल गेट्स ने न केवल माइक्रोसॉफ्ट के अस्तित्व को बचा लिया था, बल्कि विश्वव्यापी साम्राज्य-विस्तार के साथ-साथ उन्होंने उसे लगातार लाभ कमानेवाले सुदृढ़ वित्तीय तंत्र में भी बदल दिया था।

□

5

कभी भी लक्ष्य को ओझल नहीं होने देना

20वीं सदी के अंतिम दशक के आरंभ से ही पर्सनल कंप्यूटर (पी.सी.) का आकार व वजन दोनों तेजी से घटते जा रहे थे और बाजार 'पोर्टेबल कंप्यूटर' से 'लैपटॉप कंप्यूटर' की ओर बढ़ रहा था। वर्ष 1965 में 'फेयरचाइल्ड सेमीकंडक्टर' के सह-संस्थापक गोर्डन मूर (बाद में इंटेल के सह-संस्थापक) द्वारा घोषित सिद्धांत कि 'इंटीग्रेटेड सर्किट में हर वर्ष मुख्य घटक ट्रांजिस्टर की संख्या दोगुनी होती जाएगी और अगले एक दशक में एक-चौथाई इंच के एकीकृत परिपथ में 65,000 घटकों को जोड़ना संभव हो जाएगा,' बहुत पहले सच साबित हो चुका था। वर्ष 1974 में ही 'इंटेल-8080' सीपीयू/ माइक्रो-प्रोसेसर में '6 माइक्रोमीटर' (1 माइक्रोमीटर 1 मीटर का 10 लाखवाँ हिस्सा होता है) स्तर की सेमीकंडक्टर प्रोसेस टेक्नोलॉजी के उपयोग से 4,500 ट्रांजिस्टर स्थापित किए गए थे। विश्व के पहले पर्सनल कंप्यूटर (पी.सी.) 'अल्टेयर 8800' में इसी माइक्रो-प्रोसेसर का उपयोग हुआ था।

मई 1997 में 'इंटेलX86 माइक्रो आर्किटेक्चर' आधारित छठी पीढ़ी का माइक्रो-प्रोसेसर 'इंटेल पेंटियम-II' आ गया था, जिसमें 75 लाख ट्रांजिस्टर थे और वर्ष 1999 इसके मोबाइल संस्करण; 'डिक्सन' में 256 के.बी. 'एल-2 कैचे' के साथ 2.74 करोड़ ट्रांजिस्टर थे और उसी वर्ष नई विशेषताओं के साथ 'पेंटियम-III' भी आ गया था। इस क्रम में माइक्रो-प्रोसेसर का आकार व मूल्य घटते गए थे, जबकि उसकी क्षमता बढ़ती चली गई थी…और इनके आधार पर विकसित पी.सी. की क्षमताएँ बढ़ती चली गई थीं तो उसके आकार व मूल्य घटते चले गए थे। इस बीच वर्ष 1985 में 'तोशिबा टी 1100' बाजार में धूम मचाने लगा था, जिसे विश्व का पहला 'मास-मार्केट लैपटॉप पी.सी.' माना जाता है, अर्थात् जिसे बहुत बड़े

पैमाने पर उत्पादित वितरित किया गया था। वर्ष 1989 में 'मैकिनटोश पोर्टेबल' को बाजार में उतारने के बाद एप्पल ने अक्तूबर 1991 में 'मैकिनटोश पॉवरबुक' श्रृंखला का पहला लैपटॉप प्रस्तुत किया था, जिसकी आधारभूत संरचना संबंधी विशेषताएँ भविष्य के सभी प्रतिस्पर्धी लैपटॉप के लिए मानक बनी थीं, जो आज भी जारी हैं।

जागरूकता बढ़ने से विश्व भर में पी.सी. (डेस्कटॉप व लैपटॉप दोनों) की माँग तेजी से बढ़ रही थी। मूल उपकरण निर्माता (ओरिजिनल इक्विपमेंट मैन्युफैक्चरर/ओ.ई.एम.) लगातार बेहतर उत्पादों के साथ बाजार में गला-काट प्रतिस्पर्धा का माहौल बना रहे थे। इसके चलते समूचे पी.सी. उद्योग का आकार बढ़ रहा था; लेकिन मुनाफे का सबसे बड़ा हिस्सा एकमात्र कंपनी माइक्रोसॉफ्ट के खाते में जा रहा था, क्योंकि बिल गेट्स माइक्रोसॉफ्ट के तीव्र विस्तार से विश्वव्यापी 'पीसी सॉफ्टवेयर' बाजार पर अपने एकाधिकार का शिकंजा लगातार मजबूत करते चले गए थे। चाहे वह कंप्यूटर प्रोग्रामिंग लैंग्वेज हो या ऑपरेटिंग सिस्टम या एप्लीकेशन, सभी बाजार-खंडों पर माइक्रोसॉफ्ट का लगभग संपूर्ण स्वामित्व हो चुका था। पहले दशक में अपने प्रौद्योगिकीय नवाचारों की उपलब्धियों की बदौलत माइक्रोसॉफ्ट ने पी.सी. हार्डवेयर निर्माताओं का दिल जीता था। दूसरे दशक की शुरुआत में माइक्रोसॉफ्ट हिचकिचाहट के साथ पूँजी बाजार में उतरा था, लेकिन अब बिल गेट्स के हाथ मानो 'अलादीन का चिराग' आ गया था! माइक्रोसॉफ्ट की सॉफ्टवेयर की आय के साथ पूँजी बाजार से भी अप्रत्याशित कमाई होने लगी थी, क्योंकि बिल गेट्स लगातार माइक्रोसॉफ्ट की स्वामित्व-हिस्सेदारियों का बार-बार विभाजन कर अकूत ब्याज-रहित पूँजी एकत्रित करते जा रहे थे। सॉफ्टवेयर रिसर्च एंड डेवलपमेंट की प्राथमिकता तो पॉल एलन के साथ ही बहुत पीछे छूट गई थी। अब गेट्स के साथ उनकी कारोबारी महत्त्वाकांक्षाओं को संतुलित रखनेवाला पॉल एलन जैसा कोई

जागरूकता बढ़ने से विश्व भर में पी.सी. (डेस्कटॉप व लैपटॉप दोनों) की माँग तेजी से बढ़ रही थी। मूल उपकरण निर्माता (ओरिजिनल इक्विपमेंट मैन्युफैक्चरर/ओ.ई.एम.) लगातार बेहतर उत्पादों के साथ बाजार में गला-काट प्रतिस्पर्धा का माहौल बना रहे थे।

दार्शनिक–वैज्ञानिक मित्र नहीं था। अब बिल के पास विशुद्ध लाभ अर्जित करने की सोच रखनेवाले आधुनिक प्रबंधन की उपाधियों से सुशोभित निगमित योद्धाओं की विशाल सेना थी, जो उन्हें अंतरराष्ट्रीय सॉफ्टवेयर बाजार का सर्वशक्तिमान 'सम्राट्' बनाने के लिए समूचे विश्व में समानांतर विजय–अभियान चला रही थी।

शेर के मुँह में खून लग चुका था। बिल गेट्स ही नहीं, उनके सेनापतियों के बहुत बड़े समुदाय को भी आम निवेशकों के धन से करोड़पति–अरबपति बनने की आदत होने लगी थी। अब माइक्रोसॉफ्ट के पास पो.सी. सहित लगभग सभी कंप्यूटर प्रणालियों के लिए आवश्यक सामग्री–प्रक्रिया उत्पादों की इतनी बड़ी श्रृंखला विकसित हो गई थी कि किसी नए उत्पाद को दूसरे के साथ बाँधकर बाजार में प्रस्तुत किया जा सकता था और उसकी सफलता सुनिश्चित की जा सकती थी। अब माइक्रोसॉफ्ट को मूल उपकरण निर्माताओं (ओ.इ.एम.) को अपने पक्ष में लेने के लिए सहमत करने की आवश्यकता नहीं रह गई थी। कंप्यूटर निर्माताओं के लिए अव माइक्रोसॉफ्ट आवश्यकता नहीं, बल्कि अनिवार्यता व बाध्यता बनती जा रही थी। जैसा कि हम बिल गेट्स के जीवन परिचय में भी पढ़ चुके हैं। इस बोच इंटरनेट युग आ गया था, जिसमें माइक्रोसॉफ्ट काफी पीछे छूट गया था और बिल गेट्स ने इस बाजार को झपट लेने के लिए अपनी लगातार बढ़ती प्रौद्योगिकीय व वित्तीय सामर्थ्य का दुरुपयोग कर दिया था, क्योंकि वह पी.सी. बाजार पर अपने संपूर्ण एकाधिकार की यात्रा में बड़ी–से–बड़ी ब्राधा से टकराने में सक्षम हो गए थे।

अब माइक्रोसॉफ्ट के पास पी.सी. सहित लगभग सभी कंप्यूटर प्रणालियों के लिए आवश्यक सामग्री–प्रक्रिया उत्पादों की इतनी बड़ी श्रृंखला विकसित हो गई थी कि किसी नए उत्पाद को दूसरे के साथ बाँधकर बाजार में प्रस्तुत किया जा सकता था और उसकी सफलता सुनिश्चित की जा सकती थी।

अब बिल गेट्स और उसकी शीर्ष प्रबंधन मंडली प्रौद्योगिकीय विकास की लंबी व जटिल प्रक्रिया नें उलझकर बहुमूल्य समय को नष्ट करने के लिए तैयार नहीं थी, क्योंकि माइक्रोसॉफ्ट के पास पूँजी बाजार से लगातार जुटाई जा रही ब्याज–रहित

पूँजी का अंबार लगा हुआ था। ऐसे में ज्यों ही संभावनाशील शुरुआती कंपनी (स्टार्ट अप) सामने नजर आने लगती थी, बिल गेट्स की विशेषज्ञ अधिग्रहणकर्ताओं की मंडली उस छोटी सी कंपनी को भी अप्रत्याशित रूप से ऊँची कीमतों पर खरीदने लगी थी। वास्तव में, यह अधिग्रहण करनेवाले विशेषज्ञों की मंडली की तरह नहीं, बल्कि 'अपहरणकर्ता गिरोह' की तरह काम करने लगी थी। माइक्रोसॉफ्ट के इस 'अपहरणकर्ता गिरोह' से भिड़ना और स्टार्ट-अप कंपनियों के संस्थापकों के लिए अपना 'अस्तित्व' बचा पाना असंभव था। ऐसे में उनसे भिड़कर अपने अस्तित्व को बचाए रखना उनका भी 'आपद्-धर्म' बन गया था और इसके बदले में माइक्रोसॉफ्ट उन्हें दाँतों तले उँगली दबानेवाली अप्रत्याशित कीमत भी तो दे रही थी। इसलिए उन्हें अपने स्वतंत्र अस्तित्व को माइक्रोसॉफ्ट के महा-अस्तित्व में मिला देना ही सुनहरा अवसर दिख रहा था। वे छोटी कंपनियाँ और कर भी क्या सकती थीं! उनके लिए कोई और अधिक अच्छा विकल्प भी तो नहीं था। जी हाँ, जब माइक्रोसॉफ्ट किसी अधिग्रहण सौदे में हाथ डालती थी, अन्य कोई भी उसकी प्रतिस्पर्धा में कूदने का दुस्साहस नहीं कर सकता था, क्योंकि माइक्रोसॉफ्ट उसके अस्तित्व के लिए भी अटल चुनौती खड़ी कर देती थी। इस प्रकार, बिल गेट्स अब विश्व पी.सी. बाजार में दुर्दांत विश्व-विजेता के रूप में उभर रहा था। आई.बी.एम. जैसी महारथी बहुराष्ट्रीय कंपनी भी बगलें झाँकने पर मजबूर थी तो स्टीव जॉब्स के क्रांतिकारी नेतृत्व को खो चुकी एप्पल अपनी ही छोटी सी दुनिया में संतुष्ट हो जाने को मजबूर थी।

बिल गेट्स अब विश्व पी.सी. बाजार में दुर्दांत विश्व-विजेता के रूप में उभर रहा था। आई.बी. एम. जैसी महारथी बहुराष्ट्रीय कंपनी भी बगलें झाँकने पर मजबूर थी तो स्टीव जॉब्स के क्रांतिकारी नेतृत्व को खो चुकी एप्पल अपनी ही छोटी सी दुनिया में संतुष्ट हो जाने को मजबूर थी।

लेकिन बिल गेट्स के तेजी से बढ़ते कदम को रोकना अनिवार्य हो गया था। उनके अगले वार से डरी हुई प्रतिस्पर्धी कंपनियों की बेचैनी लगातार गहरी होती जा रही थी और उन्होंने बिल गेट्स को घेरने के लिए राजनीतिक पक्ष-जुटाव शुरू कर दिया था। ऐसे में माइक्रोसॉफ्ट के सामने कानूनी मुसीबतों का पहाड़ खड़ा होने लगा था

और उसके एकाधिकार के खिलाफ अमेरिकी न्याय विभाग ने एंटी-ट्रस्ट मुकदमे का मोरचा खोल दिया था, लेकिन इन कानूनी अड़चनों के बीच माइक्रोसॉफ्ट ने अभूतपूर्व बढ़त दर्ज करते हुए 21वीं सदी का स्वागत किया था। कंप्यूटर कार्यक्रम भाषा, ऑपरेटिंग सिस्टम व अनुप्रयोग के माध्यम से बाजार पर माइक्रोसॉफ्ट का एकाधिकार इस सीमा तक बढ़ चुका था कि बिल गेट्स ने उस कानूनी पहाड़ को काटकर अपने लिए सुरक्षित रास्ता बना लिया था। 'अविश्वास मुकदमों' की आड़ में माइक्रोसॉफ्ट की बढ़त को रोकने की कोशिशें अंततः विफल हो गई थीं। इससे निपटने में प्रकट रूप से माइक्रोसॉफ्ट को भारी नुकसान हुआ था, लेकिन तथ्य यह है कि दावेदारों को उनकी मुँहमाँगी कीमत देकर बिल गेट्स ने माइक्रोसॉफ्ट के उत्पादों के संपूर्ण स्वामित्व से जुड़ी लगभग सभी कानूनी बाधाओं को भी हमेशा के लिए खत्म कर लिया था।

> *जब बिल गेट्स को प्रत्यक्ष रूप से माइक्रोसॉफ्ट के विश्व-विजय अभियान के प्रधान सेनापति की भूमिका से हटा लेने की अनिवार्यता हो गई थी; क्योंकि इस भूमिका में उनकी सार्वजनिक छवि 'दुष्ट अपहरणकर्ता गिरोह के सरगना' की हो गई थी।*

अब वह समय आ गया था, जब बिल गेट्स को प्रत्यक्ष रूप से माइक्रोसॉफ्ट के विश्व-विजय अभियान के प्रधान सेनापति की भूमिका से हटा लेने की अनिवार्यता हो गई थी; क्योंकि इस भूमिका में उनकी सार्वजनिक छवि 'दुष्ट अपहरणकर्ता गिरोह के सरगना' की हो गई थी। अब उन्होंने 'नौ सौ चूहे खाकर बिल्ली हज को चली' की छवि-सुधार रणनीति को अपनाने की कोशिशें शुरू की थीं और 13 जनवरी, 2000 को माइक्रोसॉफ्ट के मुख्य कार्यकारी अधिकारी (सी.ई.ओ.) के पद पर अपने विश्वसनीय दोस्त स्टीव बामर को बिठा दिया था और 'चीफ सॉफ्टवेयर आर्किटेक्ट' के रूप में स्वयं को माइक्रोसॉफ्ट की पृष्ठभूमि में डाल लिया था। सभी जानते थे कि स्टीव बामर की सार्वजनिक भूमिका को परदे के पीछे से बिल गेट्स ही नियंत्रित कर रहे थे, क्योंकि सॉफ्टवेयर विकास संबंधी संपूर्ण प्रक्रिया पर गेट्स का ही अधिकार था और निदेशक मंडल के चेयरमैन के रूप में माइक्रोसॉफ्ट के निगमित ढाँचे पर भी उन्हीं का वर्चस्व पहले की तरह सुदृढ़ था। इस प्रकार, व्यावहारिक रूप से माइक्रोसॉफ्ट की आंतरिक प्रशासनिक संरचना में

कोई प्रभावी बदलाव नहीं आया था। स्टीव बामर पहले से ही अध्यक्ष (प्रेसीडेंट) का पद सँभाल रहा था, अब उसे मुख्य कार्यकारी अधिकारी (सी.ई.ओ.) बनाकर बिल गेट्स ने उसे स्वयं के लिए एक कानूनी ढाल बना लिया था। अब कानूनी विवाद की स्थिति में माइक्रोसॉफ्ट के सी.ई.ओ. होने के नाते स्टीव बामर को न्यायालय में खड़ा होना था, न कि बिल गेट्स को।

और इसके साथ ही बिल गेट्स अपनी सार्वजनिक छवि को सुधारने की दिशा में 'बिल एंड मिलिंडा गेट्स फाउंडेशन' के प्रमुख के रूप में विश्व भर में समाज-सेवी गतिविधियों में अपना अधिकांश समय व्यतीत करने लगे थे। जी हाँ, यह बिल गेट्स की स्वयं को 'दार्शनिक दूरद्रष्टा' की भूमिका में लाकर माइक्रोसॉफ्ट के मूल लक्ष्य पर लगातार अपनी दृष्टि बनाए रखने की दूरगामी रणनीति थी, क्योंकि विशेष रूप से सी.ई.ओ. के रूप में अमेरिकी जनता उनसे घृणा करने लगी थी। याद रहे कि वर्ष 1997 में बिल गेट्स ने 9.40 करोड़ डॉलर मूल्य के माइक्रोसॉफ्ट की स्वामित्व हिस्सेदारियों (शेयर) का उपहार देकर अपने पिता के नाम पर 'विलियम एच. गेट्स फाउंडेशन' की स्थापना की थी; फिर वर्ष 1999 में उसका नाम बदलकर 'बिल एंड मिलिंडा गेट्स फाउंडेशन' कर दिया गया था और वर्ष 2000 में 'गेट्स लर्निंग फाउंडेशन' का भी उसी में विलय कर दिया था। अब बिल गेट्स ने इस विशाल फाउंडेशन को 12.60 करोड़ डॉलर का अतिरिक्त धन दान दिया था।

और इसके साथ ही बिल गेट्स अपनी सार्वजनिक छवि को सुधारने की दिशा में 'बिल एंड मिलिंडा गेट्स फाउंडेशन' के प्रमुख के रूप में विश्व भर में समाज-सेवी गतिविधियों में अपना अधिकांश समय व्यतीत करने लगे थे।

इस बीच 3 अप्रैल, 2000 को 'अविश्वास मुकदमे' में महत्त्वपूर्ण फैसला आ गया था। इस फैसले में न्यायालय ने कहा था कि माइक्रोसॉफ्ट ने 'शेरमन के साथ अविश्वास अधिनियम' (एंटी ट्रस्ट एक्ट) की धारा 1 व 2 का उल्लंघन करते हुए एकाधिकार धारण किया था और एकाधिकार धारण की कोशिश की थी। फिर 7 जून, 2000 को न्यायालय ने इस प्रकरण के समाधान के रूप में माइक्रोसॉफ्ट को दो इकाइयों में बाँट देने का आदेश दिया था कि एक इकाई 'ऑपरेटिंग सिस्टम'

(ओ.एस.) का उत्पादन करे और दूसरी अन्य सॉफ्टवेयर कंपोनेंट्स का; लेकिन इस बीच बिल गेट्स ने ऐसा कुछ किया था कि अब उक्त न्यायाधीश के फैसले पर ही संदेह किया जाने लगा था। सबसे बड़ा प्रश्न यह खड़ा हो गया था कि न्यायाधीश ने इस फैसले को सुनाने में इतनी अधिक शीघ्रता क्यों की थी? संचार माध्यमों के विश्लेषणों से यह स्पष्ट होने लगा था कि न्यायाधीश ने अमेरिकी न्याय विभाग के प्रस्ताव को ही फैसले के रूप में सुना दिया था, जो तत्कालीन बिल क्लिंटन सरकार के संकेतों पर एकपक्षीय रुख अपनाए हुआ था।

सबसे बड़ा प्रश्न यह खड़ा हो गया था कि न्यायाधीश ने इस फैसले को सुनाने में इतनी अधिक शीघ्रता क्यों की थी? संचार माध्यमों के विश्लेषणों से यह स्पष्ट होने लगा था कि न्यायाधीश ने अमेरिकी न्याय विभाग के प्रस्ताव को ही फैसले के रूप में सुना दिया था, जो तत्कालीन बिल क्लिंटन सरकार के संकेतों पर एकपक्षीय रुख अपनाए हुआ था।

जी हाँ, एक बार फिर से विशेष प्रौद्योगिकी उद्योग की दृष्टि बिल गेट्स पर टिक गई थी, जो पीछे भी 'वकील का बेटा' होने के प्रमाण प्रस्तुत करता रहा था। 14 जून, 2000 को माइक्रोसॉफ्ट ने अपील न्यायालय से निवेदन किया कि जब तक यह फैसला नहीं आ जाता कि मामला सीधे अमेरिकी सर्वोच्च न्यायलय में चलेगा कि नहीं, तब तक जिला न्यायालय द्वारा कंपनी के विभाजन आदेश पर बहस को स्थगित कर दिया जाए और 20 जून, 2000 को इस मामले को सीधे अमेरिकी सर्वोच्च न्यायालय में भेज दिया गया और जिला न्यायालय के न्यायाधीश को माइक्रोसॉफ्ट के विभाजन के अपने फैसले व प्रतिबंधों को ठंडे बस्ते में डाल देने के लिए बाध्य होना पड़ा था। फिर 26 सितंबर, 2000 को अमेरिकी सर्वोच्च न्यायालय ने मामले को कोलंबिया जिला अपील न्यायालय को वापस भेज दिया था।

इस बीच 7 नवंबर, 2000 को अमेरिकी राष्ट्रपति का चुनाव संपन्न हो चुका था। चुनाव-प्रचार के दौरान राष्ट्रपति पद के रिपब्लिकन पार्टी के उम्मीदवार जॉर्ज डब्ल्यू. बुश ने माइक्रोसॉफ्ट के विरुद्ध बिल क्लिंटन नेतृत्ववाली सरकार के अधीन संचालित अमेरिकी न्याय विभाग की कारररवाई को उद्योग-विरोधी बताया था। इससे

स्वाभाविक रूप से यह आशा की जाने लगी थी कि यदि बुश चुनाव जीत जाते हैं तो मामला पलट सकता है। जी हाँ, जब 12 दिसंबर को राष्ट्रपति चुनाव संबंधी पुनर्गणना विवाद में सर्वोच्च न्यायालय ने जॉर्ज डब्ल्यू. बुश के पक्ष में फैसला सुनाया था तो माइक्रोसॉफ्ट मुख्यालय में खुशी की लहर दौड़ गई थी, मानो उसके पक्ष में फैसला सुनाया गया हो! जी हाँ, 20 जनवरी, 2001 को बुश ने अमेरिका के राष्ट्रपति का पदभार सँभाल लिया था और आगे की न्यायालयीय काररवाई में रोचक मोड़ आ गया था। अब न्यायालय में माइक्रोसॉफ्ट पर काररवाई करने के स्थान पर समझौता-विकल्पों पर बहस की जाने लगी थी।

जी हाँ, बिल गेट्स ने जॉर्ज डब्ल्यू. बुश की कृपा से कानूनी शतरंज बिछा दी थी। न्याय विभाग तथाकथित रूप से माइक्रोसॉफ्ट के पक्ष में काम करता दिखने लगा था। बुश के राष्ट्रपति पद ग्रहण करने के बाद अभी एक पखवाड़ा ही बीता था कि 6 फरवरी, 2001 को कोलंबिया जिला अपील अदालत ने न्यायाधीश थॉमस पेनफील्ड जैक्सन (जिसने माइक्रोसॉफ्ट को बाँटने का आदेश दिया था) के व्यवहार के खिलाफ सुनवाई का कार्यक्रम तय कर दिया था। वास्तव में, न्यायाधीश जैक्सन ने न्यायालय के बाहर पत्रकारों से पर्सनल वार्त्ता में बिल गेट्स की तुलना नेपोलियन से करने के साथ-साथ कई अन्य आपत्तिजनक टिप्पणियाँ भी की थीं। 27 फरवरी, 2001 को जब अपील न्यायालय में दो दिनों की मौखिक बहस समाप्त हुई तो न्यायाधीशों ने कंपनी को तोड़ने के फैसले पर संदेह तो प्रकट किया था, लेकिन सुझाया था कि अविश्वास कानून के उल्लंघन का मामला खड़ा हो सकता था। इसी क्रम में 28 जून, 2001 को अपील न्यायालय ने माइक्रोसॉफ्ट को तोड़ने के परीक्षण न्यायाधीश थॉमस पेनफील्ड जैक्सन के आदेश को उलट दिया था, लेकिन जैक्सन द्वारा माइक्रोसॉफ्ट के अविश्वास कानून को तोड़ने संबंधी कुछ निष्कर्षों को उचित बताया गया था।

एक बार फिर से माइक्रोसॉफ्ट ने सर्वोच्च न्यायालय का दरवाजा खटखटाया था और 8 अगस्त, 2001 को यह तर्क देते हुए गुहार लगाई थी कि अपील न्यायालय को न्यायाधीश जैक्सन के निष्कर्षों को सही नहीं ठहराना चाहिए था, विशेष रूप से तब, जब स्वयं अपील न्यायालय ने मीडिया में अनुचित टिप्पणियाँ करने के लिए न्यायाधीश जैक्सन आलोचना की थी।

□

घटनाक्रम

18 अगस्त, 2001—संघीय अपील न्यायालय ने निर्णय दिया कि माइक्रोसॉफ्ट के सर्वोच्च न्यायालय में अपील के बावजूद जिला न्यायालय में मामले को आगे बढ़ाया जा सकता था।

24 अगस्त, 2001—अपील न्यायालय ने मुकदमे को वापस कोलंबिया जिला न्यायालय के पास भेज दिया और थॉमस पेनफील्ड जैक्सन की जगह मामले की आगे की सुनवाई और जुर्माना सुनिश्चित करने के लिए एक नया न्यायाधीश नियुक्त किया।

29 अगस्त, 2001—नए न्यायाधीश कोलीन कोलर कोटेली ने मामले के मुख्य बिंदुओं को शुरू करने और कैसे आगे बढ़ें, यह तय करने के लिए सभी पक्षों को आदेश दिया। 21 सितंबर को अदालत में सभी पक्षों का मिलना निश्चित था।

6 सितंबर, 2001—न्याय विभाग ने घोषणा की कि वह माइक्रोसॉफ्ट को तोड़ने की माँग नहीं करेगा।

10 अक्तूबर, 2001—अमेरिकी सर्वोच्च न्यायालय ने माइक्रोसॉफ्ट की अविश्वास मामले की समीक्षा की अपील को खारिज कर दिया और संघीय अपील न्यायालय की व्यवस्था कि 'कंपनी ने पर्सनल कंप्यूटर ऑपरेटिंग सिस्टम बाजार में गैर-कानूनी तरीके से अपनी एकाधिकार शक्ति का दुरुपयोग किया था,' को ज्यों-का-त्यों छोड़ दिया।

12 अक्तूबर, 2001—माइक्रोसॉफ्ट मामले के निरीक्षक संघीय न्यायाधीश ने मध्यस्थ के तौर पर बोस्टन यूनिवर्सिटी के कानून के प्राध्यापक व 'वैकल्पिक विवाद समाधान' (अल्टरनेटिव डिस्प्यूट रिजोल्युशन) विशेषज्ञ एरिक ग्रीन को नियुक्त किया।

2 नवंबर, 2001—माइक्रोसॉफ्ट व अमेरिकी न्याय विभाग ने घोषणा की कि वे बंदोबस्त समझौते पर पहुँच चुके हैं, जो लंबे चले अविश्वास मुकदमे को समाप्त कर देगा। बंदोबस्त-प्रस्ताव माइक्रोसॉफ्ट के लिए नए नियम बनाएगा, जिसका नतीजा

हजारों कंपनियों को प्रभावित करेगा, जिनके कार्यक्रम (प्रोग्राम) माइक्रोसॉफ्ट विंडोज ऑपरेटिंग सिस्टम पर चलते हैं। बंदोबस्त के तहत माइक्रोसॉफ्ट को विंडोज सॉफ्टवेयर कोड के अंश प्रतिद्वंद्वियों को मुहैया कराने होंगे, ताकि वे सुनिश्चित कर सकें कि उनके उत्पाद ऑपरेटिंग सिस्टम के साथ काम कर सकते हैं। माइक्रोसॉफ्ट को कंप्यूटर निर्माताओं को सोच-विचार कर चुनाव करने (पिक एंड चूज) की भी अनुमति देनी पड़ेगी कि वे उसके उत्पादों में से किन्हें अपनी मशीनों पर स्थापित करना चाहते हैं और वह भी माइक्रोसॉफ्ट के प्रतिशोध के डर के बिना।

6 नवंबर, 2001—नौ प्रांतों ने घोषित किया कि वे बंदोबस्त समझौते के इच्छुक नहीं हैं। प्रांतों ने कहा कि उनका इरादा माइक्रोसॉफ्ट के खिलाफ प्रतिबंधों को एक साथ अदालत में उठाना है।

14 नवंबर, 2001—यूरोपीय संघ के प्रतिस्पर्धा मंत्री मारिओ मोंटी ने संकेत दिया कि अमेरिकी न्याय विभाग के साथ माइक्रोसॉफ्ट का जो बंदोबस्त समझौते पर पहुँचा था, वह संभवत: यूरोपीय नियामकों की चिंताओं को संबोधित नहीं करता था। यूरोपियन कमीशन ने माइक्रोसॉफ्ट मामले की सुनवाई को दिसंबर की सूची में डाल दिया।

15 नवंबर, 2001—बंदोबस्त समझौते से बाहर रहनेवाले प्रांतों को रिझाने के लिए माइक्रोसॉफ्ट ने कहा कि वह अब तक इकट्ठा हुए प्रांतों को वकीलों के शुल्क सहित सभी अदालती लागतों का भुगतान करेगा। कंपनी ने इस प्रस्ताव को स्वीकार करने के लिए प्रांतों को दस दिन दिए।

21 नवंबर, 2001—एक सौ से ज्यादा निजी अविश्वास मुकदमों का बंदोबस्त करने की कोशिश में माइक्रोसॉफ्ट गरीब बच्चों के स्कूलों को 1 अरब डॉलर मूल्य की नकदी, कंप्यूटर व सॉफ्टवेयर प्रदान करने पर सहमत हो गया।

4 दिसंबर, 2001—एटीएंडटी ब्रॉडबैंड की खरीद के लिए माइक्रोसॉफ्ट 'बोली युद्ध' (बिडिंग वार) में कूद पड़ी। वह इतनी मूल्यवान् संपत्ति को अपने पुराने प्रतिद्वंद्वी ए.ओ.एल. टाइम वार्नर के हाथों में जाने देने से रोकना चाहती थी।

7 दिसंबर, 2001—अविश्वास मुकदमे को आगे उठानेवाले राज्यों ने घोषित किया कि वे सिफारिश करेंगे कि माइक्रोसॉफ्ट को अपनी विंडोज परिचालन प्रणाली के सस्ते संस्करण पेश करने के लिए मजबूर किया जाए और संघीय अभियोजकों की सहमति से ज्यादा सख्ती के साथ उसकी निगरानी की जाए।

12 दिसंबर, 2001—माइक्रोसॉफ्ट ने एक रिपोर्ट दाखिल की, जिसमें अपने खिलाफ अविश्वास मुकदमे से संबंधित किसी समर्थन-जुटाव गतिविधि को सूचीबद्ध

नहीं किया गया था। इससे आलोचकों व प्रतिद्वंद्वियों की प्रतिक्रियाएँ तीखी हो गई थीं, जो महसूस कर रहे थे कि माइक्रोसॉफ्ट ने प्रकटीकरण कानून का उल्लंघन किया था।

20 दिसंबर, 2001—कामकास्ट और एटीऐंडटी के बीच 72 अरब डॉलर में केबल कारोबारों के विलय की सहमति हुई।

22 दिसंबर, 2001—माइक्रोसॉफ्ट ने अविश्वास मुकदमे की सुनवाई के लिए चार महीने की देरी का अनुरोध दाखिल किया।

12 जनवरी, 2002—संघीय न्यायाधीश ने माइक्रोसॉफ्ट के एक सौ से ज्यादा निजी अविश्वास मुकदमों के बंदोबस्त के बदले सार्वजनिक स्कूलों को उन्नत बनाने के लिए कंप्यूटर व सॉफ्टवेयर के 1 अरब डॉलर मूल्य के दान के प्रस्ताव को खारिज कर दिया।

23 जनवरी, 2002—ए.ओ.एल. टाइम वार्नर ने माइक्रोसॉफ्ट के खिलाफ अदालत में जाने का फैसला किया।

25 जनवरी, 2002—अविश्वास वकीलों व शिक्षाविदों के समूह—अमेरिकन इंस्टिट्यूट ने माइक्रोसॉफ्ट के समुचित रूप से समर्थन-जुटाव गतिविधियों की जानकारी नहीं देने के बारे में शिकायत दाखिल की।

1 मार्च, 2002—कॉरपोरेट प्रतिद्वंद्वियों, अविश्वास मामलों के विद्वानों और प्रांतीय अभियोजकों की तरफ से की जा रही सार्वजनिक आलोचनाओं के मद्देनजर अमेरिकी न्याय विभाग व माइक्रोसॉफ्ट ने अविश्वास बंदोबस्त सौदे में कई बदलावों की घोषणा की।

7 मार्च, 2002—माइक्रोसॉफ्ट व न्याय विभाग ने संघीय न्यायाधीश से अपने बंदोबस्त सौदे को शीघ्रता से अनुमोदित करने का अनुरोध किया।

9 मार्च, 2002—सन माइक्रोसिस्टम्स ने अपनी कंप्यूटर कार्यक्रम भाषा (प्रोग्रामिंग लैंग्वेज)—जावा के वितरण को जाम कर देने का आरोप लगाते हुए, माइक्रोसॉफ्ट के खिलाफ मुकदमा दायर किया।

18 मार्च, 2002—कोलंबिया जिला अदालत की सुनवाई में प्रांतीय अभियोजकों ने माइक्रोसॉफ्ट के विरुद्ध ज्यादा सख्त प्रतिबंधों की माँग की।

26 मार्च, 2002—माइक्रोसॉफ्ट अविश्वास मुकदमे के न्यायाधीश कोलीन कोलर कोटेली ने न्याय विभाग को इस सवाल का जवाब तय करने के लिए आमंत्रित किया कि क्या बंदोबस्त प्रस्ताव पर हस्ताक्षर न करनेवाले राज्यों को ज्यादा सख्त प्रतिबंधों को लागू करने का अधिकार है?

15 अप्रैल, 2002—माइक्रोसॉफ्ट ने न्यायाधीश कोलीन कोलर कोटेली से

अविश्वास मुकदमे को खारिज करने का अनुरोध किया।

24 अप्रैल, 2002—बिल गेट्स ने गवाही दी। इस बार गेट्स बदले हुए-से नजर आ रहे थे और काररवाई के दौरान वह अधिकतर शांत थे।

10 मई, 2002—अदालत के ताजा सुनवाई चक्र में माइक्रोसॉफ्ट के वकीलों ने अपने विरोधी तर्कों पर विराम लगा दिया और यह जानने की कोशिश की कि कंपनी अविश्वास कानून के उल्लंघन का निपटारा किस प्रकार किया जाना चाहिए?

12 जून, 2002—न्यायाधीश कोलीन कोलर कोटेली ने माइक्रोसॉफ्ट के अविश्वास मुकदमे के माँग को खारिज कर दिया।

6 अगस्त, 2002—माइक्रोसॉफ्ट ने न्याय विभाग के बंदोबस्त के पालन की घोषणा कर दी; हालाँकि अभी न्यायाधीश कोलीन कोलर कोटेली द्वारा बंदोबस्त को अनुमोदित किया जाना बाकी ही था।

1 नवंबर, 2002—न्यायाधीश कोलीन कोलर कोटेली ने प्रांतीय अभियोजकों के माइक्रोसॉफ्ट पर न्याय विभाग के साथ उसके बंदोबस्त से ज्यादा सख्त प्रतिबंधों की माँग को खारिज कर दिया और अपना फैसला दिया कि प्रस्तावित बंदोबस्त टुन्नी अधिनियम, जो कि अविश्वास बंदोबस्तों के आदर्शों की समीक्षा पेश करता है, के अंतर्गत जरूरी सार्वजनिक हितों का पालन करता है।

4 नवंबर, 2002—यूरोपियन कमीशन ने अपने इरादे को दोबारा निश्चित किया कि वह माइक्रोसॉफ्ट के खिलाफ यूरोपीय संघ के कानून के मुताबिक अपनी खुद की जाँच करेगा। कमीशन के प्रवक्ता ने कहा कि उसकी जाँच का मामला तथ्यात्मक व कानूनी—दोनों रूप में अमेरिकी मामले से अलग है।

8 नवंबर, 2002—माइक्रोसॉफ्ट ने अपने अविश्वास मुकदमे में अदालत-अनुमोदित प्रतिबंधों का पालन करने के शुरुआती कदम उठाए।

29 नवंबर, 2002—मैसाचुसेट्स प्रांत ने कहा कि वह माइक्रोसॉफ्ट के खिलाफ अविश्वास मुकदमा आगे बढ़ाएगा।

23 दिसंबर, 2002—न्यायाधीश कोलीन कोलर कोटेली ने नियम दिया कि माइक्रोसॉफ्ट जब पर्सनल कंप्यूटर के लिए अपनी दबंग विंडोज परिचालन प्रणाली का वितरण करे तो उसमें उसे एक धुर विरोधी के सॉफ्टवेयर को जरूर शामिल करना चाहिए।

10 जनवरी, 2003—माइक्रोसॉफ्ट ने कहा कि उसने अपने खिलाफ सबसे बड़े उपभोक्ता अविश्वास मुकदमे का बंदोबस्त कर लिया है और उसके लिए वह माइक्रोसॉफ्ट सॉफ्टवेयर खरीदनेवाले 1.30 करोड़ कैलिफोर्निया निवासियों एवं कारोबारों

को कुल 110 करोड़ डॉलर मूल्य के वाउचर देने पर सहमत हो गया है, जिनका उपयोग कोई भी कंप्यूटर या सॉफ्टवेयर खरीदने में किया जा सकता है।

5 मई, 2003—'वाशिंगटन पोस्ट' में खबर आई कि पूर्व न्यायाधीश रॉबर्ट एच. बोर्क अमेरिकी अपील न्यायालय (जिला कोलंबिया सर्किट) में माइक्रोसॉफ्ट अविश्वास मामले में बंदोबस्त एवं सहमति हुक्मनामे को चुनौती देनेवाले दो उद्योग-व्यापार समूहों की तरफ से बहस करेंगे।

27 मार्च, 2003—न्याय विभाग ने बंदोबस्त न करनेवाले दो प्रांतों द्वारा आगे की कानूनी लड़ाई में हिस्सा नहीं लेने का ऐलान किया।

29 मई, 2003—माइक्रोसॉफ्ट अपने खिलाफ अविश्वास मुकदमे को गिराने के लिए 'ए.ओ.एल. टाइम वार्नर' को 75 करोड़ डॉलर के भुगतान को सहमत हो गई।

30 जून, 2004—अमेरिकी अपील न्यायालय ने सर्वसम्मति से न्याय विभाग के बंदोबस्त समझौते का अनुमोदन कर दिया और प्रतिबंधों के अपर्याप्त होने की आपत्तियों को खारिज कर दिया।

यूरोपीय संघ बनाम माइक्रोसॉफ्ट—इस बीच 25 मार्च, 2004 को यूरोपीय संघ ने माइक्रोसॉफ्ट के खिलाफ अविश्वास मामले में कंपनी को एकाधिकार के दुरुपयोग का दोषी पाया और 49.7 करोड़ यूरो (करीब 79.4 करोड़ डॉलर) का जुर्माना ठोंकते हुए विंडोज मीडिया प्लेयर के बिना 'विंडोज एक्सपी' का नया संस्करण जारी करने का आदेश दिया था। 12 जुलाई, 2006 को, यूरोपीय संघ ने माइक्रोसॉफ्ट पर 28.05 करोड़ यूरो (44.85 करोड़ डॉलर) का अतिरिक्त जुर्माना लगाया था। फिर 27 फरवरी, 2008 को यूरोपीय संघ ने मार्च 2004 के आदेश का पालन न करने के आरोप में 89.9 करोड़ यूरो (करीब 144 करोड़ डॉलर) का दूसरा जुर्माना ठोंका था। माइक्रोसॉफ्ट की अपील पर जून 2012 में यूरोपीय संघ की अदालत ने जुर्माने में 3.90 करोड़ यूरो की माफी कर दी थी।

सरकारी अविश्वास मुकदमों के अलावा माइक्रोसॉफ्ट पेटेंट से जुड़े दर्जनों मुकदमे लड़ती आ रही है। कानूनी विवाद से निपटने के लिए माइक्रोसॉफ्ट ने कई कंपनियों में निवेश किया तो कइयों के साथ भारी मुआवजा चुकाकर मामलों को निपटाया था। जानी-मानी खोजी पत्रिका 'दि इन्क्वायरर' (14 जुलाई, 2005) ने अनुमान लगाया था कि उस वक्त तक माइक्रोसॉफ्ट सरकारी व निजी मामलों के निपटारों तथा निवेश पर कुल लगभग 900 करोड़ डॉलर खर्च कर चुकी थी।

□□□